¡ARRIBA LOS CORAZONES!

¡ARRIBA LOS CORAZONES!
La muerte como reafirmación de la vida

Fernando del Solar

En colaboración con

Laura Sánchez

Grijalbo

¡Arriba los corazones!
La muerte como reafirmación de la vida

Primera edición: enero, 2018

D. R. © 2017, Fernando del Solar

D. R. © 2017, Laura Sánchez

D. R. © 2018, derechos de edición mundiales en lengua castellana:
Penguin Random House Grupo Editorial, S. A. de C. V.
Blvd. Miguel de Cervantes Saavedra núm. 301, 1er piso,
colonia Granada, delegación Miguel Hidalgo, C. P. 11520,
Ciudad de México

www.megustaleer.com.mx

ISBN: 978-607-315-757-5

Impreso en México – *Printed in Mexico*

El papel utilizado para la impresión de este libro ha sido fabricado a partir de madera procedente
de bosques y plantaciones gestionadas con los más altos estándares ambientales, garantizando
una explotación de los recursos sostenible con el medio ambiente y beneficiosa para las personas.

Penguin
Random House
Grupo Editorial

Índice

PARTE I
TEN**CUIDADO**CON**LO**QUE**PIDES**

PARTE II
ELDUELO

PARTE III
ANTES**DE**DECIR**ADIÓS**

≪ La muerte debe encontrarnos vivos...
ANÓNIMO ≫

Prólogo

MARIANO OSORIO

« A veces lucharemos aguerridamente y perderemos. A veces nos aferraremos, pero llegara el momento de dejar ir, de soltar. La Aceptación es un lugar tranquilo y privilegiado. »

A través de un recorrido autobiográfico, Fernando nos comparte detalladamente sus tesoros familiares, sus encuentros con el amor y con el éxito, así como los gajes del oficio tanto en uno como en el otro. Pero en esencia lo que él quiere es compartirnos la búsqueda al despertar de su consciencia, de los caminos que lo pueden ayudar a sanar y a vivir en plenitud. Hoy un camino claro para Fernando es la Aceptación.

Si acaso te preguntas: ¿Cómo es siquiera posible imaginar la Aceptación cuando tus sentimientos de enojo, tristeza, desesperación o miedo son los únicos que ocupan tu mente, tu vida entera?, *¡Arriba los corazones es para ti!* Fernando nos muestra en su historia que ha comprendido que tanto el enojo, el rencor, como el miedo bloquean la ayuda que Dios quiere proveernos, que uno de los caminos a la sanación es el de no buscar culpables, y que nuestra actitud ante la adversidad define —en todos los sentidos— la forma en que la vivimos. Con estas lecciones nos enseña que el perdón disminuye el dolor y que hoy trabaja arduamente para hacer de la compasión y la bondad su nuevo lenguaje.

¡Arriba los corazones! es un acto de aceptación, de reencuentro con la fe, pero sobretodo una muestra de las infinitas ganas de vivir que hoy nos permiten acompañar a Fernando con amor y más respeto que nunca.

Octubre de 2017

A manera de introducción

¡Me voy a morir!, fue la respuesta en silencio... en un angustiante, furioso y temerario silencio de Fernando del Solar, cuando el 12 de julio de 2012 supo que padecía cáncer. Recibió la noticia minutos antes de la medianoche y tres horas después de ser oficialmente presentado en cadena nacional como el conductor del *reality* artístico más popular de México, *La Academia*.

Su vida, como la conocía hasta ese momento, estable, con un trabajo ininterrumpido y ascendente que lo había llevado a ser una figura estelar —recientemente había firmado un contrato de exclusividad con una de las cadenas televisivas más importantes de México—, y pareja sentimental de una famosa y atractiva conductora con quien recién se había casado y le había dado los mejores regalos de su vida —sus dos pequeños hijos, Luciano y Paolo, entonces de tres años y medio y diez meses, respectivamente—, de golpe cambió y comenzó a transformarse cuando supo que padecía cáncer.

Lloró dos meses, se enojó con todo y con todos, culpó a diestra y siniestra, opuso resistencia, se alejó y se abandonó en una tristeza profunda.

"Te duele vivir, te duele pararte, te duele ver que todos continúan con su vida y saber que el mundo sigue girando estés o no en él."

Acudió con tres diferentes doctores que le recomendaron tres tratamientos distintos para reducir y eliminar el linfoma de Hodgkin.

Se sometió a más de 54 quimioterapias y decenas de tratamientos alternativos; probó todo tipo de recetas, dietas y sugerencias milagrosas, como el veneno de alacrán azul; acudió con santeros y brujos; se practicó limpias y temazcales; conversó con ángeles e incluso llevó a cabo una visita y contacto con la reencarnación de un hada celta. Hizo todo y de todo para curarse, pero los fallidos resultados lo hicieron tocar fondo...

"¿Y si muero?, ¿qué sigue?, ¿me dejo morir o peleo y muero en el intento?"

Fue entonces que la idea del suicidio cruzó por su cabeza, más de una vez, durante la soledad de sus noches.

"Claro que te lo planteas cuando el dolor es insoportable, no puedes caminar, no puedes respirar y sientes que te ahogas. Cuando no quieres comer porque la comida simplemente te cae mal o sabe a cartón, cuando estás estreñido, tienes llagas por todo el cuerpo, cuando llega la noche y tienes fiebre, te zumban los oídos, sudas, sientes escalofríos y no sabes qué tan larga será esa noche... Te preguntas si vale la pena vivir así."

A finales de diciembre de 2015 Fernando experimentó su mayor temor: la muerte. Tras una cirugía para controlar su tercera y peor crisis médica fue inducido al coma. "No hay nada más que podamos hacer por Fernando, le sugerimos que lo desconecte", expresó el médico responsable a su madre, quien cinco minutos antes había atendido la visita del *guía* de su grupo de cábala que le indicó: "A partir de este momento no crea en todo lo que ve, ni crea en todo lo que escuche. Crea en Dios, él tiene la última palabra".

Entre cinco y siete días fue el plazo que pidió Rosa Lina al hospital para mantener con vida artificial a su hijo, con la confianza absoluta en el poder de Dios y que éste haría posible un milagro. El 31 de diciembre de 2015 Fernando despertó.

Éste es el relato que, a cinco años de su diagnóstico, escuché en voz de Fernando durante dos horas, la tarde lluviosa del 15 de junio de 2016 en la sala del departamento que renta en la Ciudad de México.

Un día antes lo contacté. Un programa de espectáculos en la radio dijo que no sólo continuaba enfermo, sino en fase terminal, condición que —aseguraba la locutora— confirmaba una carta escrita por el doctor que lo atiende y que había sido entregada al juzgado familiar encargado de resolver su proceso de divorcio y definir si procede o no la pensión económica solicitada a su excónyuge.

Preocupada, le pedí una cita a Fernando. Inmediatamente me respondió y acordamos la reunión.

Me sorprendió verlo. Su figura y condición eran muy distintas a lo que ese programa de espectáculos había informado. Físicamente sí estaba delgado y hablaba pausado, en un tono bajito, producto de la traqueostomía practicada seis meses atrás y cuya evidencia aún podía observarse, ligeramente, en su garganta. Pero su actitud era cálida y muy relajada, tanto en sus ropas como en sus palabras, las que comencé a escuchar cada vez más emocionada, al compás de canciones que controlaba desde su iPad. La música cesó cuando me contó cada etapa del proceso que había vivido. A pesar de ser trágico, lo narró tranquilo y con fe. Llamó mucho mi atención la paz que emanaba, pero sobre todo la conciencia que tenía del porqué y para qué el cáncer estaba en su vida.

Fernando pensaba que mi visita obedecía a la propuesta de programas que semanas atrás yo había hecho a TV Azteca, empresa en la que ambos laboramos durante 18 años

—No, mi visita se trata de un proyecto personal —aclaré.

Entonces conocí que compartíamos un mismo proyecto con distintos objetivos: él quería transmitir un mensaje alentador a través de su proceso de duelo y yo deseaba superar la peor pérdida de mi vida a partir de su experiencia.

—No tenemos tiempo, Fer —le expresé reiteradamente al despedirnos.

Se aproximaba el Día del Padre en México. Fernando me pidió que aguardase hasta que consultara con su *tribu*, como llama cariñosamente a sus amorosos padres y hermanas, los Cacciamani.

—Fernando no recibe a nadie —me advirtió una persona cono-cida por ambos—. Vas por buen camino si lograste verlo, pero se lo va a pensar —sentenció.

La espera valió la pena.

Cuatro días después un mensaje por WhatsApp me hizo saber que estaba dispuesto a narrar los aprendizajes de vida a partir de la enfermedad y por esta vía poner fin a las especulaciones mediáticas, que sólo una semana después de nuestro primer encuentro ahora aseguraban que vivía un tórrido romance; que ya había firmado con otra cadena televisiva, e incluso —y mayormente grave— que ya no estaba enfermo; lo que es peor, aparentaba la enfermedad para no trabajar y obtener la pensión de su excónyuge, cuyos detalles jurídicos eran de dominio público gracias a distintas revistas y pro-gramas que puntualmente, semana a semana, los ventilaban en sus portadas y emisiones, basados en fuentes anónimas la mayoría de las veces.

Es justamente por lo anterior que Fernando aceptó por primera ocasión compartir su historia. Se trata de un testimonio narrado en primera persona y producto de varias conversaciones con él, su familia, sus amigos, compañeros de trabajo, colaboradores, expa-rejas (las que aceptaron hacerlo) y doctores. Está dedicado a todos aquellos que lo han favorecido con su cariño, su apoyo, su amistad y amor, pero especialmente a los que hoy enfrentan una de las cinco pérdidas más importantes que sacuden nuestra vida, la someten a un paralizante duelo involuntario que nos confronta realmente con lo que somos, creemos y deseamos, y la impulsan —nos guste o no— a una real transformación.

Se trata de un libro íntimo que cuenta, de la manera más sencilla, honesta y apegada a sus sentimientos, cómo uno de los conductores y figuras públicas más queridas de la pantalla chica mexicana ha en-frentado la pérdida de la salud, la pérdida de su pareja, la pérdida de su trabajo y la pérdida de la fe en tan sólo 24 meses y, a partir de la confirmación de su diagnóstico, cómo esta adversidad lo llevó a acep-tar la muerte como reafirmación de la vida, a asumir su enfermedad como el camino liberador para hallar las herramientas espirituales de su proceso de sanación y dejar de victimizarse para aprender a aceptarse, perdonarse y ocuparse en otros, descubriendo con ello el sentido de la existencia humana en una simple pero compleja frase, en un juego de doble sentido: *Amar te sana, amarte sana.*

Gracias, Fernando, por tu genuino, valioso y amoroso testimonio, pero sobre todo gracias por tu confianza. Tu historia me enseñó a enfrentar mis propios temores y me hizo volver a abrazar la vida.

Gracias, Rosa Lina, Norberto, Maru y Romina, la *tribu* Cacciamani Servidio, y al abuelito Marcos, por compartir entre risas y lágrimas sus profundos sentimientos sobre Martín (segundo nombre de Fernando), por ayudarnos a conocer al hijo, hermano y nieto que —es necesario decirlo— es tan querido en su familia como entre sus amigos Rodrigo Cachero, Alejandra Prado, Enrique Flores y Sandra Eloísa Gamboa, sus colaboradores Violeta García, doña Pili, doña Delfis y por la industria del entretenimiento.

Gracias a mi madre, Lucía Sánchez; a mi hermosa hija, Camila; a mi hermana, Teresa, y a mis cinco hijos caninos Mía, Bella, Princesa, Osita y Hachi, por su amor y apoyo incondicional; a mi amiga y colaboradora Denys Corona Ramírez por su fe, trabajo, amistad y compañía en cada sesión y, especialmente, gracias a Fernanda Álvarez, editora de Penguin Random House, por la gentileza de escuchar paciente una mañana de junio de 2016 la idea de este proyecto y convertirse en nuestra poderosa aliada en esta aventura que materializó, junto con todo su maravilloso equipo, en un libro creado con y desde el corazón.

LAURA SUÁREZ

« Tuve que tener una experiencia terminal y quedar literalmente muerto para poder entender muchas cosas.

FERNANDO DEL SOLAR »

Por qué decido hacer esto

Hace tiempo vi una película estadounidense que me marcó mucho: *Mi vida*. Aunque yo estaba muy chavo, la historia me conmovió.

Su protagonista es Michael Keaton y a su personaje le diagnostican cáncer mientras su esposa, interpretada por Nicole Kidman, espera su primer hijo. Entonces, él comenzó a filmar con una cámara una especie de despedida para su hijo: le enseñaba a rasurarse, a hacer muchas cosas y, básicamente, le dejaba un legado para recordarlo siempre.

Gracias a Dios ya no estoy en ese lugar, no veo a la muerte como algo que me va a suceder de manera inmediata o en poco tiempo. Hoy me veo lleno de vida y me siento fuerte para hacer esto; anteriormente, te lo digo con total sinceridad, no lo hubiera podido hacer porque estaba demasiado enojado, triste y muy abatido. También es cierto que hasta este momento no cuento con un diagnóstico elaborado por un médico donde se asegure que ya vencí el cáncer. Es mi mayor anhelo; te confieso que lo necesito, mi cabeza lo necesita.

Hace más de cinco años empezó todo. Fui diagnosticado con linfoma de Hodgkin. Es un tipo de cáncer que se desarrolla en el sistema linfático; no se puede radiar porque no está localizado en un lugar específico, sino que se mueve a través de la cadena ganglionar.

Nuestra cadena de ganglios es como el sistema de aduanas en nuestro organismo; si hay algún problema o enfermedad en tu cuerpo, se activa el sistema inmunológico, y tus ganglios reaccionan; si tienes un poquito de gripa y los ganglios se te inflaman, eso significa que estás produciendo anticuerpos para combatir esa enfermedad y que no pase a mayores. En mi caso particular había muchas cosas que yo estaba dejando pasar, que estaba permitiendo y que me estaban haciendo daño.

Mi sistema inmunológico estaba excedido y no se estaba dando abasto para contrarrestar la enfermedad.

Quizá todavía no podamos demostrarlo científicamente, pero estoy totalmente convencido de que una enfermedad es la manifestación de una emoción reprimida o mal manejada.

Para ser muy claro: confundí el ser buena persona con dejarme aplastar, y eso es mi responsabilidad.

Dejaba pasar ciertas decisiones laborales con las que no estaba de acuerdo, pero por no ser conflictivo y por rehuir la charla incómoda las permitía. Aceptaba o guardaba silencio ante pleitos con mis padres o con mis hermanas que se generaban por terceras personas. Adoptaba acuerdos con quien entonces era mi esposa, en lugar de declinarlos, y los aceptaba para evitar conflictos.

En muchas ocasiones, en lugar de poner altos o límites —y no en mal plan—, sino en el sentido de decir "a ver, señores, esto a mí no me gusta, no lo quiero hacer y no lo haré porque va en contra mía", yo respondía "bueno, hagámoslo", muy a mi pesar.

¡Eran cosas que no quería ver!, en un intento por sostener lo que ya había conseguido: el que era muy querido, el que lograba empatía con la gente, el que no era conflictivo, el que era el tipo carismático de la tele, el buena onda, el buen esposo, papá, hijo, etcétera.

El no saber poner límites, el no saber decir no a tiempo y sentirme culpable conmigo mismo por haber permitido muchas cosas que no quería... esto fue lo que me vino a mostrar la enfermedad. Mi cuerpo me estaba diciendo: "O empezamos a poner límites o nos morimos".

A más de cinco años de este proceso hoy puedo hablar de todo eso, me atrevo a decirlo. Porque es lo que he aprendido, bien o mal, con errores, con aciertos. Si me preguntaban esto hace dos o tres años ¡no tenía ni idea!

En mi caso —y no se lo deseo a nadie— fue necesario que tuviera una experiencia terminal y quedar literalmente muerto para poder entender muchas cosas. No sé qué haya pasado en el hospital cuando estuve en coma y tuve un encuentro frente a frente con *El Jefe* (así llamo a Dios), pero algo pasó, algo se movió, algo cambió y por algo regresé.

Tengo mucha más claridad con las cosas que quiero y con las cosas que no quiero. Aquí quiero decirte algo: con el cáncer como tal, lo que está pasando fisiológicamente es que tú te estás devorando a ti mismo. Tus mismas células, tu mismo organismo, te están matando, ¡tú te estás matando a ti mismo! Está muy cabrón darte cuenta y aceptar eso. Hacerte responsable de que eso que está pasando lo estás haciendo tú.

Ojo: no sucede de manera consciente, no es que yo haya decidido comerme, ¡¡no, no, no!! Inconscientemente hay algo que te estás comiendo, que te estás tragando, que estás grrrrrrrrr royendo como rata, que está dentro de ti, y eres tú, nadie más que tú, el responsable.

Todos tenemos nuestra caja negra y muchas cosas que no nos gustan las mandamos ahí, la tapamos, le ponemos diez candados, la guardamos y ahí queda. Pero lo que está en esa caja se está pudriendo, se empieza a descomponer, y de repente, si tú decides o te preguntas ¿qué más hay?, provocas que de esa caja empiece a salir toda la podredumbre, y cuando empieza a salir toda esta caca a flote no te queda de otra más que ponerte a chambear en ti, en tu persona.

Nunca había trabajado en mis debilidades, en mis límites, en mis miserias, en mis culpas, en perdonarme ni en apapacharme. Era más fácil hacerlo sólo hacia fuera. Hasta antes de la enfermedad me estaba transformando en una persona sólo hacia fuera. Era el tipo de la sonrisa permanente, pero por dentro me estaba cargando el payaso; no lo quería ver, me imponía más trabajo, más compromisos, más cosas, más, más, más, para no verme a mí... Para no aceptar, por primera vez, que yo necesitaba algo, un cambio, que pedía auxilio —¡rescátenme, porque yo no puedo con esto!— porque mi vida se me estaba yendo de las manos.

Para mí, esta bomba llamada cáncer fue como parar el balón y obligarme a mirar dentro de mí.

Poder compartirlo, contarlo, escribirlo, me ha servido como terapia, me ha ayudado a aterrizar muchas cosas que por ahí soslayé o dejé pasar por alto, que se me barrieron y ahora, al recordarlas, descubro que hay muchas coincidencias en varias situaciones de vida.

Lo que quiero decir es que la vida te enfrenta una y otra vez a tus demonios, hasta que te atreves a mirarlos a los ojos. El aprendizaje está en el camino, el final es incierto... ¡Pero eso es vivir! ¿O no?

Hoy me siento fuerte para decirlo, para llevarlo al voluntariado que hago con pacientes, para mencionarlo en mis conferencias y ahora a través de este libro, cuyo único propósito es compartir todo lo que a mí me ha hecho comprender, renacer y reconocerme, tras morir, y volver, literalmente, a nacer.

Si logro que una persona lo lea, lo escuche y se sienta mejor, más esperanzada o con mayor ánimo para salir de cualquiera de las pérdidas que ahora mismo enfrenta, será increíble para mí. Y entonces, sólo entonces, podré decir con todas sus letras *"Jefe, misión cumplida"*.

¡Arriba los corazones!

FERNANDO DEL SOLAR

PARTE I | TEN**CUIDADO** **CON**LO**QUE**PIDES

« Cuando tu corazón y tu mente se alinean
en un sentimiento genuino
no hay marcha atrás.
Anónimo »

« Me sentía en el mejor momento de mi vida.
¡Me sentía soñado!
Fernando del Solar »

Episodio I

¿Cómo y cuándo empezó esto?

Hace más de cinco años empezó todo...

El 12 de julio de 2012, una fecha que tengo grabada en mi memoria por los tres acontecimientos que ocurrieron en un solo día.

No recuerdo cómo inició ese día, pero sé perfectamente cómo terminó: el oncólogo Wolfgang Zinser[1] me confirmó, a las once de la noche, el diagnóstico de cáncer. La noticia me aterró y emocionalmente me devastó.

Fue, sin duda, un día lleno de altibajos.

Ese día cumplió años Ingrid[2] —la mujer de mi vida en ese momento—, mi compañera y la madre de mis hijos.

Ese mismo día fui invitado a asistir, en vivo, al programa *Cosas de la Vida*,[3] uno de los más vistos en la televisión nacional. Rocío Sánchez Azuara dio a conocer la gran noticia que había esperado toda mi vida: fui nombrado el conductor del *reality* artístico más importante de la segunda cadena de televisión abierta en México, *La Academia*.[4] La designación fue hecha en una especie de reconocimiento a toda mi carrera de 15 años, hasta ese momento en TV

---

1 El doctor Juan Wolfgang Zinser Sierra es un reconocido especialista en oncología en México.
2 Ingrid Coronado Fritz es cantante y conductora mexicana.
3 *Cosas de la Vida* fue un *talk show* producido por TV Azteca en dos temporadas, la última duró cinco años (2010-2015) y era conducido por Rocío Sánchez Azuara.
4 *Reality show* musical creado por el productor español Giorgio Aresu y transmitido en coproducción por TV Azteca y Nostromo Producciones. Desde 2002 y hasta 2012 realizó 10 temporadas y una de ellas fue dedicada a menores de edad, *Kids*. Se produjo en México y una temporada en Estados Unidos. Lanzó más de 250 valores artísticos, siendo los más destacados Yuridia, Carlos Rivera, Yahir, Cecilia de la Cueva, Nadia y Myriam Montemayor. Fernando condujo con Ingrid Coronado *La Academia 10 años*.

Azteca, y me fue comunicada por Roberto Romagnoli,[5] director de Entretenimiento.

Ese mismo día por la noche, porque no hubo otro espacio en la agenda, fui a ver al oncólogo, quien me ratificó el diagnóstico: linfoma de Hodgkin, un tipo de cáncer en el sistema linfático que es parte del sistema inmunológico.

Pffff...

Una semana atrás había visitado a un neumólogo porque tenía problemas para respirar.

Siempre había hecho ejercicio y tenía una muy buena condición física, corría, jugaba futbol y le gustaban mucho los deportes con raqueta.

Sin embargo, comencé a notar que cuando subía las escaleras de mi casa me sentía agotado y me faltaba el aire.

Creyendo que sufría de una gripe o los principios de una neumonía, fui con el especialista de las enfermedades en vías respiratorias. El neumólogo me realizó ciertos análisis, me practicó unas placas y vio en ellas el tumor. Se encontraba en un ganglio, cercano al pulmón derecho.

Los ganglios se ubican debajo de la garganta, en las axilas, cerca de los pulmones, en la ingle, cerca de la espalda baja y muchos lugares más. En mi caso, el ganglio que está pegado al pulmón derecho era el que más había crecido, estaba presionando al pulmón sobre las costillas y eso impedía su expansión con la naturalidad de siempre. Por eso es que no podía respirar.

—Tienes cáncer —dijo el neumólogo.

Ya no escuché más, comencé a hacerme chiquito, chiquito. El doctor estaba sentado en su escritorio, frente a mí, pero mientras hablaba e intentaba explicarme las placas yo ya no oía nada, sus palabras se distorsionaban, lo veía gesticular en cámara lenta, me invadió un miedo como nunca antes lo había experimentado, me empequeñecí sentado en esa silla y palidecí. El doctor continuaba

---

5 Productor de origen argentino que, de 2011 a diciembre de 2015, fue director de Entretenimiento de TV Azteca, televisora privada fundada y presidida por el empresario mexicano Ricardo Benjamín Salinas Pliego desde 1993.

hablando, pero lo único que yo quería hacer era salir de ahí. Quería gritar y llorar.

—¡No puede ser, no puede ser, no puede ser! —me repetí a mí mismo en un grito ahogado.

Necesitaba la confirmación de un especialista, un oncólogo. Y una semana después, el 12 de julio de 2012, obtuve la cita y también la certificación del diagnóstico. Tenía 39 años de edad.

Hasta esa noche me sentía —con total seguridad— en el mejor momento de mi vida. Había hecho todo y había logrado todo lo que me había propuesto hasta entonces. Incluso habían pasado poco más de dos meses de uno de los eventos más importantes para mí: ¡me había casado al fin después de dos intentos fallidos!

Recuerdo que el día de mi boda, el 5 de mayo de 2012, estaba tan emocionado y sensible que hice un examen de conciencia, una especie de reflexión, en la que recé, hablé y agradecí todo lo que había pasado en mi vida hasta ese momento a *El Jefe* o *Papá*:

—Papá, te había pedido una familia, aquí la tengo, la mejor familia del mundo, palomeado; te pedí hijos, aquí los tengo, dos hijos increíbles y maravillosos, palomeado; te pedí ser exitoso profesionalmente, lo soy, palomeado; te pedí una posición económica y socialmente buena, palomeado; te pedí tener una mansión, mi casa está padrísima, con jardín —siempre había vivido en lugares chiquititos—, donde hoy voy a celebrar mi boda, palomeado. Todo lo que siempre te había pedido y todo lo que soñé desde que vine de Argentina a México ya me lo has dado.

Todo lo había conseguido.

Pero además estaba acompañado de un mujerón, mi mejor amiga, una mujer exitosa, otra gran conductora, con la que ese día iba a casarme, en nuestra casa, por el civil, convencido de que era la mujer de mi vida, en una ceremonia muy íntima con sólo cincuenta invitados, entre ellos mis amados padres y mis hermanas. ¡Qué chulada!

Me sentía en el mejor momento de mi vida. ¡Me sentía soñado!

Pero en esta comunicación muy personal con *El Jefe* el día de mi boda lancé al universo una pregunta o, para ser bastante claro, lancé, ese día y sin darme cuenta, una petición que se iba a convertir en el mayor desafío de mi vida.

—¿Y luego? Si todo lo que yo quería ya lo palomeé, si eso es todo, pues ya no sé qué hago aquí. ¿Qué más hay, Papá? A mí ya no se me ocurren más cosas, si ya lo logré todo. ¿Qué sentido tiene mi vida? Me quedan otros cuarenta años por vivir donde ya cumplí todo, o sea, van a ser aburridísimos, entonces ¿qué más hay?... ¿Jefe, qué más tengo que aprender?

Soy un tipo muy inquieto, eso me queda claro, y mi ambición pasaba en ese momento por una curiosidad de seguir aprendiendo.

No sabía que esta curiosidad me llevaría a convivir con una enfermedad terminal.

Dos meses y ocho días después del día de mi boda, ¡pum!, me diagnosticaron cáncer, es decir, la respuesta a mi petición-pregunta-desafío fue ¡exprés!

Ten cuidado con lo que pides, cuando tu corazón y tu mente se alinean en un sentimiento genuino. No hay marcha atrás.

La noche del 12 de julio de 2012 el significado de esa frase estaba a años luz de mi comprensión. Cuando salí del consultorio regresé a mi casa y me acosté en silencio en mi cama. Cerré los ojos, pero no pude dormir. Mi cabeza era un torbellino de pensamientos, sentimientos y temores de todo tipo; todos aparecían y se agolpaban, uno detrás de otro, incansables, dolorosos, iracundos, pero cuatro palabras formaron la pregunta que a partir de ese día no abandonaría mi mente...

¿Por qué a mí?

« Cuando la riegues no digas nada, no pelees, sólo sonríe.
Y sí, cuando no sé qué hacer sólo me río y es suficiente.

Fernando del Solar »

Episodio II

¡Directo al fracaso!

Tenía 17 años cuando anuncié a mi familia mi primera gran decisión: quiero ser actor. En mis inicios mi estilo de actuación era romántico, es decir, amateur, en la que si iban a verme tres personas a la obra de teatro yo era feliz. Éramos cinco trabajando con las vísceras, la pasión y el corazón; con temporadas de un mes donde, al término de la función, escuchabas un solo aplauso... el de mi mamá o el de mi tía, y en ocasiones el de mi primo que había venido a verme del interior a la capital, pero en realidad ¡no me veía nadie! Yo le invertía tres pesos y gastaba cuatro. La actuación, para mi familia, era una pérdida total.

—Nadie lo conoce, nadie viene a verlo, el lugar donde se presenta es patético. No jodas. ¡Éste va directo al fracaso! —fue la respuesta de mi padre comerciante, hijo de argentinos comerciantes que aprendieron a ganarse la vida a través de duras jornadas laborales y para los que la actuación no era un trabajo.

—¿Actuación? ¿Qué es eso? ¡De eso no se come, no se trabaja, no se vive! Si querés estudiar cualquier otra carrera te apoyamos, pero ¿actuación? Hacé como quieras —me sentenciaron mis padres.

Cuando notaron que esto iba en serio me permitieron continuar viviendo en su casa y me procuraron todos los cuidados y alimentos, pero no me apoyaron con un solo peso para mis clases de actuación, talleres y perfeccionamiento escénico con profesores privados que yo pagaba y combinaba con las del Conservatorio Nacional de Arte Dramático que eran gratis, afortunadamente.

Mi decisión me llevó al primer enfrentamiento con mi familia a la que, sin embargo, una tarde —en plena y sagrada comida— imploré que me ayudara con un asunto de vida o muerte: mi nombre artístico.

Me hacía llamar Fernando Cacciamani (se escribe con doble *c* pero se pronuncia Cachiamáni); sí, estoy de acuerdo, era muy complicado de pronunciar y de escribir. Un día un representante me dijo:

—Tenés que cambiarte este nombre; no, no es comercial, no es pegadizo.

Entonces en la comida familiar y pese a su oposición, le comuniqué a mi tribu:

—Tengo que cambiarme el nombre... Si voy a ser artista debo tener un nombre rimbombante o por lo menos interesante. ¿Qué proponen?

Comenzaron cambiando el Cacciamani a Caciani, Camini, Canini, hasta que mi papá dijo:

—¡Ya lo tengo! —imagínense lo que fue quitarme y ceder su apellido para darme otro—. Tenés que llamarte Fernando del Solar Ocampo.

¡Zas! Nombre compuesto y toda la cosa. Nos reímos. Ahí quedó.

En Argentina nunca logré llamarme Fernando del Solar. Pero en México, después de los primeros seis meses de picar piedra y cuando vi que escribían Cacciamani de cualquier manera, decidí llamarme Fernando del Solar y, a partir de ahí, nunca más paré de trabajar.

Mi padre es el autor intelectual del *copyright*. Él se alucinó, lo imaginó, lo vio en las marquesinas —me lo confesó años más tarde— y así nació "Fernando del Solar".

Mi nombre real es Fernando Martín Cacciamani Servidio. Servidio, en italiano, significa servir a Dios.

Pertenezco a una familia muy sólida —con problemas, como todos— con raíces inmigrantes asentadas en Argentina, país que se volvió el origen de la tierra prometida para mis ancestros, quienes construyeron lazos afectivos muy fuertes y que para mí se ubicaron, desde pequeño, en primer plano.

Los abuelos maternos

Año 1925. Un joven desembarca en Argentina; lleva tras de sí cientos de kilómetros de un duro viaje que decidió emprender huyendo del fascismo que había permeado a casi toda Europa. Es italiano, de la provincia en ese momento empobrecida de Calabria. Lo acompaña un amigo que, como él, no tuvo otra opción, más que salir de su amada tierra. En contra de todo, Antonio Servidio toma la determinación de huir a un país donde lo único seguro con lo que cuenta son el hambre y las ganas de prosperar haciendo lo único que sabe hacer.

No habla nada de español y empieza a trabajar en El Abasto.[6] Es peluquero. Poco a poco reúne dinero para comprar una barbería en 1927, y posteriormente crea una peluquería.

Una joven mujer paraguaya, de nombre María Lina Ávalos, entra al negocio pidiendo trabajo. Antonio la contrata para que lave las toallas que usan los clientes mientras se afeitan. Ahí coquetearon, se enamoraron y al poco tiempo se casaron por la Iglesia y el civil. Marcos Antonio Servidio resultó el primogénito de ese matrimonio ítalo-paraguayo con tintes de moros que echó raíces en Argentina con el nacimiento de dos hijos varones que vinieron a este mundo el 1° de enero y el 24 de diciembre de 1928 y 1931, respectivamente, fechas nada sencillas para nacer, pues terminaron arruinándole las fiestas de fin de año a María.

Los Servidio Ávalos son los bisabuelos maternos de Fernando. Conforman una familia de clase media, tradicionalista y con fuertes

---

6 El Abasto es una zona de la ciudad de Buenos Aires que se encuentra repartida entre los barrios de Balvanera y Almagro. Toma su nombre del antiguo Mercado de Abasto. Está ubicado en Avenida Corrientes; en esta zona de la ciudad se crio el cantante Carlos Gardel, conocido por ese motivo como El Morocho del Abasto. Es reconocido como uno de los barrios más tangueros de la ciudad y allí existe el Pasaje Carlos Gardel en cuya esquina frente al mercado hay una estatua del ícono artístico.

costumbres italianas impulsadas por El Abasto, barrio lleno de italianos emigrados de Calabria y Sicilia que solían cocinar y juntarse todos los fines de semana con sus parientes y amigos, en reuniones de 25 o más personas, para comer y cantar en su lengua madre. Aunque se mantienen casados por más de dos décadas, el matrimonio termina divorciándose en 1955. La pareja nunca congenió. Como buen italiano el bisabuelo Antonio hizo siempre su voluntad y su carácter inflexible lo llevó a aprovechar la corta ley peronista[7] que, por un breve periodo, permitió la separación legal de las parejas en Argentina. La ley de divorcio se revirtió tres meses después, pero los bisabuelos se mantuvieron separados. Ésta fue la única ruptura legal en la familia durante muchos años.

Marcos Antonio tampoco le dio gusto a su padre cuando a los 17 abandonó el segundo año de la carrera de derecho para casarse con Victoria Leonardi, joven argentina de 15 primaveras que lo flechó instantáneamente y a la que Antonio rechazó tajante por ser huérfana de madre e hija ¡de un peluquero italiano!

—Le dije: "Papá yo también soy hijo de un peluquero". ¡Uy, cómo se ofendió cuando escuchó eso! Él quería que estudiara, que obtuviera un título profesional —recuerda como si fuera ayer Marcos Antonio, quien a la postre será el abuelo de Fer. De este hombre de 89 años, dueño de una memoria y prosa excepcional, el presentador va a heredar su sentido del humor, carácter liviano y gusto por las mujeres.

Casarse con su primera y única novia le costó a Marcos Antonio tres años de un drama digno de una telenovela. Tuvo que mudarse con su madrina de bautizo y presentar a un tribunal de menores toda la documentación que demostrara su capacidad económica para mantener a la joven Victoria y cumplir con las obligaciones de una casa.

—Tenía dos empleos. Trabajaba en un banco por la mañana y de telefonista de larga distancia en la noche. Cuando el juez citó a mi

---

7 En 1954 el gobierno de Juan Domingo Perón sancionó la ley 14.394, que autorizó el divorcio por primera vez en Argentina. Pero muy pocos pudieron beneficiarse de esta legislación dado que fue derogada tras el golpe militar de 1955 estableciendo el modelo de familia con paradigmas católicos, que consagraban las atribuciones superiores del varón sobre la familia e imponían límites a la esfera de decisiones de la mujer.

padre para saber por qué motivo se oponía al casamiento, él dijo que quería que yo siguiera estudiando. El juez le preguntó al padre de Victoria, don Pedro, pero él no puso reparos y entonces autorizó la venia suspensoria para que nos casáramos el día que quisiéramos. Fuimos de inmediato al Registro Civil. Era el 30 de diciembre de 1947. Victoria tenía 18 y yo 20 años. Estaba feliz, tuve la mejor mujer del mundo, mi primera y única novia, con quien me mantuve casado durante 65 años —rememora el abuelo aún enamorado del recuerdo de la vida tan feliz que disfrutó al lado de su mujer y quien, con los años, será la abuela de Fernando.

LOS ABUELOS PATERNOS

En Buenos Aires, después de varios años de migración ítalo-francesa, la segunda generación argentina de los Cacciamani ha nacido. Se trata de un varón y su nombre es Norberto Óscar. Es criado en un hogar de comerciantes, y como marca la tradición, al crecer también se desempeña en el duro oficio y comienza una nueva costumbre dentro de la familia: es maestro de escuela.

Pronto se enamora de Perla Teresa Ferrero y se casan por el civil y la Iglesia. El matrimonio procrea un varón llamado Norberto Adolfo, quien nace en 1949, con unos impresionantes ojos azules, y dos niñas, Ema y Marcela.

Los nuevos integrantes de la familia Cacciamani Ferrero son educados con tres valores fundamentales: la honestidad, la rectitud y el trabajo. Y a nivel familiar se les enseña que los matrimonios se juran ante la Iglesia y son para toda la vida. La separación sucede por la muerte, pero nunca, jamás, por un divorcio.

Del otro lado de la ciudad, en el hogar de Marcos Antonio y Victoria todo es felicidad: ha nacido el 17 de abril de 1949 su primer hijo, un niño al que han bautizado como Marcos Antonio Jr., que ha venido a sensibilizar al duro Antonio y a terminar con su distanciamiento. Los primeros dos años de vida del bebé transcurren sin contratiempos, hasta que sufre un resfriado. El médico le ha dado un remedio contraproducente que afecta sus pulmones, causándole una infección que lo lleva a ser internado en la Clínica Marini. La inexistencia de un antibiótico que contrarreste los graves efectos produce al menor pus piociánico[8] que obliga a los doctores a practicarle una cirugía para extraerle una de las costillas y colocar un tubo para drenar el líquido infeccioso. El pequeño Marcos Jr. sobrevive a la operación, pero es colocado en una cámara de oxígeno para recuperarse. Sin embargo, cuando hacen el cambio del tanque, en segundos y frente a la mirada y gritos desesperados de su padre, el bebé muere a días de cumplir tres años, el 5 de abril de 1952. Su hermanita Rosa Lina, la segunda hija de Marcos Antonio y Victoria, apenas tiene seis meses de nacida y, pese a su corta edad, sufre las consecuencias del distanciamiento y abandono inconsciente de sus padres, quienes tardan años para sobreponerse a la tragedia. Finalmente la tristeza en el matrimonio da paso a la esperanza con la llegada de su tercer y último hijo, otro varón que nace el 7 de abril de 1958 y tiene un extraordinario parecido físico con el pequeño Marcos Jr., tanto, que es bautizado con ese mismo nombre.

La infancia de Rosa Lina y su hermanito transcurre en una familia sólida basada en el amor, la unión, la honestidad y la generosidad inculcada por sus padres.

A su vez, los primeros siete años del pequeño Norberto también suceden en la capital argentina, en una casa ubicada en la calle Anchorena esquina con Corrientes. Ahí, a sólo 50 metros de distancia, viven los Servidio Leonardi. Las familias pronto entablan amistad gracias a la escuela; los chicos acuden al mismo colegio y es Marcos Antonio papá el encargado de llevarlos caminando todas las mañanas. Así es como Norberto conoce a la mujer que se convertirá en

---

8 Bacilo del pus azul o bacilo piociánico conocido años después por *Pseudomonas aeruginosa*, que infectaba quemaduras y heridas. Este microorganismo y otras especies relacionadas producían problemas graves en los enfermos hospitalizados. Fue hasta los años setenta que se desarrolló un antibiótico.

su primera y única novia, Rosa Lina, con sólo cinco añitos, y es de esta manera que la pareja traerá a este mundo, muchos años después, a Fernando.

—La historia con Rosa Lina... uff, es una historia larga. La conozco de toda la vida. Vivíamos en el mismo barrio, Rosa tenía cinco y yo entre siete y ocho. Era muy amiga de mi hermana Ema. Primero sólo nos mirábamos, pero luego pues picó el bichito. Empezamos a noviar muy chicos, Rosa tenía 12 y yo tendría 15 —rememora Norberto entre risas y mientras saborea un café. Su suegro Marcos Antonio y su mujer Rosa Lina lo escuchan atentos.

—Yo estaba todo el tiempo en su casa o su hermana Ema en la mía. A los 12 años mis papás me permitieron ir con ellos a pasar las vacaciones y ahí nos empezamos a gustar, pero como un noviazgo de cincuenta y pico de años atrás que era de manita sudada. Estábamos muy chiquitos —detalla Rosa Lina.

La pareja se separó y continuó cada uno por su lado hasta que se volvió a encontrar.

—Mi hija se recibió de maestra y como premio mi padre Antonio se la llevó a pasear a Europa. Era 1969. Se fueron de viaje. Rosa Lina y Norberto estaban de novios. Norberto venía a cenar a casa todas las noches, compartíamos las cartas que ella nos enviaba, que por cierto tardaban meses en llegar, ¡no como hoy, que todo es inmediato! Y él lloraba desconsoladamente al leerlas. ¡Qué tiempos aquellos! —apunta el abuelo Marcos Antonio.

Y es que Rosa Lina se quedó en Europa ocho meses en los que conoció y viajó por Rusia, Grecia, Inglaterra, España e Italia completa. Cuando regresó, Norberto ¡resucitó!

Tras un romance de ocho años la pareja finalmente se casó en Buenos Aires el 13 de noviembre de 1971 en la hermosa basílica de San Carlos Borromeo y María Auxiliadora. Rosa Lina tenía 20 y Norberto 22 años.

—Nos casamos muy jovencitos porque ¡mi suegro no me aguantaba más en su casa! —aclara Norberto—, originalmente queríamos casarnos el 11 de noviembre, pero esa fecha es el día de San

Martín, obispo de Tours y patrón de la ciudad de Buenos Aires y de todos aquellos a quienes su pareja ha engañado en algún momento, en pocas palabras, el día de los cornudos. Los registros civiles están cerrados y es por eso que nos casamos el 13 de noviembre de 1971.

Con estudios en Química e Ingeniería agrónoma, Norberto se cansó de estudiar y se empleó en un laboratorio como técnico, pero también laboraba en el negocio de la familia, acostumbrada al trabajo duro y diario; mientras que Rosa Lina dividía su tiempo como educadora y colaboradora de su papá.

Al año de matrimonio dejaron de cuidarse y comenzaron a buscar, con mucho anhelo, convertirse en padres. Lo lograron en su segundo aniversario de casados. La noticia volvió loca a la familia Cacciamani-Servidio: ¡Están esperando a su primer hijo! Victoria y Marcos Antonio tienen un doble motivo para estar felices, serán abuelos muy jóvenes, con sólo 43 y 45 años de edad, respectivamente.

La gestación, deseada y buscada, transcurre sin problemas y al joven matrimonio le da lo mismo si es niño o niña, su único deseo es que el bebé nazca sano. Pero el abuelo Marcos Antonio abiertamente les dice que quiere un varoncito para hacerlo su compañerito de juegos.

—El embarazo fue genial, no sentí nada de nada. Yo sabía que estaba embarazada porque me crecía la panza. Trabajé hasta el último momento e incluso mi papá me decía: "¡Por favor, nena, los clientes van a decir que te estoy explotando, quédate en tu casa!", pero yo respondía: "¿Qué voy a hacer sola en mi casa todo el día?" Yo iba a trabajar porque me sentía genial.

Es 1973 y en esa época es imposible saber el sexo del bebé. Pero los futuros padres eligen dos nombres. Si es niña se llamará Romina Paola y si es un nene su nombre será Diego Martín en honor a José de San Martín, Padre de la Patria y Libertador de Argentina.

La única molestia que Rosa Lina tiene ocurre un día antes del parto. Llega al hospital, pero ahí le explican los doctores que es una falsa alarma y la joven prefiere mantenerse en casa de sus padres.

Veinticuatro horas después inician las contracciones y esta vez la cosa va en serio. A las ocho de la noche se rompe la fuente. Acompañada por Norberto y su mamá Victoria, Rosa Lina ingresa al Sanatorio San José ubicado en el tradicional barrio de Palermo y que se encuentra bajo la protección del Santo Obrero, patrono de los trabajadores. El médico que la atiende por poco no llega al alumbramiento que se desencadena rápido y sin contratiempos.

Por fin, a las cuatro de la mañana, ve por primera vez la luz un varoncito que nace por parto natural el 5 de abril de 1973 y con un peso de tres kilos con 50 gramos. El sol atraviesa la constelación del signo de Aries.

La alegría de Rosa Lina es tan desproporcionada que produce algo inesperado:

—Lo abracé, lo besé y se lo llevaron. Me tuvieron en observación una hora en la sala de recuperación, al regresar los enfermeros, me preguntan: "¿Cómo lo va a llamar?" "Fernando Martín Cacciamani." Y cuando salgo de la sala de observación, Norberto me pregunta: "¡Ay, gorda, qué lindo el bebé, qué lindo que está!, pero ¿por qué le pusiste Fernando Martín?" "Es el nombre que habíamos quedado..." "¡No! Habíamos quedado en Diego Martín." "¡Oh! Tenés razón. Bueno, lo cambiamos. Son las cinco de la mañana, aún no han abierto el Registro Civil, se puede cambiar..." "No, ya quedó así. ¿Por qué le cambiaste el nombre?" "No sé, porque habíamos quedado de acuerdo en que se llamaría Diego Martín. Pero ni siquiera me di cuenta de esto hasta que me lo hizo ver Norberto. Dicen que siempre desde arriba un angelito dice el nombre que tiene que ser y es por eso que su nombre es Fernando."

Rosa Lina tampoco repara en la fecha de nacimiento. Su primogénito ha llegado al mundo el mismo día que murió su hermanito mayor, Marcos Antonio Jr. Es la abuela Victoria quien se da cuenta de la extraña coincidencia y se lo dice a la madre primeriza. Pero ella, al igual que la familia, tomará conciencia de esto muchos años después, y cuando ocurra la más difícil de sus adversidades se preguntará si realmente esto ha sido una coincidencia.

Cuando el tío del pequeño Fer acude a conocerlo el bebé aún presenta en su rostro la inflamación y coloración propia de un recién nacido, aspecto que le hace responder con divertida sinceridad la pregunta del orgulloso abuelo:

—¿Cómo ves al bebé?

—Papá... ¡está más feo que un culo!

—¡Sí, pero el culo de Sophia Loren! —ataja el abuelo, admirador del símbolo sexual más grande de Italia.

El recién nacido es bautizado como Fernando Martín Cacciamani Servidio y desde el primer día de vida se convierte en la adoración de sus padres y abuelos al tratarse del primer hijo y nieto para ambas familias.

Es tal el furor de todos por conocerlo que el mismísimo e inflexible bisabuelo Antonio acorta su estancia en Mar del Plata, donde se encerraba a piedra y lodo seis meses al año, para retornar a Buenos Aires y abrazar a su primer bisnieto. El encuentro queda inmortalizado por el abuelo Marcos Antonio en dos fotografías tomadas en 1974. El bebé tiene nueve meses cuando Antonio lo carga en un abrazo amoroso que será el único entre ellos. Quince días después fallece de un paro cardiorrespiratorio a la edad de 72 años. La reunión queda grabada en el anecdotario familiar como una premonitoria despedida.

Martín —así lo llama toda la familia— crece sano, rodeado de mucho amor y juegos, especialmente de su abuelo Marcos Antonio que no para de tomarle fotos, dedicarle tiempo y hacerle sentir que es su nieto predilecto, al que desde ese momento le dirá de cariño *The number one (el número uno).*

* * *

Mis recuerdos de infancia son fines de semana con mi abuela *La Pascui* amasando pasta, juntándose toda la familia a comer, hermanos, primos y mis tíos cantando en italiano. Siempre me ha gustado estar rodeado de la familia y amigos, así crecí.

Me considero un buen tipo, quizá un poco celoso y sobreprotector, cuando se trata de los míos.

Como estudiante también fui muy bueno y muy clavado aunque mi hermana Maru diga que era un desastre y aprobaba sólo por mi buena memoria; de carácter tranquilo, muy bien portado, y aquí abro un paréntesis, una forma de ser bien portado en una familia ítalo-paraguaya-francesa-argentina es comer, comer mucho, como una cuestión de estar más saludable. Además, si comía todo lo que me daban conseguía favores con mis abuelas. Así que yo era el gordito buena onda. Sí, era obeso. En realidad no comía, tragaba mucho. De hecho, en tercer grado mi mamá me envió con un nutriólogo para que bajara de peso y mientras mis compañeros disfrutaban de chocolates durante el recreo yo comía jamón de pavo con queso panela. Tengo fotos que ya no quiero mostrar y no verás en este libro porque las he ieliminado todas! Pesaba mucho y sufrí un poco las consecuencias: era el último en ser elegido para el futbol, donde me sentía un poco rechazado por mi sobrepeso a la hora de hacer deporte; siempre me decían: "no, vos al final"; en lugar de tener novias, yo tenía amigas, o si había una fiesta, a veces no me invitaban por ser gordito; obvio, eso me hizo aprender a ganarme a todos por mi carácter. En sexto grado terminé siendo elegido por votación popular como "el mejor compañero". Estaba panzón, pero era buena onda y a todo dar.

Siempre fui amoroso, caía bien, era el intermediario de todos y era muy dócil, muy bien amaestrado, diría yo, y ahora que reflexiono pienso que debí haber sido más malo, más travieso. Ser niño bueno ha sido bueno, valga la redundancia, pero me ha costado muchas otras cosas.

Yo estudié la primaria en un colegio laico y mixto, pero crecí con la idea de un Dios castigador, un Dios que me culpaba por todo, un Dios que me exigía que me portara bien, un Dios que todo lo ve y para el que quien es malo, nada bueno merece. Yo me compré esa idea completita gracias a una de tantas maestras, como Hilda, que me dio clases de catecismo extraescolares cuando todavía era un niño.

Durante toda mi infancia crecí con temor a Dios. Sufría mucho si no me aprendía las oraciones. Iba a misa todos los domingos a las ocho de la mañana. A los 10 años de edad les suplicaba a mis papás que me llevaran a misa. Mis padres me dejaban en la iglesia y volvían una hora después. Si no iba me sentía culpable, me sentía un pecador y creía fervientemente que Dios me castigaría.

Mi primera comunión fue entre los nueve y 10 años, mi confirmación a los 15, y todo mi comportamiento en aquella época era en pos de ganarme el cielo, que Dios me quisiera, ser aceptado, y muchas veces hice cosas que iban en contra mía, como comer cuando no quería, lo cual me causó sobrepeso, pero era una forma de portarme bien y ganarme a mi abuela; siempre obedecía en todo lo que me decían aunque estuviese en desacuerdo —lavarme los dientes, cuidar a mis hermanas, ser amable, no decir groserías, bajar la cabeza, aceptar sin cuestionar todo lo que me decían los mayores—. En asuntos religiosos, asistir puntualmente a misa, confesarme una vez por semana y aprenderme todas las oraciones en aras de hacer una excelente catequesis; si mis amigos iban a jugar, yo me quedaba estudiando, pero hice todo esto para irme al cielo y no ser un pecador, palabra cuyo significado desconocía pero me daba mucho miedo ir en contra de Dios.

Esta idea cambió en la secundaria. Asistí a un colegio de puros hombres, religioso y salesiano, el Pío IX. Comencé a hallar un Dios benigno, amoroso y también me rebelé. Continué siendo un buen estudiante, pero ya no de cuadro de honor. No me gustaba ser el nerd, el estudioso; incluso me negué a portar la bandera, y aunque me titulé como técnico electrónico, confieso que a mí la electrónica me vale un cacahuate; elegí estudiar electrónica porque me encantaba armar y desarmar cosas, pero soy un desastre total: quemo fusibles, instalaciones eléctricas, echo a perder todo y no ejerzo.

La secundaria fue una de las épocas más felices de mi vida, y en aquellos tiempos conocí a un profesor que daba la materia Historia del Arte. Ya estaba cansado de tanta matemática, física y electrónica, y ese maestro daba clases de teatro, muy amateur, pero para mí era la puerta a un mundo desconocido que me impulsó a estudiar fuera de clases, y es así como comenzó a gustarme el tema de la actuación. Tenía 17 años.

Sentía que jugaba todo el tiempo y disfrutaba jugando a ser quien no era o lo que no me atrevía a ser. Para mí fue un medio de escape a toda mi educación técnica y represiva que tenía.

* * *

En casa, al paso de los años, Fer se hace de dos aliadas de travesuras a las que cuida y convierte en sus dos grandes compañeras, cómplices y confidentes: sus hermanas María Eugenia (Maru) y Romina Marcia (Romi), que nacieron con una diferencia de tres y seis años, respectivamente, y con quienes desarrolla un profundo cariño, amistad y lealtad que incluye cubrir los recados de los profesores por tareas incumplidas o alguno que otro mal resultado en los exámenes e incluso hace que el hermano mayor intente falsificar la firma de los padres para evitarles problemas.

—Los tres hermanos siempre fueron muy unidos. Cuando hacían una travesura se cubrían y era imposible sacarles nada. Incluso ahora. Hay cosas que hablan entre hermanos y la mamá o yo no nos enteramos para nada —refiere Norberto.

—Si hay algo que mi mamá nos enseñó es que pase lo que pase, aunque se peleen con nosotros como papás, suceda lo que suceda, ustedes como hermanos siempre tienen que estar juntos —dice Maru, a quien se le iluminan sus expresivos ojos color aceituna y le aparece una sonrisa cuando habla de su hermano—: Siempre fue muy amoroso y muy cálido, aunque en la infancia Romi y Fer eran mucho más apegados, eran como ellos dos y yo por mi lado. Los dos siempre fueron mucho más traviesos.

Ciertamente Romina es muy parecida a Fer, no sólo físicamente sino también en su carácter conciliador.

—Súper compañero, cariñoso, entregado, súper leal, súper fiel... voy a empezar a llorar —y la voz se quiebra en Romina, la hermana menor—, maestro en todos los aspectos. Creo que somos muy parecidos físicamente, en nuestras personalidades y la manera en que vemos la vida.

Fer no sólo es un buen hermano, también lo es como hijo y nieto.

—Martín fue un chico educado, buenísimo, una excepción en la regla —asegura Marcos Antonio, quien relata el día en que la abuela Victoria fue rebautizada por su nieto favorito que contaba ya con tres años de edad: "Abuela vos sos una *Pascui*". "¿Qué es eso, querido?" "Que sos linda, que sos buena. Eres mi *Pascuita. La Pascui*", y se le quedó la abuela Pascui.

Los buenos sentimientos de Martín también se expresan cuando ingresa al colegio. Su carácter obediente, cordial y tranquilo lo vuelve el favorito de los maestros y de las mamás de sus compañeros que llaman a su madre para felicitarla por el gran chico que tiene.

El resto de la familia acepta que, efectivamente, no había quejas de ningún tipo. Por el contrario, Martín pecaba de ser buena persona.

—Creo que sí. A Fernando no le gusta pelear, no le gusta tener problemas, él trata de unir y no de separar. Siempre ha sido así y hoy igual. Como chico no hay quejas, como estudiante no hay quejas y como persona creo que tampoco las hay. No era un chico que tuviera maldad, Fer nunca tuvo maldad —asegura en un tono muy serio Norberto—. Fernando creció con los valores familiares de ser lo más recto y honesto posible, tratando siempre de ayudar a los demás. Todos tenemos esos valores en la familia y él también.

Pero había algo más en él que, desde niño, llamó la atención de su familia: nació con ángel.

—Él era recontraqueridísimo en la escuela —asegura la mamá Rosa Lina—, tanto que lo elegían el mejor compañero. Era muy educado y tenía siempre invitaciones para ir a las casas de sus compañeros. Y en la escuela era muy querido, muy, pero muy querido. Yo me preguntaba por qué me felicitaban si para mí era muy normal que una criatura fuera bien portada.

—El efecto que causaba era el de una fiesta donde, de repente, llega alguien wow, que alumbra, ilumina, así es Fer siempre, siempre, súper líder —asegura Maru—, es de esas personas que se mueve y la gente siempre quiere ir con Fer, tiene un gran carisma. Te cae bien, tanto que en la escuela Fer obtuvo a los 11 años el premio al mejor compañero, porque la verdad todo el mundo lo adoraba.

Pero fue justamente a esa edad cuando una afición afloró en Fernando. Empezó a personificar a todo aquel que llamaba su atención, dentro y fuera de la escuela. "¡Qué bonito que hace todo esto!", pensó la madre, que lo tomó como un *hobby* normal de la edad.

Ya adolescente, con 13, 14 años, Fer —junto con un grupo de amigos— regresaba de la escuela, le quitaba la videocámara a su padre y se inventaba unas historias de monstruos, luchas, *westerns* e imitaciones, que grababa y regrababa... con un solo casette de VHS.

Y no obstante, Rosa Lina tampoco reparó en estas señales y jamás imaginó que el gusto del mayor de sus chicos iba a causarles el primer disgusto familiar que se desató cuando el hijo modelo cumplió 17 años y tomó la decisión que dejó a todos perplejos.

Hasta entonces lo peor que había hecho Fernando fue robarse un carrito de un supermercado que se encontró en el estacionamiento de la tienda, y junto con tres amigos no se les ocurrió mejor idea que tomar impulso, subirse y pasear por las avenidas ¡a bordo del carrito!, lo que le costó ser trasladado a una agencia policial. Ése fue su primer contacto con la ley. Lo detuvieron, lo hicieron bajar del carrito y lo pusieron, junto a los amigos, de frente, con las manos contra la pared y los catearon. Después los separaron y le preguntaron a cada uno qué estaban haciendo.

—Nos dijo que iba a bailar y no regresaba, hasta que nos llamaron de la comisaría para decirnos que lo fuéramos a buscar porque era menor de edad —recuerda Rosa Lina.

El enfado de los padres no tendría comparación cuando Fernando les anunció la determinación que había tomado de ser actor. Esto cambiaría por completo la vida de sus padres y hermanas que, sin él proponérselos, tomarían la difícil elección de abandonar la tierra prometida de sus ancestros, sus orígenes y cariños, para apoyarlo en la búsqueda de un sueño, en un nuevo país, absolutamente desconocido para todos y donde tendrían que volver a empezar totalmente de cero.

* * *

En mi familia no había nadie ni nada que se acercara a un artista. Repito, era una familia de inmigrantes italianos que habían llegado a Argentina a partirse el lomo y no tuvieron tiempo de estudiar porque tenían que generar dinero. Y el tema de ser artista para esa familia era incomprensible cuando ellos trabajaban de sol a sol; para ellos ser artista era una babosada, eso no era una carrera y no estaba permitido. Por ende, mis papás no me apoyaron e influían en ellos los comentarios y rumores en torno a la existencia de la prostitución, la corrupción y las adicciones que, según ellos, estaban a la orden del día.

A pesar de vivir en casa de mis padres, para pagar mis clases de actuación trabajé como mensajero en la oficina de papá. Siempre fui bastante ahorrativo —como dicen acá en México, codo— porque me costaba mucho ganar el dinero; fui vendedor de cursos de computación, empleo donde aprendí la frase dicha por mi madre que hasta la fecha aplico:

—Cuando la riegues no digas nada, no pelees, sólo sonríe.

Y sí, cuando no sé qué hacer sólo me río y basta. Es suficiente.

Fui también mensajero de la Asociación Judicial Argentina, donde a los dos meses de laborar —gracias a que era propositivo y bueno para los números— me ascendieron al área responsable de créditos. ¡Yo, un escuincle de sólo 18 años de edad, era el encargado de autorizar créditos impagables a la gente del sindicato! Veía el recibo de honorarios y lo que gastaban, pero como tengo el corazón de pollo y me topaba con personas que ya habían pedido cuatro veces un crédito, pues a mí me daba mucha pena negárselos y terminaba haciendo todo lo posible para que se los autorizaran. El 80% de los casos imposibles conmigo lograron tener un crédito. No duré mucho.

Cansado, decidí dedicarme a lo mío, la actuación. ¿Cómo empiezo? Mis maestros amateurs no tenían idea; mis compañeros, que eran más amateurs que yo, menos.

¡No tenía un guía y tampoco tenía un solo contacto!

Entonces tomé el periódico y leí:

—Se necesitan extras.

Pues de aquí soy. Me tomé unas fotos caseras, llené una solicitud y empecé como cualquiera, desde abajo.

—Este extra está muy galán para ser extra —decían, y yo pensaba que esto sería facilísimo, pues me llamaban siempre e incluso dobleteaba y trabajaba hasta 18 horas diarias.

Mis compañeros extras me decían:

—Fer, hay que empezar siendo extras porque el director te ve y por ahí le caes bien o le gusta tu *look* y te da tu primer papel. Así empiezan todos los actores.

¡Ajá, cómo no! ¡Mentira! Me di cuenta de que cuanto más extra era, menos me llamaban para los papeles importantes. Lo más que hice fue un programa en la televisión argentina llamado *Brigada Cola*. Era un comando juvenil, luchábamos contra *cyborgs*, monstruos y cualquier malo que se nos pusiera enfrente, aprendí a manejar armas y jugaba a ser superhéroe.

Pero te confieso que cuando ya era extra toda mi familia se reunía para verme.

Es un magnetismo y una magia difícil de explicar, lo que genera esa caja llamada televisión.

—Ahí, ahí está Fer; ya no está Fer; ése, ése es, el de ahí atrás; ya no está más.

Yo aparecía a cuadro y aplausos, era el actor de la familia... ¡el orgullo de todos! Pasé de ser el que no existe, el que no te invierto ni medio peso, al ACTOR de la familia, así, con mayúsculas, aunque el ACTOR estuviera atrás del de atrás y más atrás.

—Mira, ahí está Fer de espaldas; ahí está Fer de perfil...

Mis papás me empezaron a alentar bajo la idea de "Fer ya está saliendo en la tele, está haciendo las cosas bien". En realidad ¡no teníamos idea de lo que estaba pasando, pero ya era el ACTOR de la familia!

Ser extra también me llevó a relacionarme y a colarme como la humedad, me contacté con agencias de modelos y escuelas de actuación. Empecé a ir a pruebas, a *castings* y audiciones y dejé de ser extra. Me convertí en modelo, pero el juicio de mis papás se intensificó, pues dejé de percibir dinero. Modelar no es tan fácil, tienes que ir y someterte constantemente a *castings* y pruebas hasta que te eligen y durante el proceso no ganas nada, gastas todo tu dinero y la mayoría de las veces te dicen cosas como:

—Tú no, gracias, no eres lo que estamos buscando; déjanos tus fotos y te llamamos.

Siempre hay uno más guapo, uno más alto, uno más simpático, uno mejor, etcétera, y eso genera una angustia e inseguridad que te lleva a cuestionarte "¿y si no sirvo para esto?"

Además, si no tienes *castings*, pues no tienes nada que hacer, y entonces mis papás volvían con aquello de "eres un flojo, no quieres trabajar, consíguete un trabajo decente, como corresponde".

Para mí sí lo era, no como la gran mayoría concibe un trabajo de ocho de la mañana a seis de la tarde y dos horas de comida, esto es otra cosa. Aún no lo entendía y les pedía que no me juzgaran, que no me criticaran y me dieran chance.

Me lo dieron a regañadientes. Yo tenía 20 años. La presión era mucha y decidí salir de mi casa y... venirme a México.

Un día me desperté diciéndome: "me tengo que ir a México", ¿por qué? No tengo ni idea, pero haciéndole caso a mi intuición, me puse a averiguar sobre México.

México era el paso natural para llegar a Estados Unidos, específicamente a Los Ángeles y ganarme mi Oscar... Siempre apunté grande. Me veía levantando un Oscar. Sí, leíste bien. No te rías. Mis ídolos son Al Pacino, Robert De Niro, Anthony Hopkins y Lawrence Olivier, y yo me veía con el Oscar en la mano, escuchando *And the winner is*... ¡Un Oscar!

¡Pero yo no sabía nada de este país! Mi único acercamiento era *El Chavo del Ocho*, *El Chapulín Colorado*, Verónica Castro y Speedy González. Imagínense, hace 20 años no existía internet ni la globalización como la conocemos hoy. No se sabía mucho de lo que pasaba en otras partes del mundo a detalle.

En un llamado de *castings* para comerciales pegué en un corcho:

—Me quiero ir a México, si hay alguien que me quiera acompañar, llámenme.

Puse mi teléfono y me hablaron dos locos como yo:

—Nos vamos contigo —dijeron. Órale.

Pablo Aquilante, Eduardo Espina y yo nos juntamos en una tarde cualquiera de Buenos Aires, tres proyectos de actor en un cafecito; uno ya había filmado un comercial en México y era el que más conocía. El otro —que tampoco tenía idea, igual que yo— sólo dijo:

—Pues vámonos.

Y en otra sagrada comida familiar anuncié a mis padres mi partida a México.

—La semana que viene me voy a México.

—¿Cómo?

—Sí. Es lo que quiero hacer.

No les quise decir con mucho tiempo para no alarmarlos. La decisión estaba tomada.

—Ya tengo el pasaporte, ya tengo todo. Lo único que les pido es que me ayuden a pagar con su tarjeta de crédito, a 12 meses, el boleto. Yo todos los meses les depositaré desde México, pero denme chance de que vaya y trabaje allá.

—Bueno, está bien, respondieron mis padres y me soltaron la letanía... Pero los convencí de que me compraran el boleto.

Me subí al avión el 15 de marzo de 1996 y 15 horas más tarde —me tomé el vuelo lechero, de Lloyd Aero Boliviano que paraba en todos lados, Uruguay, Bolivia, Panamá— llegué a México a las cinco de la mañana.

De pronto apareció a mis pies la imponente, inmensa y descomunal Ciudad de México. Mi primera visión desde la ventanilla resultó im-pre-sio-nan-te... ¡un mar de luces!... ¿Por dónde empiezo aquí?

* * *

Mientras Fer vuela feliz y llega a su nuevo destino, en casa de los Cacciamani Servidio la noticia de su partida resulta un golpazo sin anestesia que no acaban de digerir. Aparecen y se desbordan las lágrimas que se contuvieron durante la semana de fiestas previas a la despedida cuando lo ven cruzar la sala para abordar en el Aeropuerto Internacional Ministro Pistarini, mejor conocido como Ezeiza.

—Era horrible, horrible. Había un duelo, era como si algo faltara —dice Maru llevándose una mano al pecho y negando con la cabeza—. Nosotros somos muy unidos, y si bien cada uno respeta lo que hace el otro en la familia, no deja de doler cuando ves que él no está. El día a día sin él era difícil y al final venía a la deriva porque no tenía un contrato, no, el pibe vino a México con una mano atrás y la otra también. No sabíamos nada de este país, ni siquiera teníamos idea de que él quería salirse de Argentina y probar suerte fuera de aquí. Vino un día y de buenas a primeras nos dijo: "Tomé la decisión de irme". "¿De irte a dónde? ¿Cuándo? ¿A qué hora? ¿De qué me hablás?" No fue con anestesia, ni nos fue preparando; es más, ahorita no sé si él ya lo traía en la cabeza y lo venía pensando y pensando o fue así. Pero a nosotros nos avisó en el momento. Y háganle como quieran.

Para Romi, la menor de las hermanas, la decisión de Fernando resultó devastadora: "Por dos años no podía hablarle por teléfono, decían: 'Es Fer', y yo lloraba y lloraba, sólo le escribía, no podía hablarle, lo extrañaba mucho".

A la matriarca el anuncio la desgarró emocionalmente:

—Cuando me lo dijo casi lo mato. Sí, cómo no. Dale. México ¿esquina con qué?

—No, mamá, de verdad.

—Ay, déjate de jorobar, sentáte a comer, y el padre me dice (con la cabeza) sí. ¡No!, casi me muero.

La semana previa a la partida de Fernando, Rosa Lina está hecha un mar de llanto y preocupación.

—Yo lloraba pensando: "Un día se va a casar, no voy a conocer a mis nietos, sólo hablaré por teléfono —en ese entonces no había internet—, no me van a conocer los niños ni yo a ellos. Yo veía una separación total. No estábamos a la vuelta y sabía que México era un escalón para hacerse de un nombre e irse lejos, que la meta era Estados Unidos. Para mí su partida significaba que perdía a mi hijo, tal cual.

Quizá por ello el padre fue el único que supo un mes antes la decisión de Fernando.

—Cuando me lo dijo lo apoyé. Justo en ese momento no tenía ningún compromiso, había terminado con la primera noviecita y yo pensé: "Mejor ahora que sos joven, no tenés mujer, no tenés hijos, no tenés compromiso".

—Conocíamos México por la geografía y *El Chavo del Ocho*. Tú no piensas que un hijo se va a ir de tu lado, pero llega cierta edad en que tampoco lo puedes retener. Cuando viene acá Fernando ya es mayor de edad. ¿Tú qué le dices? Pues andá que Dios te ayude y que te vaya muy bien.

Al único que le agradó muchísimo que Martín fuese actor fue al abuelo Marcos Antonio.

—¡Tenía una pinta enorme el nene!... Muy guapo, muy inteligente; lo veíamos trabajar en las obritas que hacía como Fernando Cacciamani, no era un nombre artístico, pero yo aún tengo los programas de mano donde figura como Fernando Cacciamani en *Mis queridos payasitos*. Tenía condiciones como actor. Hacía de un personaje de soldado y trabajaba tan lindo, tan guapo. Lo veía como actor en las telenovelas y babeaba.

Con su partida, Fer dejó claro a su familia cuatro elementos que definirían su carácter a los 21 años de edad: fuerza, determinación, perseverancia y lealtad para lograr lo que quería, condiciones que México iba a poner a prueba desde que pisó tierra azteca.

« Estuve más de un año ilegalmente en México y aprendí a moverme de acuerdo con la necesidad, porque vine con la humildad de decir qué hay que hacer aquí.

Fernando del Solar »

Episodio III

Sencillito, carismático y con un ángel a prueba de todo

Aeropuerto Internacional Benito Juárez, 15 de marzo de 1996. Tres argentinos medio galanzones hemos aterrizado en México con una maleta y un solo contacto telefónico: la agencia de modelos Aníbal y Tania.[9]

—Y ahora... ¿qué hacemos? —ante el silencio de mis compinches no queda otra más que acudir a la oficina de Turismo.

Son las primeras horas de la mañana. Milagrosamente el módulo de turismo está lleno de chicas y, bendito Dios, comenzamos un coqueteo maravilloso que nos ayuda a buscar hoteles, tarifas y direcciones.

—Tenemos un muy buen hotel y muy económico por Sullivan... —responde una de las chicas.

—¡Perfecto, vamos a Sullivan![10]

Para el que no conoce Sullivan le explico que es un punto tradicional de prostitución callejera en la Ciudad de México. A las siete

---

9 Agencia Aníbal y Tania fue la primera agencia de modelos internacional en México en los años noventa. Formada por Aníbal Gánem, empresario y modelo, y Tania García Lambarri, primera *top model* mexicana; impulsó la industria de la moda en los años setenta y en las décadas posteriores, y representó a un grupo importante de modelos que dominaron pasarelas, catálogos y editoriales de la época.

10 Sullivan tomó su nombre de un empresario estadounidense que en el gobierno de Manuel González recibió la concesión para construir el ferrocarril México-Nuevo Laredo. Cuando la estación de la que partiría ese tren fue inaugurada a finales del siglo xix, en terrenos de la actual colonia San Rafael, se decidió honrar su memoria dándole el nombre del empresario a una de las calles aledañas. La zona se pobló de hoteles destinados a albergar a los viajeros que llegaban diariamente a la Ciudad de México. En 1949, sin embargo, la estación Colonia fue demolida y Luis Ortiz Monasterio erigió en ese sitio el Monumento a la Madre. Los dueños de los hospedajes cercanos tuvieron que buscar un nuevo giro; de ese modo, los hoteles "de pasaje" se volvieron "de paso". Ejércitos fluctuantes de trabajadoras sexuales comenzaron a "pararse" en las cercanías.

de la mañana sus banquetas del Circuito Interior al Monumento a la Madre se ven muy mal; imaginen cómo lucen por la noche. Denominada zona roja, nos encontramos con los primeros rayos del sol con un desfile de mujeres, transexuales, homosexuales, todos sexoservidores.

—Aquí no está padre, no creo que sea un lugar seguro, le digo al chofer del taxi y de inmediato le pido nos lleve a otro, el hotel Posada Viena, ubicado entre Paseo de la Reforma y Avenida Insurgentes, en el corazón de la ciudad y con estilo colonial mexicano... carísimo. La cuarta parte de mi presupuesto se me fue en una maldita noche.

La cosa estaba mal y pintaba para ponerse terrible.

Tratamos de contactar a la agencia, pero no nos respondieron. Fuimos al lugar y nos enteramos de que ya no existía. Una persona nos dijo que Aníbal había muerto y no logramos dar con Tania. ¿Y ahora qué hacemos? Es lo único que teníamos.

Periódico... otra vez.

A buscar anuncios de extras... otra vez.

Bueno, ni modo, empecemos de abajo. Había uno que otro productor que pagaba al corte, pues venían de Estados Unidos a filmar comerciales en México porque resultaba muy barato tras la crisis económica del país ocurrida en 1994 y 1995. Entonces había muchas producciones que te pagaban, sin recibos y sin documentos, 200 pesos al corte y después de 18 horas de filmación. Pero esa cantidad me alcanzaba para comprarme una leche y un paquete de galletas en el súper. Padrísimo.

Sin embargo, como no tenía papeles, muchas agencias me estafaron por la falta de documentos; me presentaba al llamado, trabajaba y como no contaba con recibos pues me decían "a ver, cóbrame". Entonces lo hacía a través de otras personas o imprimía recibos falsos con el nombre de Julio César Chávez Escalante —si el verdadero Julio César está leyendo esto o lo conoces por favor avísale de mi disculpa pública— en el mercado de San Juan, uno de los más tradicionales y antiguos, lleno de pescaderías y donde encuentras la comida que menos imaginas, ubicado a unas cuadras del Eje Central Lázaro Cárdenas y de la estación del metro San Juan de Letrán —por donde yo me iba, por cierto.

La falta de papeles me ahorcaba. Olvídate de rentar un departamento porque no teníamos aval ni documentos ni nada hasta que encontramos a unas cuadras del Word Trade Center, en la colonia Nápoles, el hotel Vermont, de dos estrellas, pero en la recepción nos tomaban los recados. Maravilloso.

En los *castings* dejábamos el teléfono y el número de habitación y cuando llegábamos nos pasaban los recados. Con el tiempo nos compramos un bíper —para los *millennials* que están leyendo esto, era un mensáfono, un buscapersonas, a través del cual enviabas y recibías mensajes escritos.

La convivencia con mis compinches argentinos también era un tema. Conocí a esos dos chicos ya viviendo juntos. A uno le olían los pies y se levantaba temprano, cantando canciones de misa a todo volumen, con las cuales me despertaba; el otro andaba muy deprimido porque las cosas no le salían bien y extrañaba demasiado a su familia. Pero era lo que había. Uno vino con más dinero y logró mantenerse más tiempo, pero era el que menos trabajaba. No le fue bien y se regresó. El otro, Pablo Aquilante, sigue viviendo en México, haciendo comerciales y obras de teatro.

Estuve más de un año ilegalmente en México y aprendí a moverme por la necesidad. Los primeros meses resultaron muy dolorosos; no era mi cultura, no era mi comida, no eran mis vecinos. Los olores eran muy distintos, las tortillas de maíz, los tacos, las tortas, las aguas de sabor, el picante, las distancias... cosas a las que no estaba acostumbrado. La Ciudad de México es gigante...

Aunque hablamos español las palabras, las maneras de ser y las formalidades son muy distintas de Argentina. Tuve que entender que aquí el ahorita era nunca; el mañana nos vemos, era nunca; el yo te marco, era nunca te marco; el te caigo en tu casa, era igual a no te caigo nunca; el mi casa es tu casa, no era mi casa, o cuando me decían nos vemos en tu humilde casa, en verdad era en la casa suya, de él. ¡Me hacía unas bolas tremendas con el uso del lenguaje!

Cuando me saludaban con qué pasó, yo lo entendía como qué pasó de qué, qué hice. Y me respondían como qué pasó, no, pues todo bien. Había muchos modismos, pero básicamente prevalecía uno por encima de todos: güey, y claro, yo, con tal de pertenecer, metía el güey en todos lados para intentar encajar y que se sintiera que era un mexicano más.

Pero de alguna manera siempre me señalaban como el argentino, siempre, hasta ahora que por voluntad propia ya tengo más de una década nacionalizado mexicano. Recibí mi carta de naturalización en junio de 2003, siete años después de llegar a este hermoso país. Pero volvamos al tema.

La percepción de que todos los argentinos son sencillitos y carismáticos la traes cargando siempre, pero no todos los argentinos somos así. Yo le he agregado algo a la frase: sencillito, carismático y ¡con un ángel a prueba de todo! Lo siento, pero esto no se compra. Se nace con ángel.

No obstante, tuve que adaptarme; vine con la humildad de decir qué hay que hacer aquí, cómo se habla aquí, cuáles son las costumbres aquí y absorberlo como esponja. Debí adaptarme al país. Eso me quedó muy claro desde el primer día. Pero el choque cultural al principio era imposible.

¡El chile! Me decían no pica, no pica nada. Y comía y ¡&%&$ madre! Cómo de que no pica. En una comida corrida era clásica la pregunta:

—¿Me jura que esta sopa no pica?

—¡Joven, se lo juro que no!

La probaba y me moría. Los labios se me hinchaban al más puro estilo colágeno. O me hacían bromas de "cómase este chile, no pica, no le saque, joven". El resultado ya lo conocen.

Igual me pasaba con la bebida. Aquí se toma mucho alcohol. No podía seguir el ritmo, jamás, hasta el día de hoy, no puedo. No estaba acostumbrado a tomar tanta cerveza, tequila o ron. No es que esté bien o mal, simplemente es una cultura distinta.

Obvio, mi estatura —1.83 metros— no ayudaba cuando me subía a la pesera —nombre con el que en México se refieren al transporte público— y mis piernas largas no cabían en los miniespacios del camión para sentarse. Pero era lo que había.

En el antro el rostro me ayudaba a ingresar, pero en Argentina yo estaba acostumbrado a tomar agua del grifo. Aquí no tenía el dinero para comprar una botella de agua y el primer día que tomé de la llave no te quiero contar cómo me puse. El agua no era potable. Tuve una experiencia inolvidable en el baño, ¡bajé como tres kilos!

Hoy mi flora intestinal está a todo dar.

Mi comida era en fonditas y era la llamada comida corrida —sopa, arroz, un guisado y frijoles, agua de fruta de temporada, salsa y todas las tortillas que imagines—. Mi cena era la que hacía en el súper, antes de que cerrara. Me iba todas las noches y recorría cada pasillo en busca de muestras gratis que me ofrecían las edecanes. Mi menú casi diario era un yogurt, una galleta, trocitos de quesito panela o jamón y ya. Así me alimentaba y no me avergüenzo de contarlo porque eso hizo lo que hoy soy. Tengo muy claro de dónde vengo, lo que pasé, y no me arrepiento de nada, para nada.

Trabajando como extra me empecé a filtrar como la humedad. Después de los años setenta no había habido una invasión argentina en México hasta el 2000 por los efectos del llamado *corralito*.[11] Cuando yo llegué, en 1996, tener un amigo argentino era una excentricidad: eras el centro de atención, te invitaban a todas las fiestas, eras el cuate que hablaba raro y que le iba a otra selección; Diego Armando Maradona y el Mundial de Futbol de 1986 eran temas de verdadero debate. Pero en el medio artístico había muchas cosas que jugaban a favor y en contra, pues cuando tenía que hacer un papel mi dicción no era la correcta porque hablaba distinto, conjugaba los verbos de manera diferente, me comía las eses, mi cantadito era distinto, etc. Entonces como actor se complicaba más que me dieran empleo o tenía papeles muy limitados. Personificaba a un argentino, a un mimo

---

11 En Argentina se denominó *corralito* a la restricción de la libre disposición de dinero en efectivo de plazos fijos, cuentas corrientes y cajas de ahorros impuesta por el gobierno radical de Fernando de la Rúa el 3 de diciembre de 2001, y que se prolongó por casi un año cuando se anunció oficialmente el 2 de diciembre de 2002 la liberación de los depósitos retenidos. Posteriormente, y debido a la popularidad que adquirió el término, éste se empezó a usar en todos los países de habla castellana para hacer referencia a la inmovilización de los depósitos realizada por el gobierno de cualquier país.

o un mudo a menos de que alguien dijera: "me gusta tanto este chavo que lo vamos a doblar", lo cual pasó mucho con los comerciales de Saúl Lisazo, un compatriota exfutbolista, actor y modelo, para la marca internacional Bacardí. El hombre aparecía galante y guapo, pero la voz no era de él. Le hacían doblaje de voz.

Pero eso era muy, muy raro que sucediera. Los productores no apostaban por eso, ya que tenían que pagar mucho más.

Finalmente un día decidí buscar a mis referentes. Llegué a las puertas de Televisa, en San Ángel, y me planté ante la recepcionista:

—Hola.

—Hola. ¿Quién es usted?

—Fernando del Solar.

—¿Con quién quiere hablar?

—Busco a Verónica Castro, por favor...

—¿Qué? ¿De parte de quién?

—Ya le dije, de Fernando del Solar.

Yo sí conocía a Verónica Castro, pero como cualquier otro mortal, a través de la tele y sus novelas. No tenía ningún conecte con ella o su equipo, pero el "no" ya lo tenía, qué más daba. Obviamente, nunca llegaba a Verónica Castro, nunca. Del otro lado de la línea me respondían:

—¿Quién es usted?

—Fernando del Solar; vengo de Argentina, quiero ver si me puede dar la posibilidad de...

—Bueno, venga otro día —¡me mandaban a la goma!—. Ok —le decía a la recepcionista—. No está Verónica, entonces por favor comuníqueme con Florinda Meza —¡también me mandaba a la goma!

Años más tarde, cuando pude entrar a Televisa y ser parte de su escuela, le platiqué a Florinda esta anécdota:

—Florinda, vine a buscarte y me mandaste a la goma.

Se rio mucho cuando escuchó mi anécdota que, por supuesto, nunca había llegado a sus oídos. Y si ella no me atendía, Roberto (Gómez Bolaños) menos. ¡Siempre me mandaban a volar! Pero yo insistía, pues eran mis referentes. En Argentina amamos a la Vero Castro, al Chavo y al Chapulín Colorado, hasta el disco me habían comprado mis papás.

Cuando por fin logré entrar a Televisa lo primero que vi fueron las imágenes de Florinda, El Chavo, El Chapulín Colorado y Thalía, ¡wow! Estaba en el lugar donde quería estar, en la meca de las telenovelas donde yo me visualizaba como un verdadero protagonista de novela que, después de triunfar, me permitiría irme a Estados Unidos a ganar mi Oscar ¿recuerdan?

No salió así.

Mi primera oportunidad en la televisión mexicana se presentó cuando cumplí un año. En Televisa conseguí una beca como estudiante de actuación y que me tramitaran mis papeles para permanecer en México. Hice una audición con Sergio Jiménez[12] y con la maestra Adriana Barraza[13] —cuánta paciencia tuvo conmigo y con mi dicción, quien merece este paréntesis para felicitarla porque está triunfando en Estados Unidos y logró ser nominada al Oscar—. Maestra, bien por usted, ¡lo consiguió!

En Televisa yo no formé parte del CEA (Centro de Educación Artística),[14] sino que ingresé en el Taller de Perfeccionamiento Actoral. Mis compañeros de curso eran Ninel Conde, Víctor Noriega, Andrea Noli, Valentino Lanús y muchos más que ya eran figuras y yo no lo sabía. Algunos venían de grupos musicales y los querían poner a actuar. Entonces los enviaban a este grupo especial dirigido por el grandísimo actor, director y productor Sergio Jiménez.

Era una beca donde no se pagaba por estudiar, y me daban vales para comer gratis en el comedor; iba de lunes a viernes, de cuatro a seis horas diarias, y nos enseñaban actuación.

---

12 Sergio Jiménez Flores (17 de diciembre de 1937-2 de enero de 2007) fue un primer actor y director mexicano.

13 Adriana Barraza (5 de marzo de 1956, Toluca, Estado de México) es una actriz mexicana nominada a los Premios de la Academia en Estados Unidos. Sus dos trabajos más importantes a nivel internacional han sido *Amores Perros* y *Babel*. Previamente a su nominación al Oscar a la mejor actriz de reparto fue candidata en la misma categoría en los Globos de Oro y Broadcast Film Critics Association, y candidata al Premio del Sindicato de Actores como "Mejor actriz de reparto en una película". Es una reconocida maestra de actuación en México, Miami y Colombia. Se destacó en el Taller de Perfeccionamiento Actoral de Televisa, donde, junto al reconocido actor, director, productor, escritor y profesor de actuación Sergio Jiménez, dio clases por más de una década. Junto a este gran teórico de la actuación diseñó un método llamado *actuación técnica*, del cual es co-creadora (de ahí que en el medio artístico sea conocida como la querida Maestra Barraza).

14 Fundado en 1978 y dirigido por el actor Eugenio Cobo desde 1987.

Recuerdo un cartel gigante que tenía Sergio en el baño que decía "Stanislavsky no existe".

Para todos los que aprendemos actuación de manera romántica, el ruso Konstantín Stanislavsky (Moscú, 5 de enero de 1863-7 de agosto de 1938) es el padre de la actuación vivencial, del estímulo, del tocar y recordar una emoción.

—Eso no existe aquí, hacemos actuaciones formales —nos aclaró a todo el grupo el maestro Jiménez.

Chanfle. Todo mi aprendizaje como actor venía de la corriente vivencial de este gran director escénico y pedagogo del Teatro de Arte de Moscú, cuyo método trascendió del teatro al cine y lo de Sergio ¡era no sentir!

—Ustedes están actuando, tienen que actuar, no tienen que sentir, tienen que actuar —subrayaba.

Por primera vez tuve un choque en mi formación. Con él no había que sentir, sino actuar; sentir no es actuar, cómo... Tiene razón.

Claro, él tenía la capacidad extraordinaria de que si le decían 5, 4, 3, 2 lloraba de un ojo; le decían corte, se ponía a llorar del otro. Y luego de los dos. Podía hacer lo que quisiera con técnica. Y nos decía:

—¿Ven? —y se ponía a llorar—, no estoy sintiendo nada. Se reía como un loco, parecía un loco y lloraba.

¡Wow! Eso es lo que yo quería. Ser como él, un excelente actor. Y como maestro era un tipo increíble. Pero más de un año después no obtuve nada, y aunque me daban permiso de faltar cuando tenía llamados de comerciales, hablé seriamente con Sergio:

—Profe, no me dan novela, no me dan nada aquí y yo me tengo que mantener.

—Sí, Fer, te entiendo, ya tienes muchas faltas, tengo que correrte...

—Está bien, córrame, porque yo tengo que pagar renta y comida.

Estudiaba o trabajaba. Tuve que ausentarme del grupo una semana para asistir al programa de Cristina Saralegui,[15] *El show de*

---

15 Cristina Saralegui es una renombrada periodista y presentadora de televisión cubana, quien revolucionó la televisión hispana con su *talk show* durante décadas.

Cristina, reconocida comunicadora internacional, en el que participé como integrante de los modelos más sexys de videoclips de México. En ese momento había hecho el videoclip "Tu reputación" de Ricardo Arjona. Recuerdo que me daban 200 dólares de viáticos y acepté. Llegamos al aeropuerto internacional de Miami y, de viajar en transporte público, allí me fueron a buscar en limusina al aeropuerto y sentía que estaba triunfando. Toqué todos los botones que pude, me tomé todos los refrescos, abrí el quemacocos e iba saludando a toda la gente, cual reina de belleza. Me tomé hartas fotos y se las envié a mi familia para compartir mis logros. Todo iba muy bien, pero Sergio me expulsó.

Entonces salí de Televisa; nunca logré trabajar en la empresa de mis ídolos de la niñez y profesionalmente no me pude desarrollar ahí en mis inicios, pero estoy agradecido con esa empresa porque estudié con un extraordinario actor y las comidas eran gratis en el comedor.

Modelaba, desfilaba, hacía fotos para Walmart, Chedraui; hice catálogos para Plaza Satélite, Sears, Liverpool, ¡lo que hubiera! Con eso vivía y básicamente sobrevivía porque llegó un momento en que las agencias dejaron de contratarme.

Aunque mandaban el *casting* solicitando "un latino internacional tipo Fernando del Solar", en México se da algo muy raro, cuanto más trabajas, menos te quieren contratar en los comerciales porque tu cara ya está muy vista.

En otras partes del mundo te cotizas, haces campañas cada vez más grandes, pero aquí no. Yo escuchaba expresiones como:

—Oh, está muy visto, ya no lo queremos. Pero queremos uno como él. No a él, pero similar a él.

Eran recurrentes estas respuestas. Sin embargo, logré trabajar más de 20 años como modelo publicitario, realizando más de 200 comerciales, en países como Estados Unidos, México, Argentina, Paraguay, El Salvador y Guatemala e incluso algunos comerciales llegaron a transmitirse hasta Europa.

Pero en aquel momento, en México, tenía cinco comerciales simultáneos al aire y en la televisión mexicana surgió una nueva cadena: Televisión Azteca. La directora del área de Novelas, Elisa Salinas,[16] junto con Moira Jiménez,[17] comenzó a formar una escuela de actuación, el Cefac (Centro de Formación Actoral).[18] Me vieron en la tele y me llamaron a hacer una entrevista y un *casting* con el maestro, actor y director escénico Raúl Quintanilla.

Resultó muy divertido porque como yo no tenía nada que perder, venía quemando las naves, es decir, no me importaba nada y no tenía pena de nada. Y con esa actitud desparpajada me presenté a la cita:

—¿Qué necesitan qué haga?

—¿Canta?

—Claro que canto.

—¿Cuenta chistes?

—Cuento chistes.

—¿Hace marometas?

—También hago marometas.

—¿Pinta?

—Claro que pinto, ya luego veremos en qué calidad pinto.

Entonces canté, bailé y dije que sí a todo. El maestro Quintanilla me dijo:

—Usted no tiene vergüenza, ¿verdad?

—No, pues no. Tengo ganas.

Él se dio cuenta de que venía con unas ganas impresionantes. Y le estoy muy agradecido porque me ayudó muchísimo.

Días después me llamaron para decirme que me había quedado en la escuela. Y negociamos que me pagaran algo por estudiar.

Soy la primera generación del Cefac, fueron tres años de estudio con los mejores maestros de México. Imagínate, tuve a Sergio Jiménez en Televisa y en TV Azteca al maestro Héctor Mendoza, ícono

---

16 Elisa Salinas es una productora mexicana de cine y televisión. Tuvo a su cargo la dirección de Azteca Novelas de 1995 a 2004, puesto que retomó en 2012 a la fecha.

17 Moira Jiménez es directora del Cefac, actualmente llamado Cefat (Centro de Formación Actoral de Televisión Azteca) desde su creación en 1997.

18 El Centro de Formación Actoral fue creado en TV Azteca con el fin de formar actores profesionales mediante una enseñanza especializada y cuenta con un programa académico intensivo, destinado al desarrollo de las facultades artísticas y al conocimiento del lenguaje y las técnicas imprescindibles en la televisión. Silvia Navarro, Andrés Palacios y Paola Núñez son algunas figuras egresadas de sus aulas. Actualmente se le conoce como Cefat (Centro de formación actoral de Televisión Azteca).

del teatro, dándome clases, a Raúl Quintanilla, a los mejores profesores. Fue una suerte empezar en TV Azteca porque la televisora estaba empezando y yo empezando con ella.

Entonces ambos crecíamos. Y me dieron muchas oportunidades.

Mis compañeros de generación fueron Silvia Navarro, Víctor González, Betty Monroe, Sergio Mayer, Bárbara Mori, puro picudo.

Ya estando en el Cefac me hablan para hacer la novela *Perla*[19] (1998), que fue el lanzamiento de Silvia como protagonista, al lado de Leonardo García. Yo hice un personaje malísimo, o sea, yo me veo a cuadro y digo "no puedo actuar tan mal".

Estaba tan preocupado por mi acento y porque no se notara ni se dieran cuenta de mi dicción, que actué muy mal. Fui un verdadero bulto. Mi presentación fue un real fiasco y en mi primera participación no me fue nada bien. Reconozco que no actué bien. Me sentía muy tenso y presionado por el tema del acento. El director Antulio Jiménez Pons me lo recordaba a cada momento por el *talk back*, "pinche niño", me decía y, para los que no saben, el *talk back* es una manera que tiene el director o productor de comunicarse y dar indicaciones desde la cabina al foro donde uno está grabando y lo escuchan todos los presentes. Se imaginarán la pena que pasaba cuando me decía "pinche niño" delante de todos. Él siempre expresaba lo que sentía. Fue muy fuerte.

Y además, para mí trabajar con Leonardo García no fue nada fácil. El que lo conoce sabe que no es fácil trabajar con él, para nada. Yo era el antagónico y no fue cordial la convivencia. En ese momento no tuve una buena relación. Hoy ya nos llevamos bien. Nuestra relación es desde otro lugar. Pero en ese momento no me sentí cómodo trabajando ahí.

Tuve 30 o 40 capítulos. Mi personaje era el licenciado Daniel Altamirano, bastante importante, porque quería sacarle el hijo a Perla y hacerle daño a Leonardo; era malo y era el villano. Pero me habían hecho un cambio de imagen con una especie de corte de

---

19 *Perla*, telenovela producida en 1997 por Televisión Azteca y protagonizada por Silvia Navarro, Leonardo García, Gina Romand y Gabriela Hassel.

hongo y luces que yo decía "por qué me ponen tan feo"; los trajes que me daban también me quedaban grandes, entonces mi actuación no brilló, fue gris, fue opaca y en cuanto pudieron me dieron las gracias.

Ése no era mi lugar. Ahí no iba a triunfar. A todos les fue muy bien con esa telenovela que se vendió en muchos países entre ellos Rumania. A mí no.

Decidí seguir estudiando. Me faltaba mucho todavía para ser el tipo de actor que yo quería ser. Pero la vida me iba a llevar por un camino muy distinto.

* * *

En Argentina una mujer se sienta todas las noches frente a un televisor sin importar la diferencia de horario con México, sintoniza el Canal de las Estrellas y espera paciente. No le interesan las telenovelas sino los cortes comerciales.

Al primer grito de "¡Fer!" bajan las hijas y todas admiran por unos segundos la imagen del hermano que añoran.

—Me quedaba para cazar alguna propaganda, un comercial donde salía y grabarlo. Él me decía: "hice la publicidad de tal", entonces yo me quedaba, miraba las novelas y no pasaban los comerciales, hasta que me di cuenta de que para qué iban a pasar publicidad de México en Argentina.

"Pero yo esperaba de todas formas el comercial, las novelas no me importaban, y de cuando en cuando lo grababa. Tenía grabada hora y media de comerciales. Y una de las veces que él vino había un partido de futbol que a él le interesaba, se le hizo fácil y lo grabó, ¡tomó el casette y me borró todos los comerciales que yo había grabado!

"Muchas veces llamaba a México y no había nadie en el lugar donde vivía, otras veces llamaba y lo encontraba dormido, o me decía: 'Mamá, te dejo porque están pasando los del gas'. ¿Cómo de que están pasando los del gas?' Yo no entendía nada. Es tan fácil en

Buenos Aires abrir la estufa y que salga el gas, '¿por qué en México pasa el del gas?'

Fer me explicaba que en la Ciudad de México es muy normal que por las mañanas pase el gasero a cambiar el tanque de gas o el del garrafón de agua o el ropavejero, en fin, hay mucha actividad, y si no cambiaba el gas o no pedía agua, se bañaba con agua fría o moría de sed.

"Él siempre decía: 'estoy bien' —continúa Rosa Lina—, pero ya después, hablando con las mamás de los dos chicos que se habían ido con él, supe que estaban a pura galleta María —una de las más populares y de bajo costo— y leche. ¡Cómo, no puede ser, si él a mí me dice que están bien! Ahora entendía por qué en las fotos que nos enviaba se veía tan flaco, aunque él nos dijera que era para tener figurín de modelo."

Cuando la madre se entera de que Fernando se alimentó de las degustaciones del supermercado se le estruja el corazón. Cierra sus ojos, aprieta sus labios y mueve su cabeza negativamente.

—En realidad él no ganaba ni un centavo y lo que obtenía era de trabajitos que le pagaban después de 20 o 30 días, si bien le iba —agrega Maru—, quien reconoce que el principio de la historia de su hermano en México fue duro, pero valió la pena porque logró hacer lo que quería.

A pesar de la inestabilidad económica, la renta de un cuartito y los pagos atrasados de trabajos hechos por aquí y por allá, Fer cumple con sus padres y, puntualmente, paga mes con mes la tarjeta de crédito de su madre que costeó su pasaje a México, en donde luego de poco más de un año el sueño por fin comienza a materializarse.

《 Para mí no era importante ser conductor, no me sentía
presionado en lo absoluto. Me valía el casting
y entonces fluí. Fui yo.

FERNANDO DEL SOLAR 》

Episodio **IV**

5, 4, 3, 2, ¡AL AIRE!

Un día, mientras estaba en el Cefac estudiando —el tema del acento me tenía estresado al grado de la obsesión— vienen y me dicen:

—Fer, hay un *casting* de conducción para hacer *Insomnia*, el programa de los mejores comerciales del mundo.

—¿Qué? ¿Un programa de comerciales? Yo no soy conductor. Yo soy actor.

—Fer, por favor —insistía Moira, la directora.

—No. ¡Qué es eso de conducir! No, gracias.

Al siguiente día, otro asistente volvía con lo mismo:

—¡Fer, por favor!

—No.

—Es aquí enfrente, cruzas esta puerta, te están esperando ahí enfrente. Haz el *casting*.

—Ok, lo hago como favor a ustedes. Yo no soy conductor, pero si ustedes quieren que lo haga, va, lo hago.

Cuando le quitas importancia a esas cosas de la vida, fluyes. Para mí no era importante ser conductor y no me sentía presionado en lo absoluto. Me valía el *casting* y entonces fluí. Fui yo, un Fer divertido, jocoso, jacarandoso, daba tonos, pa'rriba, pa'bajo; leía, memorizaba y la verdad hice un *casting* sensacional. Hoy lo pienso y sé que funcionó porque lo hice de manera irreverente e inconsciente. Si hubiera sido un *casting* de novelas —y como yo quería ser un gran actor— toda la presión hubiera caído sobre mis espaldas. Así sucedía cada vez que me paraba frente a una cámara para una escena de telenovela. Pero como a mí no me interesaba ser conductor lo hice muy bien.

Fue un gran aprendizaje *a posteriori* y te lo recomiendo, no te presiones, que fluya: si tú das lo mejor, que te toque o no, ya no depende de ti. Pero no te pongas piedras desde antes de empezar ni te cargues la mochila con presión y expectativa.

Hice el *casting*, lo hice muy bien y me quedé para hacer *Insomnia*.

—Tú serás el conductor.

—Bueno.

Entré al aire y empecé a grabar el programa de los comerciales hasta Tlalnepantla. Como los foros estaban fuera de la Ciudad de México, hacía hora y media de ida e igual de regreso. Grabábamos todo un mes en un día, es decir, cuatro o cinco programas, dependiendo de la cantidad de lunes que tuviera ese mes. Eran de 20 a 22 horas de trabajo, durísimo, eran jornadas pesadísimas, pero yo ya tenía mi programa al aire, al que realmente le fue muy bien. El productor era Enrique Garduza.[20]

Originalmente hice el programa con otro chavo. El concepto era como un departamento neoyorkino, dos chicos viviendo solos, comerciales, glamour. Pero al final se interpretó todo mal. El productor hizo un *focus group*, que es una dinámica donde se sientan a varias personas que representan distintos estratos sociales a ver un programa y dan su opinión acerca de él, qué les gusta, qué no les gusta, qué cambiarían, qué mejorarían, etcétera.

El resultado del mentado *focus* arrojó que parecíamos dos chavos gays —ojo, respeto mucho a la comunidad, de hecho tengo varios amigos homosexuales— y todo se desvirtuó. En México la idea de dos chavos viviendo solos no era opción, al menos no hace 17 años, pues eso no jalaba. Entonces sugirieron que la pareja fuera una chava y un chavo. Gracias a Dios me pusieron a mí y dejaron a Ana

---

20 Enrique Garduza es un productor de doblaje de México y Los Ángeles. Es también productor ejecutivo de televisión.

La Salvia, actriz, conductora y modelo venezolana. Ahí la conocí y trabajamos juntos cuatro años, a partir de 2001, donde nació una buena amistad, aclaro: ia-mis-tad! De hecho, el programa era tan bueno y novedoso que lo dejaban de tarea en las universidades a los estudiantes de la carrera de Comunicación.

Insomnia se transmitía en el Canal 7 a las 11:30 de la noche y su eslogan era, por el horario y porque el público estaba a punto de dormirse: "No cierres los ojos. *Insomnia*, empápate con las mejores ideas con los mejores comerciales del mundo. Si de buena publicidad se trata, *Insomnia*".

Para mí era genial ser el conductor porque además de la ayuda económica que recibía del Cefac ya tenía el sueldo de *Insomnia* y empezaba a ser conocido, no como extra, sino como presentador: ya tenía mi pro-gra-ma, ya me reconocían en la calle dos que tres y ya rentaba un pequeño departamento. "Papás, ya estoy triunfando, ivamos!", les decía feliz en mis faxes.

Te cuento —por si no sabes—, hace veinte años había un invento nuevo llamado fax. Yo ya no les mandaba cartas a mis papás, les mandaba faxes, que consistía en escribir en una hoja y enviarla a través de una llamada telefónica. Cuando te contestaban decías "tono de fax, por favor", y lo transmitían. Volvías a llamar y te confirmaban que había pasado bien. Entonces yo les escribía y les faxeaba mis noticias. Y también pagaba puntualmente mi boleto de avión que al año terminé de costear y regresé a Argentina a pasar mis vacaciones.

Mi recámara ya la había ocupado mi hermana Romi —clásico— a la cual, junto con mi otra hermana Maru, les enseñé las primeras palabrotas mexicanas que había aprendido —ya te imaginarás cuáles, no es necesario repetirlas, y además me sonaban muy chistosas—, pasé fin de año en familia y recargué las pilas.

De regreso a México y en el inter de *Insomnia* hago otra novela, *Un nuevo amor* (2003), que yo llamé *Un nuevo error*. Sergio Basáñez era el protagonista junto con Cecilia Ponce, actriz argentina, quien debutaba en México con este proyecto donde yo era el antagónico... otra vez. ¿Por qué se empeñaban en darme los papeles de malo si yo soy más bueno que el perro Lassie y atado? Más bueno, imposible.

Todo ahí fue muy raro, desde el nombre de mi personaje: Michelle. Empezaron dándome el malo y a los cinco capítulos ya era el bueno, todo se desvirtuó —cosa que no pasa mucho en las novelas TV Azteca, que desvirtúen las historias—, no gustó, me salí de *Un nuevo amor*, que para mí resultó otro fracaso. Como conductor era un éxito, pero cosa que hacía como actor se iba al fracaso. ¿Qué me quiere decir la vida? ¿Por dónde me está llevando?

Antes había hecho otra novela con Danna García, Bruno Bichir y Mauricio Ochmann, que se llamó *Háblame de amor* (1999), donde la hice de El suavecito, un personaje del barrio de Tepito. ¡Increíble el *casting*! A quien lo hizo se lo agradezco porque me dio una oportunidad donde no la había. Imagínate, yo haciendo de barrio bravo de Tepito, vendía fayuca. Hoy que me veo a la distancia me pregunto "¿de dónde?" Mi físico no daba pa'nada, mi acento menos, me sentía rarísimo... ¡Un argentino hablando cantadito y con frases totalmente ajenas a mí, como "chale", "órale", "ira", "¿qué tranza, carnal?!" Para imitar el sonsonete tuve que recurrir a mi amigo El molcas, que trabajaba lavando coches en la calle donde yo vivía y era un personajazo *made in* Tepito. El Molcas se tapaba la cara cada vez que ensayaba imitándolo. Con un tiempo de preparación quizá lo hubiera hecho menos peor, pero las novelas generalmente se hacen al vapor y ellos veían algo que yo, obviamente, no alcanzaba siquiera a entender y no estaba logrando explotar. Aunque años más tarde haría mi primera película llamada *Don de Dios* (2005), producida por Fermín Gómez y protagonizada por Luis Felipe Tovar y Mauricio Islas, la cual filmamos íntegramente en el barrio bravo y yo tuve mi personaje, *El Ché*, un sicario. Pero ahí tuvimos un pequeño problema: semanas previas al estreno en cines, realizar la alfombra roja y convocar a todos los medios de comunicación, nos enteramos de que ¡ya la habían pirateado y la estaban distribuyendo en todo Tepito!

La película, en el mercado negro, era un éxito y se vendía como pan caliente. Tengo varios amigos en el barrio y, cada que voy, nos reímos del asunto.

La cuestión es que el productor, desesperado, me pidió hacer unas escenas extras o *retakes*, para cambiar un poco la historia, más precisamente el final, y que lo que se presentara en el cine tuviera material inédito. Así fue, filmé otras escenas extras donde finalmente mi personaje se quedaba como jefe de la banda.

Mi primera película, ¡un fracaso en taquilla!

Y seguí participando en telenovelas como *Dos tipos de cuidado* (2003), *Mirada de mujer, el regreso* (2003) y *Top Model* (2005).

Bueno, pero en medio de todo esto, agárrate... también fui percusionista en un grupo de cumbia colombiana, algo así como Rayito colombiano, y nos llamábamos La porra del ritmo, un nombre fabuloso, inspirado en una masa de gente cantando, bailando y alentando. ¡Wow!, era el nombre ideal para nuestro grupo.

Otro fracaso. Que duró año y medio.

Hacía coros, como podía —más bien ladraba, pero lo importante era divertirse— y me lancé a tocar las percusiones; aprendí a tocar las congas y los bongoes.

Tocamos en lugares como el Salón Hidalgo, el Cosmos, salones en los que no cualquiera toca. Pero como que el grupo no terminaba de cuajar y no pudimos meternos de lleno en el mundo de la cumbia, porque éramos modelos y nadie nos tomaba en serio. Hugo Marcelo, Mauro Mauad, yo y cuatro buenos músicos mexicanos que eran los que realmente tocaban —Markel, acordeonista; Gerardo, bajista; Isaac, guitarrista, y Carlos, en sonidos generales—, es decir, estaba el tema atractivo visual y los talentosos. Creímos que con eso nos iba a alcanzar, pero nos dimos cuenta de que no.

Y aunque lo nuestro eran los *covers*, llegamos a componer una canción para México, nada menos que para el mundial de futbol Corea-Japón en versión cumbia. La rola se llamaba "Una porra por México" y cantaba que íbamos a ser campeones, que había que poner garra y corazón. En su momento se la hice escuchar a Martín

Luna, exdirector de Estudios de TV Azteca, o sea, un jefazo, y me dijo "no, Fer, no va a jalar".

Y es que la canción hablaba de que íbamos a salir campeones, y como era una porra había muchos sonidos de estadio. Para mí era fantástico. Pero el equipo mexicano no daba para tanto y el día que logramos presentarnos en vivo, en un programa nacional, nos toca la mala suerte... pero son señales de que la cosa no iba por ahí.

Magda Rodríguez, productora, estaba haciendo *Con sello de mujer* y nos dio chance de tocar con La porra del ritmo la canción dedicada a México en su programa —¡a huevo!— al otro día del partido México-Estados Unidos —ya la hicimos—. México era primero de grupo, Estados Unidos estaba jugando fatal. Como el campeonato era en Corea y Japón, los partidos se transmitían en la madrugada y, justo ese día, contra todos los pronósticos, ¡México pierde contra Estados Unidos!

Nosotros llegamos al foro con nuestro vestuario impecable, las congas, los timbales, y vemos cómo todos en la producción estaban pinchando los globos que habían puesto en colores verde, blanco y rojo para festejar el triunfo de México que, horas atrás, acababa de perder. Todos deprimidos, sólo escuchábamos ¡pop, puap puap, pop!, y le digo a la productora:

—¿Magda, qué hacemos? No puedo salir cantando "México va a salir campeón".

—Pues hagámoslo igual, aunque perdimos, hagámoslo igual.

—¿Te cae?

—Sí.

Imagínate el ánimo de la gente que ese día iba a hacer una fiesta y tenía todo el programa temático dedicado a la selección de futbol de México, y ¡había perdido! Depresión total, todo mal, se escuchaba el clásico: "Bueno, jugamos como nunca, pero perdimos como siempre". Todo mal. Y nosotros cantando nuestra canción.

Mi primera presentación en televisión con mi grupo de cumbia. Otro gran fracaso.

Pero los fracasos te hacen fuerte. Aprendes a decir por aquí no, pero le sigo.

Como comprenderás, el grupo terminó disolviéndose. Hubo diferencias entre nosotros y la agrupación se vino abajo, pero no sin antes haber tocado en el California Dancing Club, más conocido como *El Califas*, que es el mero mero lugar del son, la rumba y la cumbia en México. Así que logré, con todo y todo, tocar en un lugar donde miles de grupos han querido hacerlo y no han podido. Pero además ese día fuimos los teloneros de Aarón y su grupo Ilusión, uno de los más picudos de la cumbia en México.

Sin embargo el día que tocamos en *El Califas* dijimos: "Aquí nos van a matar, nos van a linchar, nos van a bajar". Todavía no sonábamos a la cumbia sonidera que buscábamos y era difícil bailar con nosotros porque básicamente no traíamos ritmo. "¿Qué hacemos? Ya sé."

Mi hermana baila muy bien. Para entonces mi familia ya estaba en México.

—Romi, ¿te animas a bailar?

—¡Sí!

Mi hermana se preparó, se veía divina, con unos abdominales impresionantes y un movimiento de cadera que derretía miradas. Ella trabajaba los fines de semana como edecán para obtener mejores ingresos. Había salido en México la primera edición del *reality* *Big Brother* y tenía que vender los CD en Mix Up, la tienda de música. Para ello se ponía una peluca güera con chinos, lentes, un top amarrado de cuero y un pantalón color rojo acampanado con unas plataformas también rojas. Bueno, pues tomó los pantalones, y de la camiseta gigantesca que le di, mi otra hermana, Maru, y la novia de otro de nuestros integrantes, le confeccionaron en segundos en el baño del California Dancing Club un top divino, y nació *La Morena*, la bailarina y atractivo visual de La porra del ritmo.

Cuando nuestro cantante Mauro comenzó con la primera canción y se le escuchó decir: "¿Quién viene ahí? ¡Una sirena! No se alboroten, es mi morena...", apareció Romina bailando de una manera tan sensual que hizo ¡que no nos aventaran nada! Los muchachos aplaudían a mi hermana (obvio) y en las primeras dos o tres canciones, en las que agarramos ritmo, no nos mataron, ni nos bajaron ni nos silbaron. Cuando ya agarramos la cadencia necesaria la gente se puso a bailar. Yo no lo podía creer. Estar arriba de un escenario, en esas condiciones, es una experiencia de vida que te curte, te hace más fuerte. Y La porra del ritmo me permitió arriesgarme, convivir con público en vivo y divertirme.

Y entonces vino el proyecto que me catapultaría a la fama y se convertiría en mi primer gran éxito televisivo: *Sexos en Guerra*. Pasé de estar en un programa del Canal 7 al Canal 13 en *prime time*.

* * *

La situación en Argentina se ha complicado drásticamente. Una recesión económica que inicia en 1999 pone de cabeza al país entero, con una crisis que lo coloca en la mira internacional en 2001. En respuesta al Fondo Monetario Internacional el gobierno de Fernando de la Rúa ordena un plan de austeridad, el alza en los impuestos y, para impedir el retiro masivo y la quiebra bancaria, el congelamiento de los depósitos. Se desatan huelgas que sacuden a la nación. El peso argentino se devalúa frente al dólar en 70% y los bancos sólo permiten a sus cuentahabientes el retiro de 250 pesos semanalmente. A esta restricción se le llama el *corralito*, que produce violentas protestas y una agitación social que cobra su punto álgido el 19 de diciembre de 2001, cuando se declara el estado de sitio y la renuncia del mandatario. Como millones de argentinos, los padres de Fernando no son ajenos a esta crisis y empiezan a pensar seriamente en la idea de un traslado a España o a Italia, donde tienen familiares.

En México la situación del novel conductor es distinta. No sólo ha regresado a Argentina con sus propios recursos económicos, año tras año, para disfrutar las vacaciones navideñas con los suyos, sino que ha invitado a sus hermanas, padres y abuelos a visitarlo más de una vez en el país donde camina rumbo a una próxima consolidación profesional, y su familia entera sabe perfectamente que se acerca el día en que no regresará más.

Fernando invita a sus hermanas a probar suerte en México. Aunque reticentes al principio, las chicas que ya se han convertido en profesionales de la docencia y el diseño gráfico, pero no hallan empleo, aceptan. Finalmente, si funciona, se quedan, pero si no resulta, retornan. Así lo acuerdan en familia y los pasajes se compran en viaje redondo con duración de un mes. Maru y Romi se embarcan a México el 15 de marzo de 2001, coincidentemente la misma fecha en que Fernando, cuatro años atrás, inició su sueño en tierra azteca.

Una vez aquí se instalan momentáneamente con Fernando, y días después se mudan a un departamento que Fernando les consiguió, ubicado en Cuauhtémoc y Eje 8, a sólo unas cuadras del suyo entre las calles de Parroquia y Linares, en la Colonia del Valle. Apenas llegan, la menor de las hermanas, Romi, consigue trabajo en tiempo récord en un jardín de niños, y Maru hace lo mismo semanas después en una agencia de publicidad. Además las hermanas no pierden el tiempo y trabajan como edecanes en su tiempo libre.

En Buenos Aires, Rosa Lina se infarta. Una cosa es tener un hijo lejos y puede mal vivir con eso, pero ¡no los tres hijos! Lanza un ultimátum a Norberto. Si él decide quedarse en Argentina, ella no.

En seis meses ponen en venta las casas, los autos y su negocio de cafetería, y el 9 de septiembre de 2001 vuelan a México con un colchón de dinero que, ojo, no incluye el pago de una de sus dos propiedades —que hasta el día de hoy sigue sin depositarse en su cuenta—, sin embargo, su vida en este país se va a regir por una premisa: "A lo hecho, pecho. A salir adelante", y eso incluye no apoyarse ni invadir los espacios de Fernando, quien sólo les da los contactos para arrancar su propio negocio, una cafetería que nombran La porteña, con sólo cuatro mesas, pero con servicio a domicilio. El negocio es atendido por los padres, quienes —es importante dejar claro desde este momento— no van a depender económicamente del conductor, no obstante la buena posición social, laboral y mediática que éste adquiere. Instalada en México la familia se sorprende del cariño y amor del público hacia Fernando, quien poco a poco se coloca como una promesa en TV Azteca y aprovecha las oportunidades que se le presentan.

—Hasta que vivimos aquí nos cayó el veinte de que él no era uno más —dice Norberto, y Rosa Lina explica:

—Ya estando aquí nos dimos cuenta de lo bien posicionado que estaba. Era un orgullo ver el cariño de la gente hacia Fernando, eso es impagable. Íbamos por la calle y lo reconocían, yo no me lo había imaginado. Mucho menos que él estuviera al nivel de otros artistas que yo veía en la tele y que les piden autógrafos. Cuando íbamos en la calle, dejaba de comer por dar autógrafos y tomarse fotos, y lo sigue haciendo hoy en día, aunque hubo una época en que no, pero bueno. Pero ver eso era wow, lo veía tan inalcanzable y, sin embargo, era mi hijo, estaba con él. Yo pensaba, "lo toco, lo miro y la gente puede hacer lo mismo". Seguía siendo igual de sencillo, no había cambiado nada —indica Rosa Lina con una sonrisa de oreja a oreja.

« Tenía que diferenciarme de cualquier otro conductor y lo hice. Me atreví a hacer lo que nadie se atrevió. Si vas a trabajar en esto que sea por amor, que te apasione lo que haces. No por la fama, no por el dinero.

Fernando del Solar »

Episodio **V**

Sexos en Guerra

Mi historia en *Sexos en Guerra* comienza así: no me querían dar la conducción del show porque yo estaba muy verde, lo cual era verdad.

Mi jefe y director del área de Entretenimiento, Guillermo Zubiaur, decía:

—Tú no.

—Yo soy el conductor.

—No.

—¡Que sí! —le respondía.

—No.

Era 2002 y yo sumo mi segundo año al aire en *Insomnia* cuando me llaman a hacer otro *casting*. Buscaban al co-conductor de un programa familar de concursos para hombres y mujeres en una lucha de sexos. El programa presentaba un formato de competencias y juegos entre varios artistas que, divididos en equipos de hombres y mujeres, buscaban demostrar de forma divertida la superioridad de su género en un foro, con público en vivo, que alentaba la rivalidad entre aplausos, porras y gritos. La frecuencia era semanal, originalmente todos los sábados a las siete de la noche, y su nombre era *Sexos en Guerra*, bajo la producción del argentino Carlos Sacco y la dirección del estudio de Entretenimiento de TV Azteca.

Hice el *casting* y entre varias personas quedamos Charly López, el excantante del grupo Garibaldi, y yo. Cada uno hizo su prueba por separado, nunca nos vimos. Charly era también el esposo de quien iba a ser la conductora principal del proyecto, Ingrid Coronado, cantante exintegrante de la misma agrupación y presentadora en TV Azteca de la revista matutina de fines de semana *Tempranito*, junto a Anette Michel y Alan Tacher. A Ingrid tampoco tenía el gusto de conocerla.

Las vueltas que da la vida, uno nunca sabe para quién trabaja. Había señales ahí.

La conocí por primera vez en un pequeño foro que tiene el Cefac, donde yo sentía que era mi casa, porque ahí estudié y ahí hacía todos mis trabajos como alumno. Me sentía local. Ella era una mujer muy exitosa, artista consagrada, y yo estaba remando para hacerme de un nombre y un lugar dentro de la pantalla chica.

Al principio estaba un poco nervioso, "híjole, ella va a ser la conductora, tengo que caerle bien, compito contra su marido, ya valí", pensaba; "pero bueno, voy a dar lo mejor de mí". Y me salió bien. Siempre fui a hacer equipo, nunca me puse a competir con ella ni nada por el estilo; fue apoyarla, ayudarla a que ella luciera. Ella me ayudaba a mí también e hicimos un muy buen equipo desde el primer momento.

Al productor Carlos Sacco le gusté más yo y le preguntó a Ingrid:

—¿Con quién de los dos te gustaría trabajar?

El resultado fue que el conductor fui yo. Fuerte.

Tiempo después ella me confesaría que se sentía más cómoda y le gustaba hacer más pareja conmigo, que con su entonces marido y padre de su hijo Emiliano, que en aquel momento tenía cuatro años. Yo a Ingrid le agradecí muchísimo porque la selección del co-conductor no estaba en manos sólo del productor y ella me apoyó, me respaldó en ese momento en el que yo estaba empezando y que ni siquiera el director de Entretenimiento, Guillermo Zubiaur, me daba crédito. Sin embargo, yo me le aparecía a él en todos los eventos de la empresa y le decía:

—¡El conductor de *Sexos en Guerra* soy yo!

—No, tú estás muy verde.

Hasta que un día Zubiaur me llamó a su oficina y me dijo:

—Vas a ser el conductor de *Sexos en Guerra*. La estrella es Ingrid. ¿Está claro?

—¡Sí!

—¡Pero échale ganas!

¿Cómo de que la estrella es Ingrid? Eso para mí fue un petardo, un cohete en el trasero, y dije: "Qué échale ganas ni qué ocho cuartos... me voy a poner a la altura y si puedo hasta mejor. ¡Claro que puedo!" Pero fue una cuestión de orgullo, de vanidad, de ego personal, no tenía nada que ver con Ingrid, sino con demostrarle al jefe y a mí mismo que yo también podía con ese paquete llamado *Sexos en Guerra*, en horario *prime* y con un buen presupuesto. Me puse a estudiar como bestia, tomé clases de conducción y pensé: "A ver, hombres contra mujeres... ¿qué personaje hay en México al que amen las mujeres y que a los hombres les caiga increíble? ¡Mauricio Garcés!"

Mauricio Garcés para mí es, hasta la fecha, el actor y galán más importante del cine mexicano de los años setenta (16 de diciembre de 1926-27 de febrero de 1989). No ha habido otro como él para encarnar al Don Juan empedernido. Tamaulipeco, pero de ascendencia libanesa, encarnó al *play boy* satírico, galán seductor maduro, sofisticado y de alta sociedad. Le llamaban *El zorro plateado*. Sus películas resultan inolvidables por su comedia blanca y frases como "las traigo muertas", "arrooooz", "debe ser difícil tenerme y después perderme", se volvieron icónicas. En su vida personal siempre se mantuvo soltero y se distinguió por su generosidad con sus compañeros. A mí me sorprendió saber que cuando le preguntó a uno de sus compañeros actores cuántos hijos tenía y éste le respondió diez, Mauricio indicó que le pagaran el doble y el dinero lo tomaran de su propio sueldo. ¿Y qué me dices de su sonrisa y bigotazo? Le dio un toque único a su personalidad.

En resumen: era el Clark Gable mexicano. Pero lo mejor era eso: que las mujeres lo adoraban y a los hombres les caía de maravilla. Grandioso.

Entonces me clavé a ver todas sus películas, a sacar tips y a fusilarle gestos, frases e inventar las mías pero tropicalizadas —como decimos en el medio farandulero—; estudié sus ademanes y movimientos corporales, cómo se paraba a cuadro porque te digo, no era agresivo para los hombres, las mujeres lo adoraban y los hombres lo queremos de cuate a este sinvergüenza.

¡Eso es lo que yo necesito! Representar a los hombres, pero caerles bien, y a las mujeres caerles mejor. Él lo logró y yo también.

Y es que yo tenía como compañera de trabajo a una profesional que desde que la conocí me impresionó: lee una escaleta, lee un guion, y ya, le queda todo al segundo, tiene como alma de productora. Además, tiene respiración circular —siempre se lo dije—, puede hablar media hora sin parar y sin respirar. ¿Cómo le hace? Impresionante. Ingrid Coronado era una gran compañera, muy generosa y me ayudaba mucho.

Me preparé a conciencia. Estudiaba. Repasaba frente al espejo del camerino los juegos y todo el programa. Diario tomaba clases de conducción. Diario. En el Cefac me apoyaron muchísimo porque para ellos el que yo estuviera en *Sexos en Guerra* era un gran proyecto, era como decir "nuestra escuela está funcionando y estamos creando talento para la pantalla". Todos los profesores se pusieron las pilas, abrían la escuela y el foro para mí y yo ensayaba y trabajaba a tres cámaras.[21] Yo no sabía qué era eso; aprendí la dirección de cámaras y me atreví a decir chistes, bueno, me arriesgué hasta en el vestuario. El vestuarista Pedro Martínez y yo innovamos, decidimos hacer cosas extravagantes. Estaba involucrado hasta en las telas, colores y texturas de mi vestuario. Si te fijas, en las grabaciones que se encuentran en YouTube, verás que yo aparecía con un pantalón en el que una pierna era color *nude* y la otra de otro. Las camisas eran rimbombantes, con unas mangas... que bueno, ¡hay que tener agallas para ponerse eso! Tenía que diferenciarme de cualquier otro conductor. Decidí ponerme esos vestuarios estra-

---

21 En los programas en televisión generalmente se colocan tres cámaras fijas como mínimo para la transmisión. Los conductores deben dirigirse a cada una de ellas y aprender a hacerlo de la manera más sutil y rápida.

falarios y extravagantes, estudiar todos mis libretos, los concursos, las poses y el desenvolvimiento escénico, apoyarme en las películas de Mauricio Garcés, y dio muy buen resultado. Me atreví a hacer lo que nadie se atrevió.

Y la estrella se equilibró entre Ingrid y yo. Estaba involucrado al cien por ciento, y le pedía a Carlos, el productor, que me mandara los juegos. Yo ensayaba y ensayaba la presentación de éstos en el Cefac, frente al espejo, durmiendo, despierto, porque yo buscaba despreocuparme de explicar las dinámicas de mi acento y quería contactar conmigo, con mi Mauricio Garcés interno. Sabía que si lograba contactar con esa esencia, el programa iba a funcionar increíble. Y lo logré. Funcionó, el programa fue un ÉXITO.

¡Mi primer éxito! ¡Por fin!

Pero previo a su salida al aire, Carlos Sacco nos invitó a ver la grabación del mismo formato que él producía en Venezuela bajo el nombre de *Aprieta y gana*; quería que nos empapáramos de la esencia del programa, los juegos, el público, sus conductores, y nos llevó a ese país para después poder reproducirlo en México. Aterrizamos el 11 de abril de 2002 ¡en medio de un golpe de Estado contra el presidente Hugo Chávez Frías!

Las calles estaban vacías, no veías un alma; se sentía un silencio atemorizante y en el hotel nos pidieron, a Ingrid y a mí, que por ningún motivo abandonáramos las instalaciones. Dicho sea de paso, nosotros fuimos hospedados en el mismo hotel donde sólo unas horas antes se había dado la conferencia de prensa por parte del grupo opositor y militar que había derrocado a Chávez. El lugar estaba sitiado, al igual que la ciudad, y la televisión sólo transmitía la noticia del golpe.

Pese a la situación, un día después Sacco logró llevarnos al foro de *Aprieta y gana* para participar, en vivo, en la emisión. Se imaginarán el surrealismo que vivíamos en el foro; mientras nosotros jugábamos, reíamos y cantábamos en el programa de mayor *rating* de la televisión abierta, afuera el país estaba enmudecido, presa del caos y la incertidumbre. Regresamos al hotel, pasamos la noche ahí y, muy temprano por la mañana, volvimos a México. Aquí supe que en 72 horas los militares restituyeron a Chávez en su cargo.

Te lo cuento y todavía me sorprende cómo pudimos, en sólo 48 horas, entrar y salir de ese hermoso país, en medio de un golpe de Estado que a la postre sería histórico.

De vuelta a *Sexos en Guerra*, el programa le encantó al público. Fueron casi cinco años al aire. De sábados nos movieron a domingos, y nos pusieron en todos los horarios a competir con todo lo que hubiera en la televisora de enfrente. Donde nos pusieran funcionábamos. Eran dos horas, dos horas y media, hora y media, una hora. Como nos pusieran, el programa funcionaba. ¡Era una chulada! La gente cantaba las canciones contra los hombres, contra las mujeres; los niños jugaban a *Sexos en Guerra* en la escuela, en sus casas, porque además nosotros incitábamos a que apostaran a que quien perdiera lavaba los trastes en casa, se disfrazara o hiciera cualquier reto ocurrente. El programa generó una rivalidad de hombres contra mujeres padre, una competencia sana, amena, para toda la familia y con mucha libertad.

Fuera de cuadro Ingrid y yo logramos una gran amistad. De hecho, yo no creía en la amistad entre un hombre y una mujer, hasta que la conocí. Me volví su confidente y viceversa. De repente, ya sabía demasiadas cosas de ella y ella sabía demasiadas cosas mías. Teníamos mucha información uno del otro.

Pasábamos mucho tiempo juntos; al principio fue por la promoción del programa, luego por las grabaciones, eran bastante largas. Hacíamos uno o dos programas y eran jornadas de trabajo bastante pesadas. Nuestros camerinos se encontraban uno frente al otro, entonces, en lo que cambiaban el *set*, emplazaban las cámaras o ponían los juegos, platicábamos y nos hicimos muy buenos amigos. Pero nada más. Cero atracción.

De repente mis amigos me decían "oye, pero está buenísima", pero yo la veía como amiga, yo tenía mis relaciones sentimentales y, repito, de mi parte había cero atracción. Sólo éramos mejores amigos.

De hecho, ella intentó hacerme un *date* con Maggie Heygi porque quería que su mejor amigo, o sea yo, anduviera con su mejor amiga. Obvio no funcionó.

Mientras hicimos *Sexos en Guerra* ella observó dos relaciones mías y a mí me tocó su separación de Charly López y otros dos romances más por parte de ella.

Lo que sí te puedo confesar es que en esa época yo veía a Ingrid un poco como inalcanzable; la veía como una mujer exitosa, llevaba años de carrera y se codeaba distinto. Y yo venía remando, venía haciéndome un nombre, adaptándome al medio y pagando el derecho de piso, como dicen. Incluso yo la veía lejana para mí. La admiraba, y como conductora se me hacía genial. Me inspiraba mucha confianza. Yo sabía que me podía apoyar en ella si yo cometía un error, o si algo pasaba, sabía que podía mirarla y ella seguiría. Muchas veces me rescató de muchas cosas, de muchos errores u horrores, si no sabía qué hacer ella entraba al quite. En un programa como *Sexos en Guerra*, donde hay muchas variables como el público, los chistes, los concursos, las ventas y los invitados, explicar las dinámicas o el marcador podía volverse un tropezón porque el productor grababa como si estuviera en vivo, y no había apuntador ni *prompter.* Entonces, mientras yo conducía, Sacco se acercaba a Ingrid y le daba nuevas indicaciones que yo desconocía, pero ella salía al quite y explicaba al instante las modificaciones sugeridas por el productor. Yo aprendí sobre la marcha, era cuestión de maña y después yo entraría muchas veces al quite también. Pero, al principio, sí sentía que me apoyaba mucho, que me daba mi lugar, y eso estuvo bien.

A través de *Sexos en Guerra* conseguí muchas cosas, combiné este programa con mi primera emisión, *Insomnia,* que duró de 2001 a 2004, y en 2005 TV Azteca me dio otra muy buena oportunidad, co-conducir con la actriz Aylin Mujica el programa de *Bailando por un millón,* que originalmente lo presentaba el buen Alan Tacher en *prime time* los domingos, pero sobre todo *Sexos en Gguerra* me hizo llegar a un público al que nunca pensé llegar: los chicos. Los niños y hombres jugaban desde sus casas, hombres contra las mujeres, y eso me pareció fantástico. Se me acercaban muchos niños con los que siempre he tenido muy buen *feeling* y mi imagen creció en el gusto del público mexicano.

Luego de cuatro años al aire *Insomnia* terminó en 2004, mientras que yo seguí en *Sexos en Guerra* hasta 2006.

Ingrid se divorció de Charly en 2004 y posteriormente inició una nueva relación que la llevó a anunciar su salida definitiva de la televisión en aras de ser la mejor esposa, la mejor mamá y tener la mejor familia. Se despidió de *Tempranito* y de *Sexos en Guerra* el 14 de agosto de 2005.

Para mí fue una bomba; como amigo, la apoyé en su decisión; como presentador, estaba totalmente en contra de que se fuera; era nuestro programa, nuestro trabajo, nuestro proyecto, iba muy bien, era un éxito y fue muy duro porque siempre supe que si se iba Ingrid nunca iba a ser lo mismo. Emocionalmente como amigo estaba contento por ella porque iba a hacer una familia con su hijo y los hijos de su pareja; qué padre, tomó una decisión y priorizó rehacer su vida y rehacer su familia. Pero como profesional me pareció una decisión desacertada.

Yo no estaba de acuerdo, porque creo que se pueden hacer las dos cosas simultáneamente, y si tú amas a una persona, la amas como es, como la conociste, completa, no tienes que renunciar. Ése es mi punto de vista.

Pero así se dio y provocó, muy a mi pesar, la conclusión de *Sexos en Guerra*. Me quedé solo y me pusieron como compañera a Odalys Ramírez, no funcionó muy bien. Luego decidieron probar con Wendy Braga y, la verdad, tampoco funcionó. La gente extrañaba mucho a Ingrid, extrañaba la pareja que hacíamos en la tele, ya se había acostumbrado a que Ingrid representaba a las mujeres y yo a los hombres... Finalmente, nos sacaron del aire.

Me sentía fatal. Me replanteé un poco las cosas: ¿el programa era un éxito por ella?, ¿por los dos? Por mí ya vi que no, por eso salió del aire, pero creo que era el equipo, la mancuerna que hacíamos, lo que producía un éxito en el programa.

En su momento sí me entró cierta inseguridad, el programa se cayó, ahora qué voy a hacer. La estrella, que era ella, se fue, y sacaron el programa del aire; tuve mis demonios adentro, me pregunté "¿y si no sirvo para esto?, ¿y si no soy yo?" Muchas cosas pasaron por mi cabeza en esos momentos. Uno se vuelve muy frágil, muy vulnerable, cuando pone en manos de los *ratings* o de los resultados su seguridad, por eso me sentía muy inseguro.

Alguien una vez me dijo: "Si solo trabajas en esto para ser famoso y para que te aplaudan, el día que no lo hacen te caes a pedazos, ¿no? Entonces, si vas a trabajar en esto, que sea por amor a esto, que te apasione lo que haces. No por la fama, no por el dinero". Y tiene toda la razón.

Para ser lo que vayas a hacer, cualquier cosa, tienes que seguir tu camino con corazón. Si tu camino no tiene corazón, no va a ningún lado.

Si tú haces lo que realmente te gusta, el resultado es lo de menos, porque nunca te vas a criticar, tenga uno o cien puntos de *rating*, y esto es lo que yo quería hacer.

Cuando cedes y haces cosas que no tienes muchas ganas de hacer y el resultado no es el esperado, sí es criticable.

Bueno, termina *Sexos en Guerra* y yo empiezo a hacer programas especiales, de fin de año, *Lo que callamos las mujeres* y otros proyectos pequeños que me mantenían vivo en la pantalla. Había sido el conductor de *Sexos en Guerra*, por lo tanto, ya no era un desconocido, pero yo todavía no me la creía.

Sin embargo, este programa siempre lo recordaré con mucho cariño porque me permitió ser un conductor *prime*, me dio a conocer en todo México y en cualquier parte del mundo donde llegara la señal de TV Azteca, es decir, me convertí en un conductor top, de horario estelar.

Y también me brindó dos grandes oportunidades: obtener la nacionalidad mexicana y conducir *La Academia USA* entre 2005 y 2006.

Resulta que el conductor número uno de la empresa hasta ese momento, Alan Tacher, se fue después del primer programa de *La*

Academia USA. No sé qué problema hubo entre los directivos y Alan y me hablan a mí de urgencia.

—¿Te animas a hacer *La Academia USA*?

—Por supuesto.

En México, TV Azteca, en coproducción con Nostromo Producciones de Giorgio Aresu, había lanzado un *reality* musical en busca de nuevo y joven talento artístico que se volvió un fenómeno televisivo sin precedentes: *La Academia*. Su primera generación batió récords de audiencia y marcó la pauta para crear una marca dentro del canal que, en su expansión en Estados Unidos, quiso intentar lo mismo con la versión hispana en ese país.

La hice con Julio de Rose como productor. Él me decía:

—Me encantas porque cuando tú la cagas lo haces de manera natural y a la gente le gusta, le diviertes.

—Gracias, Julio.

Me hice cargo a partir del tercer programa y me quedé toda la temporada, un total de 13 emisiones. Me gustó, pero era un formato donde yo me sentía atado como conductor por las variables que intervienen: el invitado, la sorpresa, el regalo, las llamadas. Es una dinámica donde uno hace siempre lo mismo.

Como conductor mi sensación era que podía dar mucho más que eso. Era una edición distinta al fenómeno que había sido en México. En Estados Unidos estábamos abriendo mercado con Azteca América y el *reality* era otra cosa. Era *La Academia*, el proyecto *prime*, estelar, del canal para Estados Unidos, pero no era tan fácil.

Fue algo muy raro cuando vuelven a hacer otra edición de *La Academia* en México y no me la dan a mí. Yo me veía ahí después de hacer *La Academia USA* y *Sexos en Guerra*, para mí era lo más lógico. Es como cuando estás esperando el ascenso, me van a dar mi ascenso —nadie te dijo que te lo van a dar, uno se lo imagina— y no me lo dan. Alan Tacher la hizo cuatro ediciones, Mónica Garza hizo la quinta *Academia*; bueno, me imaginé, haré la sexta, y ¡zas!, tampoco la hago yo.

Pensé:

La Academia no es para mí. La solté y ya.

Años más tarde me tocaría hacerla, pero en condiciones que nunca imaginé.

* * *

En el amor Fer se muestra igual de clavado que en su trabajo.

—Mi hermano no sabe estar solo, ésa es la realidad. Sí ha tenido varias novias, y cuando se clava, se clava, pero de una manera exagerada, ¿no?, y eso ha sido siempre, se enamora y ¡se enamora! Se entrega completamente. No hay forma de hacerlo entrar en la realidad —dice Maru, quien lo describe entre risas, pero con una claridad brutal.

Romina agrega:

—Fernando se puede reír del chiste más tonto, puede hacer el chiste más tonto; puede hablar súper maduro, puede ser muy serio, pero también puede ser el más compañero y sensible que se pone a llorar contigo.

Características que, al juntarse con un físico latino internacional, 1.83 metros de estatura, cuerpo musculoso, cabellera abundante castaña oscura y un rostro agraciado por sus grandes ojos, sonrisa divertida y labios carnosos, lo convirtieron en la combinación perfecta del galán irresistible que, además, se destacaba por otra cosa más: la sencillez.

A los novios de sus hermanas —quienes nunca revelaban su parentesco con el famoso familiar— les llamaba mucho la atención la forma cero ostentosa en que vivía.

Y a sus compañeros del medio les sacaba mucho de onda este argentino que, curiosamente, era buena gente. Uno de ellos es el actor, director y productor Rodrigo Cachero, quien conoció a Fer en 1996, fue su compañero de generación en el Cefac y, desde entonces, mantiene una amistad con el conductor y su familia que, en más de 20 años, los ha hecho vivir noviazgos, bodas, divorcios, bautizos y enfermedades.

—Desde un inicio hicimos clic porque no buscábamos ni la fama ni el éxito mediático, sino las ganas de salir adelante. Fernando se vino con veinte dólares en el bolsillo. Entonces el hecho de encontrarme con alguien que también le estaba costando trabajo y no tenía un apoyo económico fuerte como otros, para mí, era conocer a alguien igual.

"Nos unían los valores y el cariño a los seres humanos. Siempre estuvimos muy pendientes de ayudar a los demás y ser dos buenas personas porque el medio es un poco egoísta y egocéntrico, la gente mira por sus intereses propios, que no está mal, pero sí es un medio frívolo y superficial y ahí me enganché mucho con Fer porque era salir a jugar cartas, compartir cosas; me enseñó un juego argentino que se llama truco y a la fecha tenemos un grupo de amigos donde hay argentinos y yo agradezco mucho que me haya adoptado, a Norberto le digo papá, y ha sido una amistad muy sincera y muy cercana desde siempre.

—¿Qué similitudes tenían?

—Queríamos una familia estable; los dos, desde chavos, queríamos hijos y una buena mujer; los dos nos considerábamos y somos buena gente y nos quejábamos de eso, por qué no nos pasan cosas exitosas, ¿no?, pero es que el medio es complicado y, poco a poco, cada quien se fue encauzando, él a la conducción y yo a la ficción.

"Fer ha sido un apoyo incondicional para la chamba, para mis problemas personales, para el desarrollo humano y profesional, y ha sido un espejo en el cual me reflejo, año con año, para darme cuenta de lo que realmente importa, y estos últimos cinco años han sido un aprendizaje mutuo y brutal porque Fer le ha echado muchísimas ganas y yo he aprendido muchísimo de él.

"No ha sido una relación de foro —porque casi siempre tienes amistades de proyecto— sino que ha sido una relación padre, fuera de Azteca, tan fuera que trasciende los foros de Azteca", remata con risas.

En cuestión de amores, Fernando entregó su corazón por primera vez a los 17 años a una joven de nombre Marina, megaadorable y que se pasaba de buena —en el sentido literal de la palabra por aquello de ser un alma blanca, sin conflictos—. El noviazgo duró tres años, pero no amarró y terminó antes de que Fer decidiera venir a México, donde conoció a otra compatriota, Carina Sarti, una joven linda y muy simpática, trabajadora, prima de la otrora estrella infantil argentina Pablito Ruiz y quien también estudiaba en el Cefac. Quienes vivieron de cerca el romance lo describen estable y sereno. A la pareja le gustaban mucho los juegos de mesa, afición que compartían con sus familias que congeniaban a la perfección.

Pero la armonía terminó por aburrirlos y en la vida de Fernando apareció la primera mujer mexicana que iba a flecharlo por su belleza latina, elegante porte, ojos tapatíos y brillante cabellera oscura: la modelo y actriz Alejandra Prado, con quien iba a vivir una fuerte atracción y pasión desbordada.

—Fernando fue y es una persona muy importante para mí. Yo en esa época estaba grabando una telenovela que se llamaba *Lo que es el amor*[22] y mi novio en la novela era Leonardo García. Entonces me llama la jefa de *casting* de *Lo que callamos las mujeres* para ofrecerme un capítulo. No había hecho nunca ese programa y le digo, de broma, a Blanca: "Ahorita en la novela mi pareja es Leonardo García, así que por favor me pones uno guapo. No voy a salir con uno más horrendo".

"Llego al llamado. En la historia éramos unos reporteros y veo a Fer. Tenía antecedentes de él porque estaba en *Insomnia* y dije creo que sí me hicieron caso, sí está bien guapo. Pero uno siempre tiene prejuicios y yo decía 'argentino, modelo y guapo, seguro es un sangrón y además es un pésimo actor'. En realidad no es que fuera pésimo actor, sino que estaba trabajando mucho en tratar de controlar el acento y, evidentemente, eso afectaba su desarrollo como actor.

"Cuál va siendo mi sorpresa al ver que era un chavo súper alivianado, buena onda, súper lindo, muy comprometido y muy disciplinado

---

22 *Lo que es el amor* fue una telenovela mexicana producida por Televisión Azteca en 2002, protagonizada por Leonardo García.

en el trabajo como actor. Pero ya. Sí, está guapo, pero ya. Y en la primera escena de beso me acuerdo perfecto que me preguntó que si mi boca era mía. ¿Cómo de que si es mía? ¡Claro que es mía!"

Alejandra baja la mirada y se ruboriza un poco al recordar:

—Nos dimos ahí una escena de beso y no nos volvimos a separar en casi cinco años. Cuando hay química o cuando tiene que pasar otra cosa, pues como en la vida, pasa.

"No me acuerdo ni la fecha ni el año, pero recuerdo que era noviembre porque vinieron las vacaciones decembrinas. Me voy a Guadalajara e inicia el enamoramiento entre los dos."

El impetuoso flechazo de la pareja marca la magnitud de sus sentimientos.

—Fue una relación muy, muy, muy intensa desde el principio. Inmediatamente hubo este ímpetu propio de la juventud que nos llevó a no separarnos en casi cinco años —acepta Alejandra.

—Era una relación tan intensa para lo bueno como para lo malo que acabó por tronar —aclara Rodrigo Cachero—, me imagino que en su época buena estaban extasiados; eran momentos de amor, de pasión, de cama, de muchas cosas muy intensas, pero al mismo tiempo esta rueda de la fortuna de pleitos y discusiones, que eran muy fuertes, terminó desgastándolos.

—La relación de Ale Prado era súper pasional. Eran una pareja bastante sólida, crecieron mucho los dos y aprendieron mucho uno del otro, pero era tan intensa la relación que terminaron por desbordarse y ya no era tan de equipo, tan de pareja. Llegó un momento que se estancaron y sólo quedaba esa pasión. Ya no había armonía —agrega Maru.

Mientras Fernando era muy alivianado, alegre, desparpajado y flexible en su carácter, Alejandra era una mujer estructurada, obsesiva de la limpieza y el orden y con una disciplina profesional que emulaba la rigidez de un sargento. Sus personalidades eran extremas y dinamita pura.

Pese a sus diferencias, la pareja decidió tener un proyecto de vida y compró una casa. Ambos soñaban en convertirse en actores serios, escribían guiones juntos y tenían planes de filmar y hacer cosas dirigiendo y produciendo sus propios cortometrajes.

—Y entonces le hablan de *Sexos en Guerra* y a mí se me hacía una ridiculez, una fantochada que no iba con todo el esquema que teníamos de metas. Le ponían esos vestuarios tan horrorosos, feos, de muy mal gusto, y hacían unas payasadas que a mí me irritaban. Me enojaba porque lo quería tanto que le decía "para mí esto es incongruente con lo que tú estás buscando y con lo que tú me dices que quieres ser". Estas actitudes sacaban parte de mi neurosis, porque yo quería defender y tener congruencia en lo que era su sueño, ser un gran actor, y yo sentía que él se estaba traicionando artísticamente y se lo cuestionaba. Pero él decía que no y aguantaba mis cuestionamientos.

Alejandra terminó quedándose con la colección completa de las películas de Mauricio Garcés.

—Las veíamos juntos. Todas. Sí, ése fue su punto de referencia y lo hizo muy bien porque no es una caricatura de Mauricio Garcés, él tomó algunas referencias, pero Fer es único. Él es él.

A diferencia de Alejandra, Fernando decía que sí a todo lo que le ofrecían.

—Si era modelar, modelaba; si era *extrear, extreaba*; si le decían que la portada tal, era la portada, evidentemente siempre con una ética y una dignidad, pero hacía y aceptaba lo que fuera y eso se lo daba el ser extranjero, empezar en este país de cero y desde abajo. Traía otro ímpetu.

"Esto es algo que yo valoro y reconozco en Fer y en toda su familia. Son personas muy, muy trabajadoras. De repente prendías la tele y veías a su papá Norberto en los comerciales disfrazado de John Travolta, sí, sí, sin miedo al ridículo. A mí me tocó ver la época en que se vinieron de Argentina y me tocó ver cómo los papás hacían los *box lunch* para toda la audiencia en varios programas de Azteca. Gente muy, muy buena y trabajadora.

"Yo también tenía una historia de lucha, pero finalmente estaba en mi país, con mi gente y energéticamente era distinto. Era más quisquillosa y selectiva. Era modelo para pagarme mi vida y estaba en la escuela de actuación y actuaba. Me hablaron mil veces para aparecer en las portadas del portafolio de *TV Notas* y jamás lo quise hacer y lo vine a hacer hasta ahora, porque para mí eso era caer bajo y traicionarme."

A la vuelta de los años Alejandra reconoce que estaba equivocada:

—Gracias a Dios no me hizo caso. La vida lo puso en el camino correcto para él porque creo que en ese entorno él es más luminoso, es un pez en el agua y es extraordinario en este tipo de programas. No tenía que ser actor. Es un gran conductor y lo que hace lo hace muy bien, por eso es tan grande, porque está en su hábitat.

La fama que alcanzó Fernando no fue motivo de celos con Alejandra. Ella estaba muy segura y contenta como actriz. Sin embargo, la pareja tronaba y regresaba mes con mes.

—He de admitir, provocados por mí. Cada mes que me ponía loca lo terminaba —dice entre risas—. Yo creo que tenía problemas hormonales muy fuertes. A mí me ayudó mucho empezar a hacer meditación y Kundalini Yoga. Hacía unas meditaciones para abrir el corazón y creo que Fer, al sentirme más tranquila, dijo "bueno, vamos, ¿no?"

Fue en Navidad cuando Fernando le entregó a Alejandra el anillo de compromiso y le pidió matrimonio, en Guadalajara, rodeada de su familia.

—Neta ¿te quieres casar?... La semana pasada me contaste otra cosa. Entiendo que estés enamorado, que tengas una pareja sólida, pero todavía hay unas cositas que... no te la juegues —fueron las palabras de Maru a Fernando cuando éste les compartió la noticia.

—Se nos hizo como incongruente —explica Maru, quien luego de trabajar en una agencia de publicidad y participar en comerciales había conocido y colaborado con artistas, desempeñándose en ese momento como asistente de Alejandra.

Yo recuerdo que lo primero que le dije a Ale fue 'yo comienzo a trabajar contigo, pero quiero que sepas que una cosa es que yo sea tu asistente y otra que yo sea tu cuñada. No vamos a mezclar las cosas, yo no voy a llevar ni traer', y la verdad es que se respetó muy bien. Yo terminé de trabajar antes de que se acabara la relación.

Pese al compromiso, los altibajos en la pareja continúan y Fernando decide dar marcha atrás. Un día, después de una discusión muy fuerte y viendo agotados todos los recursos de reconciliación, de golpe, toma su maleta y se va. La incompatibilidad de caracteres hace que las cosas no funcionen y el conductor se niega a vivir como perros y gatos. La casa, que de por sí era grande, cae con toda su inmensidad y soledad sobre Alejandra.

—A mí se me vino el mundo encima. Me sentí morir porque de la noche a la mañana me quedé sin sueños, sin trabajo, sin ilusiones y sin nada. En esa época dije no a dos proyectos en Venezuela y Colombia por la relación. Las cosas en TV Azteca no estaban mal, pero no estaban fluyendo y tenía estas opciones de irme, pero por la relación yo decido no aceptar. Y terminamos. Para mí fue un proceso fuerte, doloroso, pero al pasar la vida entiendes que fue lo mejor. Por mucho que adoro a Fer, entiendo que no éramos el uno para el otro.

—¿Quién dijo "no me voy a casar"?

—Fer, fue Fer y yo lo entiendo, lo entiendo y lo comprendo por toda esta inestabilidad de los dos, los dos le entrábamos.

—¿Cómo te lo dice? ¿Ya tenían la fecha, ya habían comenzado la organización de la boda?

—No, no, no. Sí teníamos un plan de vida juntos, ya habíamos comprado una casa juntos, ya vivíamos ahí, me dio el anillo, sí. Pero nunca llegamos a los preparativos de boda. Más bien fue el efecto inverso, yo creo que al ver que la relación no fluía de manera adecuada, que seguía habiendo distanciamientos y una total inestabilidad... ¡era una montaña rusa! Para mí en esa época el vivir en esa montaña rusa era lo normal y él, en ese sentido, tuvo más sentido común o prudencia y dijo "mejor me hago a un lado" y fue lo más conveniente.

—Mi hermano sí estaba enamorado porque cuando le entra a una relación se enamora hasta el queque —reitera Maru—; él se iba mucho a los extremos, se metía de cabeza, al punto de cegarse a favor de la pareja y a un punto preocupante.

"Cuando canceló la boda fue triste porque al final era una ilusión para él, pero por otro lado fue bueno, fue positivo. Desde afuera las cosas se ven distintas y finalmente reflexionó. El rompimiento fue una desilusión, un dolor al final de cuentas, porque fue un proyecto que no se concretó y a Fer no le gusta mostrar esa vulnerabilidad, se hace como el fuerte y a puerta cerrada chillará y berreará. No lo demostraba, pero como familia, como hermana y cómplice, lo sabes."

—Nunca terminamos mal en el sentido de que no hubo cosas feas entre nosotros. Por ahí yo escuché que si le había o me había puesto los cuernos, cosa que jamás, nunca pasó nada de eso. Los dos fuimos muy respetuosos, y las cosas finalmente no se dieron por nuestros temperamentos, pero no nunca hubo nada feo.

"A la hora que, literal, él tomó su maleta, finalmente sí había tanto amor que había que tomar una decisión de golpe. Era ese tipo de relación en la que si no agarras tus cosas y cortas ahí, te puedes quedar toda la vida, y creo que lo que hizo fue muy fuerte, pero fue lo correcto, porque si no, con lo apasionados que éramos y lo mucho que nos queríamos, hubiera sido otra vez regresar y no. Entonces agarró su maleta y con su maleta se fue y ahí dejó todo."

Lo acompaña Delfina Reyes Pedroza, llamada cariñosamente por el conductor *Delfis*, su fiel colaboradora doméstica desde 1996, testigo durante un año de la relación de la pareja y a quien le duele la ruptura que, sin embargo, innumerables veces advirtió a la abatida Alejandra, cada vez que escuchaba los pleitos y discusiones que la actriz emprendía contra Fernando.

—A veces había ciertos disgustillos, yo los escuchaba, yo tenía buena comunicación con los dos y le decía "mi chamaco te quiere, cúidalo. Es un buen partido, como Fernando ya no los hay". "Sí mi Delfis", me respondió. ¿Qué pasó?, no lo sé. No creo que Fernando haya fallado, y no lo digo porque lo quiera mucho —relata doña Delfina, mujer originaria del poblado Santiago Puriatzícuaro, Michoacán, de 66 años de edad y quien considera como un verdadero hijo a

Fernando, al que le tocó conocer desde sus inicios en México en las malas, regulares, buenas y excelentes épocas.

"A Alejandra la estimo mucho y hasta la fecha nos hablamos. Ella era una señorona en toda la extensión de la palabra, para cocinar, para poner y arreglar la mesa porque ella lo sabe hacer. Era administrada, todo anotaba, ama de casa, actriz y modelo. Era una buena pareja, pero un día él dijo que no, se fue y me dejó un mes con ella. En cuanto se instaló en su nueva casa, regresé con él."

Tras la separación Fernando acuerda con Alejandra que permanezca en la casa que compraron juntos por un año para luego venderla y se repartan el dinero a partes iguales. Pero a los nueve meses Alejandra se muda y el conductor decide conservar la propiedad, liquidando a la actriz la parte económica correspondiente. A partir del rompimiento y para evitar recuerdos o cuestionamientos Alejandra decide no continuar profesionalmente en TV Azteca.

La pareja no vuelve a hablar. Cada uno rehace su vida. Alejandra se traslada a Colombia mientras Fernando continúa en Mexico. El silencio se romperá varios años después cuando el conductor, convertido ya en una figura pública, enferme de cáncer, padecimiento que en su momento conoció y vivió de cerca con la madre y las tías de Alejandra.

Al tiempo y para este libro, Fernando escribiría sobre Alejandra:

"De Alejandra aprendí el buen gusto... Me refiné en todos los aspectos.

"Aprendí a comer, a vestir mejor, a decorar una casa.

"Aprendí de arte, de pintores y escultores.

"Aprendí a escuchar jazz, funk y blues.

"Aprendí del orden, estructuras y organización.

"Aprendí a conocer México y despertó mi voracidad por viajar. A abrir mi cabeza al mundo, a crear, a explorar.

"Aprendí que una pasión desbordada puede ser completamente destructiva y dolorosa.

"Crecí."

Episodio **VI**

VENGA LA ALEGRÍA

En 2006 Televisión Azteca da por terminada la revista matutina *Cada mañana*, de la productora Rocío Gómez Junco, y en su lugar pone al aire *Venga la Alegría*, a cargo de Ingrid Coronado, Ana La Salvia y yo. La producción queda en manos de Adrián Patiño.

Para Ingrid *Venga la Alegría* era su regreso a la pantalla chica después de haberse despedido. Las cosas no funcionaron en su relación, habló con los directivos de TV Azteca y la invitaron a hacer esta revista. Ella pide a Adrián que la produzca y me pide a mí también en el programa.

El proyecto toma forma en una cena en la casa de Ingrid, con quien hasta ese momento mi contacto era esporádico. Ahí nos volvemos a juntar y empezamos a hacer un trabajo de escritorio con Adrián y toda su producción.

Patiño nos dice cómo quería que fuese esa revista, Ingrid traía muchas cosas de cómo tenía ganas de hacerla y yo escuchaba. En mi vida había hecho un programa de revista. ¿Eso cómo es?, ¿de qué se trata? Yo absorbía todo como esponja. Estaba muy agradecido por la oportunidad y que Ingrid me había escogido. Salimos al aire un 3 de enero, el primer día hábil del año y en vivo.

¡Qué nervios! Imagínate cómo estaba que ni cuenta me di de que, el día del estreno, algo pasó con Ana La Salvia que ¡no apareció a cuadro! Nunca me enteré qué fue lo que le pasó y a los meses Ana salió del programa.

Sexos en Guerra era grabado, entonces si la calabaceaba pues corte, va de nuevo; pero en un programa en vivo, de revista y en el cual se hablaba de todo —espectáculos, salud, deportes, cocina—, tenía que estar informado de todo, conocer de todo, saber de todo y, te soy honesto, al principio para mí fue un poco estresante porque tenía que entrevistar a un especialista que había visto ovnis, hablar con otro que había visto duendes, hablar con la sexóloga, de espectáculos, tenía que cocinar aunque se me quemara una salchicha y debía participar en las clases de baile. Todo era una cosa veloz. Corría de un lado para otro del foro. Para mí fue un gran desafío porque eso me hizo exponer mi personalidad, tal cual, como era yo, en el día a día.

Para mí entrar al aire con *Venga la Alegría* fue entrar por la puerta grande. Imagínate, en un principio hacíamos cuatro horas diarias, de lunes a viernes; también llegamos a trabajar sábados y domingos, dos horas cada día, entonces estábamos al aire casi 26 horas semanales. Un poco más de un día de mi vida yo estaba al aire, en vivo. Un día a la semana me lo vivía al aire. Para mí era impresionante.

Y me pareció una propuesta muy padre, muy arriesgada. Además, tenía muchas ganas de tener un público matutino al que no conocía. Sabía del público de la noche, de las novelas —aunque no me veía mucha gente de las novelas— y el de *Sexos en Guerra*, que sí fue un trancazo. Pero *Venga la Alegría* estaba dirigido a profesionistas que trabajan en casa, pero principalmente a señoras, amas de casa, para quienes tú eres su compañero en los quehaceres del hogar o te escuchan mientras se preparan para llevar a los chicos a la escuela. Para mí era un buen desafío porque en ese momento no estaba casado y esto me planteaba definir cómo podía acercarme a las señoras y a ese público nuevo.

Además, era una revista y tenía que hacer lo que nunca me imaginé. A mí me dieron la sección de cocina, a mí, que ¡se me quemaba hasta el agua! Era un desastre.

En casa lo único que tenía en mi refrigerador era un jitomate y en mi alacena una lata de atún y ya, o un poco de pasta —si bien me iba— que le echaba a la cacerola, unas salchichas de pavo, qué sé yo. Pero era todo, comida rápida.

Entonces yo era un desastre con Yolo. Ella era la chef, la que cocinaba, y yo era el asistente y hacía un desastre. Le hacía las preguntas más elementales, de alguien que no tiene ni la menor idea de cocinar, pero era muy chistoso ver lo que pasaba con las reacciones de Yolo. Era muy obvio que si tienes una licuadora debes poner agua para cocinar o líquido y yo me ponía a licuar sin ponerle agua, pero no lo hacía para hacerme el divertido. ¡Eso era lo divertido! No lo hacía para causar gracia. Yo lo hacía porque ¡no tenía idea! Entonces, la licuadora explotaba, le salía humo y ahí se me ocurrió empezar a contar chistes.

Cuando la regaba decía "pues me cuento un chiste" y aplicaba el consejo de mamá: "Cada vez que la riegues, tú sonríe".

¡Qué mejor manera de sonreír que contar un chiste cada vez que la riegue! Fue ahí donde se empezó a dar el tema de la comedia, ya planteada como tal.

En *Venga la Alegría* pasó también algo muy gracioso. Jenny —que es una bailarina y profesora de baile— nos ponía a bailar. Yo, en eso también, soy un desastre, tengo dos pies izquierdos. Todos iban para allá y yo al lado contrario, lo hacía al revés y causaba gracia, la sección se iba a las nubes porque la gente se moría de risa. Ojo: nunca subestimen sus defectos porque pueden ser sus mayores virtudes.

Con el tiempo perdí el miedo al ridículo. Yo me decía: "Si no aprendo a reírme de mí mismo, no puedo reírme de nadie". Entonces aprendí a reírme de mí. Era un caradura bailando en televisión nacional, destruyendo la coreografía de la maestra que se había matado para hacer los pasos y yo hacía cualquier cosa. Esto, sin proponérmelo, causó mucha gracia y era un bloque fantástico; igual en la cocina, echando a perder las cosas, rompiéndolas, quemándolas, la gente se moría de la risa y yo aprendí a cocinar.

Con Yolo hice una muy buena mancuerna, lanzamos una revista, dábamos conferencias y asistíamos a eventos donde nos invitaban ia cocinar!

La cocina se transformó en algo divertido que, hasta ese momento, yo sentía que era muy serio y aburrido. Siempre el chef era el que decía, muy propio, la receta. Ahora ya hay muchos programas de cocina, pero *Venga la Alegría* empezó hace más de 11 años y eso no existía. Éramos unos pioneros en esto de hacer cocina y cocinar con cualquier cosa y rápido, aunque explotaban y se quemaban. Les he de confesar que me tocó muchas veces comerme cosas crudas, muchas veces frías, con sal en lugar de azúcar y así, todo por las prisas y el tiempo de la televisión. Yo no podía disimular las caras. La gente sabía cuando el platillo me gustaba y cuando no.

Siempre he logrado esta honestidad brutal con la gente, porque yo no puedo disimular. No puedo mentir porque me cachan enseguida. La gente entendió también que el picante y yo no nos llevábamos. Cada vez que hacían una comida con picante toda la producción, al unísono, gritaba: "iQue se lo coma!" Me ponían en un predicamento, me lo comía, pero tomaba varios vasos de agua e íbamos a corte y yo ime daba unas enchiladas tremendas! Comenzamos a utilizar un lenguaje de cámaras, donde yo preguntaba y la cámara me respondía sí o no, la acercaba, la agarraba, hacía partícipes a los camarógrafos y así nacieron *El Carotas*, *Balú*, *La Rana* y todo el foro era partícipe del programa. Volteaba la cámara para que conocieran a los que hacían el programa, jugaba, reía. Al director de cámaras, Toño, lo desafiaba a que me siguiera y le señalaba, cámara por cámara, y él me seguía... ¡Vaya tiempos aquellos! Me la pasaba muy bien, estaba muy contento con hacer todas estas cosas. Fuimos originales.

Y en *Venga la Alegría*, más allá de ser el galanzón, el señor, era desfachatado, el amo de casa, el confidente, el que cocina. Nunca traté de ser un conductor acartonado, de esos que veía de chiquito en la tele. Evitaba todo eso de impostar la voz y decir: "Qué tal, señora, muy buenos días, cómo le va". ¡Yo no podía con eso porque yo no soy así!

Opté por ser honesto y genuino y eso es lo difícil de ser conductor, eso no se enseña. La técnica de la cámara te la pueden enseñar, ve a la cámara 1, la 2 y la 3; la voz, la dicción, la proyección, todo eso es técnica, bye, está bien. Lo aprendemos. Pero el conductor trabaja con su personalidad, trabaja con su forma de ser, con su empatía, con su carisma, con ser sencillito y carismático —ustedes saben de lo que hablo—, y eso no se enseña y no se compra a la vuelta de la esquina, es algo con lo que se nace y uno trae, ángel, sí, lo tienes o no lo tienes, punto. La técnica te la puedo enseñar, pero ¿ser tú? ¿Eso cómo te lo enseñan? Tiene que ver con tus valores, con tu educación y con tener la estrella, el ángel, como le quieran llamar.

Y la gente respondió.

Cuando empecé en *Insomnia* mis amigos, para bromearme y ver cómo me ponía, le pagaban entre cinco y diez pesos a alguien y le decían "pídele un autógrafo a Fernando". En mis primeros autógrafos me pavoneaba, "wow, ya me reconocen", y luego me enteraba de que eran mis amigos hojaldres los que le pagaban al niñito y se reían.

Pero luego ya no había amigos alrededor, la gente me empezaba a ver y a reconocer, a querer tomarse una foto. Empezaba a aparecer en las revistas, un mundo completamente nuevo para mí, y fue padrísimo.

Hay personas que buscan hacer televisión porque se les hace fácil la fama, la fortuna, la estrella. Piensan o tienen esta concepción de que se gana dinero fácil. Pero como yo empecé con el teatro tradicional, con el teatro donde si iban dos o tres personas yo tenía que poner de mi bolsa, no me importaba y lo hacía de manera apasionada. La fama nunca fue mi objetivo, ni el aplauso. Mi objetivo era hacer lo que a mí me gustaba, y al hacer lo que a mí me gustó y hacerlo apasionadamente y bien, la fama y el dinero llegaron por añadidura. Pero nunca fue mi objetivo como tal. El hacer las cosas bien provocó que me empezara a ir bien y se me reconociera. Son cosas que, al principio, no tienes idea de cómo se manejan, no sabes cómo controlarlas. Nadie te enseña a ser famoso. Comencé a vivir las cosas buenas de ser reconocido y con ello el glamour: llegar a un lugar y pasar sin hacer fila, portadas en revistas, entrevistas, sesiones de fotos, alfombras rojas, apariciones y conducciones en otros programas de fin de semana o eventos especiales de ventas.

Y estar durante más de seis años, todas las mañanas, en *Venga la Alegría* me dio una identidad, una imagen real, muy humana con el público al que yo aprendí a saludar con esta frase que, a partir de entonces, me identificó: "¡Arriba los corazones!"

Ahí nació y me volví un conductor atractivo e influyente para la audiencia y los patrocinadores, con quienes siempre estaré agradecido porque me confiaban sus productos, de repente mi departamento, de estar vacío, comenzó a llenarse de atún, carnes frías, cubiertos, platos, tortillas, cremas, champús, café y todo lo que pudiese venderse en televisión. Los clientes agradecidos me invitaban a probar sus productos y yo se los recomendaba a mi familia y a todo aquel que preguntara. En el caso de los productores y los directivos, grababa o participaba en un piloto —así les dicen a los proyectos que aún no están al aire—, o iba de invitado a cualquier programa de concursos o donde me solicitara el canal —generalmente uno no cobra en estos casos—, pero yo era feliz, de programa en programa, de evento en evento.

Mi vida se había transformado, pero yo seguía siendo el Fer, el cuate, el compañero buena onda, dentro y fuera de cuadro, el conductor que tenía una imagen positiva y era, según las revistas, un galán y soltero codiciado con cero escándalos... hasta que mis relaciones sentimentales se hicieron públicas. Y a partir de ahí las cosas nunca volvieron a ser igual... Eso es parte de las cosas feas que me van a tocar vivir como imagen pública.

* * *

Cupido flecha por tercera vez el corazón de Fernando y éste se lanza de cabeza a la conquista de una sexy joven estudiante de Comunicación en la Universidad Iberoamericana de Santa Fe, orgullosamente chilanga, de sensual tez morena, cabellera larga castaña obscura, silueta firme y esbelta, con eróticos muslos largos y perfectamente torneados, propios de una estatura que alcanza 1.74 metros. Su nombre es Ivette Hernández y apenas tiene 20 años. Participa en un *casting* y debuta en la televisión como parte de un nuevo programa que, bajo la conducción de Rafael Sarmiento y la producción de Pati Chapoy[23] —experimentada periodista y directora del Estudio de Espectáculos en TV Azteca—, impulsa en *Desde cero* la búsqueda y lanzamiento juvenil de nuevos valores en la pantalla de Azteca 7. La emisión termina, pero Ivette permanece en las filas del equipo de Pati. Se integra, junto a su compañera Romina Aranzola, como conductora de otro espacio semanal de corte juvenil dedicado a la música, los videos y entrevistas con las estrellas del género regional mexicano que transmite la señal de Azteca 13 los sábados al mediodía, *HitM3*.

Además de comunicóloga, la chica habla inglés y desea estudiar italiano y portugués. Pero por encima de todo le encantan los deportes, especialmente los extremos, y es pambolera nata. En sus venas corre sangre azul, adora a la máquina celeste, el equipo mexicano de futbol de primera división, Cruz Azul.

Y a su corta edad, a Ivette le encanta la adrenalina; anda en moto, salta más de una vez en paracaídas, practica surf y uno de sus tantos sueños es convertirse en *snowboarder* profesional.

Es fiel creyente de los ángeles y el amor, al que considera la fuerza que mantiene viva a la humanidad, y quizá por ello se enamora perdidamente de Fernando del Solar, sin importarle la diferencia de 12 años de edad entre ellos.

—Me parece que Ivette le contagiaba la juventud, las ganas de salir. Fer y yo nunca fuimos de antros, y de pronto sí salíamos por nuestras mujeres —relata Rodrigo Cachero, quien paralelamente vivía un romance con la actriz y conductora Odalys Ramírez, marcado también por una diferencia de 12 años.

---

23 Patricia Chapoy Acevedo es una periodista especializada en espectáculos. Trabajó 19 años en Televisa como conductora y productora, bajo la dirección de Raúl Velasco. En 1993 se unió a TV Azteca, donde como directora del Estudio de Espectáculos creó más de 15 programas de crítica artística y periodística, siendo el más importante *Ventaneando*, que suma más de 21 años ininterrumpidos al aire.

Delfina se sorprende cuando a la casa llega una niña.

—De la edad de mi hija, era la más chiquita de las novias que yo le había conocido. Le dije: "Chamaco, es una niña".

—No importa, Delfis. Vamos a ver qué pasa.

La relación se fue dando y se llevaban muy bien.

—Ivette hacía locuras. En su cumpleaños llenaba la sala de globos, le ponía papelitos, letreros hermosos y le tapizaba la casa de cosas, era la más detallista. Era, pues... ¡una niña! Yo lo veía muy ilusionado y un día me dijo:

—Delfis, me voy a casar.

—¿Te va a dar un hijo?

Delfina subraya que a Fernando siempre lo ilusionó la idea de tener un hijo. Él siempre quiso un hijo. Con todas sus parejas deseaba un hijo y quería ser papá.

—¡Pero es una niña, chamaco! ¿Te va a dar tu hijo? Bueno, si está tan enamorada de ti lógico que te dará tu hijo y te dará el gusto.

Las mujeres de la familia, incluida la abuela Victoria, observan con prudencia el nuevo romance y se mantienen a distancia porque simplemente no hay química ni tema de conversación con Ivette. La diferencia de edades va a marcar la pauta en esta relación.

—Su relación es como el juguete nuevo —explica Maru—. En esa diferencia de edad, por parte de Fer, era como regresar a ser joven, con esta actitud de me llevo el mundo por delante, viva la fiesta y me voy de antro con los chavos que, insisto, en mayor o menor medida todos hemos pasado por algo así. Yo creo que eso fue lo que enamoró a mi hermano en un inicio. La velocidad, el vértigo y la pasión con la que vivía esta nueva relación.

"Había una diferencia de 12 años con Fer, de nueve años conmigo, y que alguien de esa edad te quiera poner los puntos, te hace pensar. Ni siquiera creo que haya sido la diferencia de edad, sino su personalidad. Era muy avasallante. Era una persona muy joven, con esta idea de comerse el mundo, y daba la sensación de no importarle nada, a ella se le veía decidida y segura de conseguir lo que fuera.

Impulsos propios de una juventud desbordada y apasionamiento irracional por momentos."

Sin embargo, la relación dura tres años, y un día Fernando sorprende a su familia y amigos. Anuncia que se va a casar y que ya entregó —por segunda ocasión— el anillo de compromiso.

—Te digo, cuando mi hermano se clava, se clava —expresa Maru, para quien en esta relación se divirtió mucho y se la pasó muy bien.

La pareja realiza un simulacro de la boda en Las Vegas, destino al que viajan como parte de un programa de *HitM3*. Fernando acepta acompañar a su ya prometida y, para divertirse, asisten a una capilla donde supuestamente se casan teniendo como padrino a Elvis Presley y como testigo a Marilyn Monroe, pero nada es real. No obstante, las imágenes se difunden en la emisión y las fotografías se publican en medios de comunicación.

Sin embargo, el proyecto de vida y un futuro común parecido se diluye el último día de 2007.

Rodrigo Cachero recuerda:

—Era complicado porque Ivette estaba estudiando la universidad y tenía sus amigos, amigas, y de pronto organizaban fiestas, viajes y todo, y era complicado a nuestra edad, que somos un poco más sedentarios. La diferencia de edades ahí vino a poner en duda muchas cosas de Fer, tanto que decidió cancelar la boda. Era fin de año y me llamó desde Playa del Carmen para decirme que, después de mucho pensarlo, no iba a casarse. En ese momento yo me encontraba junto a Ingrid, festejando año nuevo en Acapulco junto a toda nuestra familia, y brindamos por nuestro amigo... creyendo que había tomado la mejor decisión.

Romina agrega que dos días antes, cuando Fernando estaba con la mudanza, le dijo:

—Fer, creo que Ivette no te aporta. No porque sea mala mujer, pero en su forma de ser y en la de su dimensión de persona, creo que no aportaba para crecer.

—Puede ser —me respondió, y a los dos días ya no estaba el compromiso.

—Delfis, hay unas cosas de Ivette en la recámara de los invitados, llévatelas para tu hija Celia.

—Sí, chamaco, ¿pero no va a venir ella por sus cosas?

—Delfis, Ivette no viene más aquí.

Delfina cumple con la encomienda dada por Fernando tres meses después del rompimiento y lo observa sacado de onda, pero no cuestiona nada más.

En casi cuatro años, es la segunda boda que Fernando cancela después de dar el anillo de compromiso y anunciar a familiares y amigos la decisión. A tres meses de la fecha convenida para casarse, las invitaciones, el salón, la fiesta, el vestido y la luna de miel a Egipto ya habían sido costeados, en su totalidad, por el conductor.

—Señor, ya tenemos las invitaciones de la boda, ¿a dónde se las enviamos?

—¡Recíclenlas!

¿Cuáles eran los verdaderos sentimientos de Fernando? ¿Es acaso un novio fugitivo?

—No estoy tan de acuerdo con Fer en haberse callado el rompimiento, es respetable, pero tiende a no decir las cosas —indica Maru—. Él prefiere que las cosas queden de puertas para adentro y la gente que lo vivió o que estuvo involucrada como tal, sabe perfecto cómo fue la historia, más allá de lo que puedan pensar los de afuera y aun a costa de ser juzgado por ese silencio que, insisto, abre la puerta a muchas malinterpretaciones, más si del otro lado salen a decir cosas que no fueron ciertas, pero ésa es su forma de actuar.

"Para él fue doloroso, por supuesto; otro rompimiento, el segundo anillo, chin, porque mi hermano le pone mucho futuro e idealización a sus parejas. Además, al ser parte de un medio público para él era más difícil porque otra vez era tener que salir a decir que no funcionó y retiró otra vez el anillo."

En opinión de Norberto, la decisión resultó excelente.

—Yo veía que Fernando iba a dar un paso importante y se iba a equivocar, como papá te das cuenta porque conoces muy bien a tu hijo. Entonces me pareció acertada su decisión. Yo no lo sentí ni lo vi con culpa.

"Ivette me parecía una chica bien, pero no para Fer. Él quería formar una pareja y tener hijos. Ivette no deseaba tener hijos y no se los iba a dar en ese momento que él quería."

Rosa Lina agrega:

—A Fernando le hacía falta formar una familia, que era lo que él quería.

—¿Él siempre quiso ser papá?

—Totalmente, totalmente. Sus valores así se lo demandaban. Yo creo que por eso cortó con Ivette, porque si bien él ya tenía planeado casarse con ella, hacía mucho tiempo que venía diciéndonos que tenía muchas dudas; no sabía decir cuáles eran las dudas, pero Ivette era una nena al lado de Fernando, una nena que a los 18 años no tenés ganas de hacerte cargo de hijos y una familia. Querés salir, comerte el mundo, priorizas tu profesión, tenés toda la vida por delante, querés todo. Es lógico, y él no estaba en ese proceso. Y yo creo que ellos habrán tenido ese par de conversaciones, no sé, me lo imagino, pero él sí tenía muchas dudas. Y en una de esas veces yo le dije "tómatelo con calma. Por qué no pospones tu boda y lo pensás un poco más. No rompas la relación, porque si la querés y ella te quiere, no rompas la relación, pero para la boda dense un tiempo, sigan juntos, pero no con la presión de la legalidad". Todo era una vorágine. Hasta que dijo: "No, más vale no", y terminó cortando.

Es 2008, un nuevo año comienza y con él la esperanza de los propósitos a cumplir, pero en las oficinas de Espectáculos, ubicadas en el tercer piso del edificio de producción en TV Azteca en el Ajusco, una de sus integrantes luce triste y pensativa. La chispa alegre y la energía positiva que siempre habían caracterizado a Ivette dan paso a un silencio que adquiere el tono de respeto y solidaridad con la joven que sólo da a conocer a sus jefes y a unos cuantos allegados la noticia del rompimiento, pero no expone inmediatamente sus sentimientos de forma pública.

Meses después, una noticia inesperada por parte de Fernando provoca que Ivette hable del rompimiento en una entrevista que le realiza Inés Gómez Mont para *Ventaneando*. La joven presenta a su novio de origen italiano y dice que ya ha olvidado al conductor. Posteriormente, declara a la revista *TV Notas* que le habían visto la cara y que Del Solar la engañó con Ingrid Coronado. Hernández no vuelve a hablar del tema. Aunque ya han pasado más de nueve años, Ivette agradece en septiembre de 2016 la propuesta de dar su propia versión de los hechos para este libro y declina hablar de un tema del que, asegura, no le gusta involucrarse ni tiene interés alguno.

¿Pero cuáles fueron los motivos por los que Fernando decidió dar marcha atrás y cancelar la boda pagada y organizada? En aquel momento el conductor guarda silencio. Sólo familiares, algunos amigos y jefes en TV Azteca conocen del rompimiento, pero no las causas, y éste se va a dar a conocer tres meses después como parte de una doble noticia inesperada que va a producir una verdadera bomba mediática.

« El error fue no haberme hecho responsable de decir "señores, esto se terminó y asumo las consecuencias de lo que venga".

FERNANDO DEL SOLAR »

Episodio VII

¡QUIERO TODO CONTIGO!

La verdad es que he cometido muchos errores en mi vida, y una de las cosas de las cuales me arrepiento es de cómo manejé la situación. Nos íbamos a casar en marzo de 2008. Pero tres meses antes, a finales de diciembre de 2007, tomé la decisión de no hacerlo.

Cada uno se fue a celebrar el año nuevo por su lado; ella estaba pasando sus vacaciones con sus amigos en Las Vegas, y yo estaba pasando mis vacaciones con mis amigos en Playa del Carmen, y ese fin de año sentí que no, no me quería casar... algo me decía que no era por ahí.

Teníamos una diferencia de edad bastante importante de 12 años y yo sentía que, en ese momento era yo el que tenía muchas ganas de casarse —traía el *smoking* en la cajuela—. Estaba muy ilusionado con formar una familia y era yo el de "vamos a casarnos", el que estaba buscando el jardín para la fiesta, el que quería chinelos danzantes, el que quería que su papá, *El Vampiro*, entrara con todos sus amigos *choppers* a la boda, llevando a la novia junto al rugir de las motos y la canción de "Mujer bonita" de fondo... ya sé que era una locura, era mi cabeza cinematográficamente loca, desquiciadamente romántica y enamorada del amor. La había imaginado, la había soñado y la estaba produciendo. Hasta que algo me hizo entrar en razón y —confieso que ésta es mi sensación, muy personal— por primera vez sentí que Ivette estaba en otro canal, muy distinto al mío, tal vez por la misma diferencia de edades, por tener planes y tiempos distintos. Ella estaba estudiando en la universidad, quería echarse a volar, salir de su casa. Yo quería formalizar, tener una familia, hijos, perro y toda la cosa. Sentí que yo la estaba presionando demasiado, con mis expectativas, con mis planes de boda, y eso no era bueno.

Los primeros días de enero, regresando de Playa del Carmen, hablé con Ivette y se lo dije. Mi error fue pensar que guardar silencio nos protegería de las preguntas incómodas de la prensa, en lo que el dolor y la angustia de la ruptura pasaban, le propuse:

—¿Qué te parece si mejor no decimos nada para que nadie se meta, no nos molesten, ni nos digan nada y cada quien lo vive a su manera? Nos tomamos un tiempo y vemos...

Ese famoso tiempo era la crónica de un final anunciado.

Creo que a veces uno decide pedir un tiempo, tratando de hacer el menor daño posible. Luego se da cuenta de que pedir tiempo es dejar una relación en suspenso, y si hay alguien de los dos que quiere regresar, o tiene la esperanza e ilusión de volver, hace más doloroso ese proceso.

Estoy totalmente convencido de que lo más sincero fue decir: "Si yo no soy feliz, no voy a poder hacerte feliz".

Y le expliqué mis puntos y las cosas que sentía que estaban pasando.

Se acabó la relación, yo terminé la relación. No tenía sentido continuar y ya no había para dónde hacerse. De repente le damos vueltas al asunto; uno se enfrasca en situaciones e intenta convencerse de que todavía hay una oportunidad, de que tal vez si yo, o si ella, o te inventas alguna excusa intentando evitar el sufrimiento; pero interiormente tú sabes que eso ya está roto, se acabó. Que la decisión ya está tomada y lo mejor es terminar las cosas cuanto antes, aunque duela.

A principios de enero lo platicamos y terminamos.

No fue fácil para ella, de eso estoy convencido, me imagino que no habrá sido nada fácil. Para mí tampoco lo fue. Estábamos devastados. Yo me sentía muy culpable por la decisión que había tomado, pero consideraba que había sido muy honesto y siempre he intentado ser así. Finalmente, en estas líneas, me hago responsable de que fue mi decisión. Y así quedó. Así pasó. Se fue diluyendo, nadie se metió.

El error fue no haber aceptado o dicho públicamente: "Señores, esto se terminó y asumo las consecuencias de lo que venga". Por tratar de protegernos, a Ivette y a mí, no dimos la noticia desde un principio. O al menos fue como yo lo planteé, si se entendió mal yo asumo mi parte de responsabilidad. Mi intención era ésta, que no se metieran con nosotros; de por sí no casarte es horrible, creí que peor aún era que te cuestionaran: "¿Por qué se terminó?, ¿por qué no se casaron?, ¿qué pasó?"... etc.

Fue mi error.

Por otra parte, ya había pagado muchas cosas, entre ellas las invitaciones, que no tardaron en llegar a mi casa.

—¿Qué hago con esto? —me preguntó el proveedor.

—¡Quémelo, señor! ¿Qué quiere que le diga? ¿Que qué hago con esto?

La pregunta que retumbaba en mi cabeza era: "¿Qué hago con mi vida?, ¿qué estoy haciendo?"

Hubo cosas que se pudieron recuperar, otras que no; ¿eso a quién le importa?, estaba quebrado emocionalmente. Aunque sabía que era la mejor decisión, ¿por qué me sentía fatal?

De Ivette aprendí:

- De su frescura.
- A no tenerle miedo a nada.
- A ser más creativo.
- De tatuajes y *piercings*.
- A escuchar a Alejandro Fernández y música ranchera.

Decidí irme al viaje de luna de miel igual. Habían transcurrido más de dos meses y medio después de aquel rompimiento. Soy el único tonto que paga dos boletos y va uno.

Antes de viajar a Egipto, Julio de Rose, amigo y productor en TV Azteca, me invita a su boda. Yo no tenía con quién ir a la fiesta, ni andaba de humor y mucho menos quería saber nada que tuviera que ver con bodas. Se lo comento a Rulo (Raúl) Osorio, mi compañero y amigo de *Venga la Alegría*, y muy casual me dice:

—¿No dices que Ingrid es tu mejor amiga?

—Si.

—¡Pues invítala!

Y lo dice así, abiertamente. Delante de todos, ahí en el foro... Por supuesto que ella lo escuchó. La miro y le digo:

—¿Oye, quieres ir?

—¡Sí! Yo quiero ir, vamos.

Fue extraño... un poco comprometido por el Rulo, el compromiso de asistir a la boda de un amigo, ir solo, mi mejor amiga, en fin; no tenía la menor idea de que aquella invitación iba a cambiar el curso de mi vida para siempre.

Ese día yo estaba muy nervioso. La sensación de que algo iba a explotar invadía todos mis pensamientos, pero no estaba seguro de nada, mi cabeza era un caos. Todo el inicio fue muy loco. Fue ella quien pasó a buscarme. En ese momento yo vivía en un departamento que no tenía elevador y había que subir un piso por las escaleras.

Escuché timbrar. Era ella. Le abrí la puerta de acceso de la calle al edificio, a través del portero eléctrico del depa —yo creo que también ella estaba nerviosa, ahora te cuento por qué—, pasa un rato y no sube... y escucho ¡pum! ¿Qué pasó? Abrí la puerta de mi depa, me asomé y vi que se había dado un golpazo contra una puerta de vidrio en la planta baja. No la vio y había dejado rastros de su maquillaje pegado en la puerta. ¡Ups! (No empezamos bien.)

—Por aquí, es por aquí. Sube.

Lo que son las cosas, estábamos por primera vez los dos solos fuera de un foro. Yo apenas me estaba mudando. Tenía pocos muebles. Los nervios...

—¿Quieres un vino? —se lo dije intentando demostrar seguridad. Y lo sirvo en ¡vasos de plástico! Ella me lo recordaría siempre con una sonrisa; le serví un vino que ni siquiera era vino, era espumoso y se lo serví en un vaso de plástico, ni siquiera tenía copas de vidrio. Me acuerdo y me da risa.

Bueno, la invité a sentarse. Ella había venido a buscarme, se veía espectacular, despampanante, y estábamos los dos en silencio. Recién me acababan de dar un teléfono Blackberry por parte de la empresa y no se me ocurrió otra cosa, para romper la tensión, que preguntarle:

—Oye, ¿tú sabes cómo funciona el Blackberry?

Y mientras tomábamos el vino espumoso, en vasos de plástico, me estuvo enseñando cómo se usaba el dichoso Blackberry hasta que vi el reloj. Era hora de irnos.

Pero antes sucedió otra cosa en mi casa: ¡Se quedó encerrada en el baño! "¿Irá a salir?", me preguntaba cuando vi que ya llevaba media hora ahí en el baño. Qué raro.

—¿Estás bien?

—¡Me quedé encerrada en el baño!

Le abrí la puerta y salió. Son de esas cosas muy divertidas que sucedieron esa noche de mucho nervio, adrenalina, emoción e incertidumbre. La verdad es que fue una linda cita.

Y nos fuimos para la boda. Nos tocó la mesa número 14.

—¡Wooooow!, mi número de la suerte —comentó ella; tiempo después me enteraría de que su hijo Emiliano nació un día 14 y por eso era de la suerte. También Paolo, nuestro hijo, nacería un día 14, pero ésa es otra historia. Regresemos a la fiesta.

Ahí estábamos en nuestra mesa número 14, con pura gente conocida, entre ellos el nuevo director de Entretenimiento, el argentino Cacho Mele, y Juan Quiroga —un gran amigo—, quien luego sería mi compadre al convertirme en padrino de su hija, y bueno, ahí en la mesa se empezó a apostar a que nosotros, en cualquier momento, nos daríamos un beso —eso lo supimos hasta después—; apostaban porque nos veían en una actitud sospechosa, demasiado nerviosa, de estas primeras citas raras. Desbordada nuestra amistad de años, se notaba algo más. Y la verdad es que bailábamos muy a gusto —aunque ya te confesé que no soy buen bailarín—, no me importaba nada. Había algo ahí, chispas en ese baile. Para nosotros era nuestra boda, yo así lo sentí. Los novios ahí estaban, pero yo me sentía eufórico, salía en todas las fotos, estaba feliz, la verdad es que estaba muy contento.

Termina la boda, me regresa a mi casa. Yo me sentía tipo "Mujer bonito" y ahí me dice todo. Ya habíamos tomado unas copas, habíamos bailado mucho y fue una declaración muy bonita, muy intensa y muy fuerte. Ella me dice tranquila y claramente:

—Quiero todo contigo, tú eres mi alma gemela. Te espero el tiempo que sea necesario, ojalá no sea mucho, así lo disfrutaremos juntos...

Claro, ella ya lo traía preparado, yo todavía estaba con las mariposas en el estómago apenas revoloteando por ahí. Me quedé helado. Apenas alcancé a responder:

—Me voy a Egipto unos días. Lo voy a pensar y de regreso te digo. No sé...

Me sentía en el reino del revés, ¿no se supone que el hombre propone y la mujer dispone...?, o ¿cómo es? Bueno, la cosa es que mi vida siempre estará marcada por maneras poco convencionales de hacer las cosas.

¿¡Qué hago!? ¡Yo estaba hecho una maraña de emociones!

—Está bien, te espero —respondió ella.

Respiré profundamente y sólo alcancé a decir:

—Gracias.

Y ahí quedó. No hubo un beso porque yo lo iba a pensar. Yo era de esos a la antigüita —aunque luego nos embarazamos a los 15 días—, en ese momento yo sabía que si venía un beso, venía todo. Se me bajaron las copas, me puse pálido, el beso era el paso que seguía, pero todo era muy fuerte, muy nuevo.

Yo la había visto siempre como mi mejor amiga... hasta una noche que salimos a cenar con Rodrigo Cachero y Andrés Palacios. De la cena nos pasamos a un karaoke, me acuerdo perfectamente cuándo y cómo sucedió. Era un miércoles en la noche y sólo había ocupadas dos mesas, el resto del bar estaba vacío.

De la mesa de al lado subieron dos chicas a cantar "Bazar" de Flans, les faltaba una integrante para completar la agrupación y le hicieron señas a Ingrid para que las acompañara. Ella accedió de muy buen modo y en el momento en que comenzó a cantar "Te conocí en un bazar, el sábado a mediodía…", ¡zas!, algo sucedió en mí, que por primera vez la vi con otros ojos.

"¡Me gusta!, ¿qué me está pasando?, creo que estoy en problemas", me dije. Por cierto, traía unos pantalones de mezclilla, que se le veían realmente bien.

Varios días después, esa noche de la boda de Julio, escuché que yo también le gustaba a ella.

Te preguntarás por qué respondí "lo voy a pensar". Porque era una gran apuesta: estábamos trabajando juntos, de lunes a viernes; era mi mejor amiga, teníamos muchos años de conocernos, si las cosas no salían bien, trabajar juntos iba a ser un bodrio. Además, si las cosas no funcionaban, muy probablemente iba a perder a mi amiga. Entonces, yo tenía que pensar mucho antes de dar el paso. Y si daba el paso, obviamente no lo iba a hacer a la ligera ni irresponsablemente, porque había muchísimas cosas en juego. Por eso tenía mucho que pensar. Y en mi viaje iba a tener diez días a solas para pensar.

Me fui a Egipto, a mi luna de miel por el Nilo, ¡solo! En el *tour* todos iban con su novia, con su esposa, y yo ¡solo como un perro! Los únicos solteros éramos el guía y yo y con él iba a todos lados, no me le despegué en todo el viaje. Y en ese país milenario, lleno de cultura, historia y monumentos mágicos, que siempre había querido conocer, lo pensé, lo pensé y lo recontrapensé.

Regresé con muchísimo miedo; repito: Ingrid era mi compañera de trabajo y era mi mejor amiga. Si la cosa no funcionaba iba a ser espantoso trabajar al lado de ella, y peor aún, perdería su amistad, no me cuadraban las cuentas. ¡No sabía qué hacer! Que sí, que no, el que no arriesga no gana, bueno, ¡va!

* * *

—No hay un testigo vivo y certero como yo de que la boda con Ivette se canceló tres meses antes de lo de Ingrid, y con Ingrid todo fue muy rápido —noviazgo, hijos—. Muchos piensan que se metió en medio. No fue así, y quiero decirlo porque casi nadie lo cree. Los demás piensan que fue por Ingrid pero no, él no tenía ni idea de los sentimientos de Ingrid, hasta antes de irse de viaje a su fallida luna de miel —aclara Rodrigo Cachero, quien junto a Andrés Palacios e Ingrid Coronado formaban con Fernando un cuarteto de amigos muy estable que salía regularmente una o dos veces por mes a cenar y como cuates se contaban sus alegrías y sus penas.

—Amigos —confirma Cachero— que en su momento conocieron la decisión de Fernando del truene y cancelación de la boda con Ivette.

De hecho, Rodrigo pudo haber sido el acompañante del conductor en su viaje a Egipto.

—Me dijo "ya tengo la luna de miel pagada, te vas conmigo". Nos íbamos a ir a Egipto, pero todo fue tan repentino que por cuestiones de trabajo no pude acomodar mis tiempos y le cancelé.

Rodrigo también confirma que Fernando abordó ese avión con sus emociones en aprietos por la declaración inesperada de Ingrid Coronado.

—Un día antes de abordar el avión llegó Ingrid y le dijo "quiero todo contigo", ésa fue la bronca. Entonces, él se fue al que sería su viaje de luna de miel, todo conflictuado porque habían sido por muchos años amigos y compañeros de trabajo. Te digo que íbamos los cuatro siempre a cenar e Ingrid iba como un amigo más. Hasta que una noche cenamos en el Cambalache y la prendimos un poco, y ya con unas copas encima nos cruzamos a un canta bar que está ahí en Escenaria y se subieron a cantar Fer y Andrés, me acuerdo perfecto, una de Soda Stereo, malísima porque duró seis minutos, y ahí Ingrid se le quedó viendo. Yo platiqué con Ingrid después, porque también es mi amiga, y me dijo que fue en ese momento que se dio cuenta de que sentía cosas por Fer.

—¿Tú te diste cuenta de los sentimientos de Ingrid por Fer?

—No, yo vi una miradilla rara, pero nada más. Cuando Fer regresó de su viaje, Ingrid me invitó a comer a su casa. Salíamos mucho porque nuestros hijos, el hijo de Ingrid, Emiliano y mi primer hijo, Santiago, son de la misma edad, entonces nos veíamos para ir al cine los cuatro o a patinar. Éramos buenos amigos; me invitaba a Acapulco, donde rentaba un departamento, o al de aquí, que tenía alberca y la pasábamos muy bien. Un sábado me invitó a comer, como siempre, y cuando llegué estaba Fer y se me hizo raro. "¿Éste qué hace aquí?", pensé. Y ya en la comida se besaron, a propósito para que yo los viera y ellos vieran qué cara ponía. Me quedé mudo. ¿Vi bien? Y se botaron de risa los dos. "¿Qué les pasa a ustedes?" ¡Éramos amigos de años! Cuando los vi besándose dije "¡Santo Dios!"

* * *

Regresé a México. Ella ya no me dijo nada, ya lo había hecho. Era yo quien tenía que tomar la decisión. Yo me sentía como en el papel del conquistado, yo siempre había sido el conquistador y esta vez había sido al revés. Esto era raro para mí. Ni mal ni bien. Era diferente. Distinto. Está muy padre, no se siente mal y más con una mujer como Ingrid. ¡Qué loco! No sabría ni cómo describirlo. ¡Qué loco! Me sentía revolucionado, ansioso, ¿qué le voy a decir?... Sí, no... Puede ser que funcione, puede ser que no. Era un volado. Yo me iba a casar, ya no me casé y ahora esto...

Me acuerdo que llegué a México un jueves y no le hablé, no le hablé tampoco el viernes y que le hablo el sábado. Ella tenía un curso en su casa que terminaba un poco tarde, a las 11 de la noche.

—Paso a buscarte a tu casa a las 11 y te invito a cenar a mi casa —por obvias razones, no podía llevarla a un lugar público, debía ser secreto, al menos por el momento.

Pasé por ella, llegué a las 11 y me quedé esperándola en el estacionamiento de visitas, dentro del coche. Salió a las 12 y la llevé a cenar a mi casa, donde le volví a dar vasos de plástico con vino espumoso porque pensé que le gustaba —luego me confesó que no era su debilidad eso, pero que había dicho que sí por convivir— y no se me ocurre mejor idea que prepararle un salmón al mango que me había enseñado Yolo, mi amiga y chef del programa. Pero como no tenía mango —encontré una lata de duraznos en almíbar en mi alacena—, ¡improvisé!, el chefcito se animó y puso en práctica todo el conocimiento recibido durante años en "La cocina de Yolo". Cenamos. El menú fue salmón con salsa de duraznos en almíbar, acompañado de vino espumoso, en copa de plástico, serví como a la una de la mañana, después de 15 días sin vernos y con una respuesta a flor de piel.

Aunque el salmón me quedó un poco reseco, también reconozco que me pasé con la sal de ajo; teníamos muchísima hambre a esas horas de la madrugada. Ella vació el plato.

—¿Quieres un poco más?

—No, gracias.

Yo me hubiera comido cualquier cosa en ese momento. La cena —como comprenderás— era intrascendente porque había cosas más importantes que decir y que hablar. Y sí, le dije "sí, vamos con todo".

La respuesta era evidente: la invité a cenar, pasé por ella a su casa, la llevé a la mía, aunque le hiciera un salmón con helado de chocolate la respuesta era "sí, venga, venga con todo". Y ahí arrancamos.

Obviamente hablamos mucho sobre que teníamos que ir con cuidado por el tema de los medios, la familia, la amistad, el trabajo juntos, el qué dirán. Sí, sí, sí. En la realidad, iban a pasar muchas más cosas de las que hablamos esa noche.

Si bien en un principio profesionalmente la veía un poco inalcanzable, exitosa y se codeaba distinto, ahora ya la veía más cerca, ya casi, casi, a la par. En ese momento yo ya me sentía fuerte. Me sentía exitoso por mí mismo. Y a finales de marzo empezó oficialmente nuestra historia como pareja.

En *Venga la Alegría* nadie sabía nada. Era muy divertido porque era como un juego de lo prohibido. Yo entraba a maquillaje y ella me ponía una canción de Belanova que le gustaba mucho y de esa forma me decía cosas sin que nadie supiera nada. Yo escuchaba la canción, era un juego muy nuestro. Lo mismo pasaba si estábamos cenando con productores; los escuchábamos muy atentos, pero la pierna por debajo de la mesa tocaba su zapato y eso era wow... el lenguaje de lo prohibido. Pero eso sólo nos duró... 15 días.

A los 15 días de andar ¡quedamos embarazados!

Yo no sé qué es ir a medias. Me gusta ir a 300 por hora. Lo admito. No sé vivir de otra manera más que intensamente, todo lo llevo siempre al límite.

Nos envían a Nueva York a comprar el vestuario del programa matutino que hacíamos y allá, certera y amorosamente, hicimos a Luciano. Divino. Ya estábamos grandecitos, fuimos con todo. Según yo, me cuidé, pero "deseo mata látex".

Y una tarde recibí una llamada:

—Creo que estoy embarazada. Hagamos la prueba... Ven al departamento.

Ingrid había sido mamá nueve años atrás y tenía los mismos síntomas que en la gestación de Emiliano. Se miró al espejo y dedujo que estaba embarazada. Enviamos a alguien a la farmacia por una prueba casera de embarazo, ni siquiera fuimos nosotros para evitar sospechas o que se filtrara la información, y antes de llevarla a cabo nos tomamos de las manos y nos miramos profundamente a los ojos:

—Si es verdad, es una bendición y le entramos con todo. Si no, no pasa nada...

El tiempo se detuvo, fueron los tres minutos más largos de mi vida.

La línea de la prueba no se puso rosa, sino ¡roja! Resultado 99.99 cierto. ¡Ingrid estaba requetembarazada! Mi deseo de ser padre, de toda la vida, por fin era real.

El día que estábamos presentando a Ingrid con mis papás e íbamos a decirle a mi familia que estábamos embarazados, ese mismo día me llaman por teléfono de un número desconocido y atiendo. Era fin de semana. Pensé que se trataba de alguien de mi familia que estaba perdido —te recuerdo que estaba viviendo en un departamento nuevo y quizá alguien no sabía cómo llegar—, en fin, yo andaba en las nubes. Estaba distraído.

—¿Hola?

—¿Es cierto que están embarazados?

—¿Quién se los dijo? —respondí de inmediato y corté la comunicación. Ahí, sin darme cuenta, ¡confirmé la noticia! Me sacó tanto de onda el teléfono, lo atendí pensando que era alguien más y confirmé. Eran de una revista. ¡Y qué revista!

¡No tenía idea de cómo se habían enterado de un test de embarazo que, repito, ni siquiera lo compramos nosotros, mandamos a alguien desconocido a la farmacia, llegó a nuestras manos e hicimos el test, ¿pero cómo se habían enterado?, ¿cómo?

No lo sabían ni mis papás, ni sus papás, no lo sabía nadie. Y me estaban llamando de una revista para confirmar un embarazo. No entendía si mis líneas estaban intervenidas, si habían buscado en los botes de basura, no entendía cómo lo sabían. Todo se dio muy rápido. El domingo llamaron, el lunes nos presentamos a trabajar y el martes salía la revista.

No sabíamos qué hacer. Hablamos con el productor del matutino Adrián Patiño y nos aconsejó ir con nuestro director de Entretenimiento que, en ese momento, era Cacho Mele.

En nuestro afán de quemar la nota de la revista y respetar al público que siempre nos había acompañado, decidimos, en conjunto con los jefes, dar la primicia a nuestra manera y en nuestro programa. Ingrid ni siquiera les había contado a sus papás, sólo a su hijo Emiliano.

Nuestro jefe, Cacho Mele, después de darnos un fuerte abrazo y felicitarnos por la noticia —él había estado sentado en la mesa número 14 el día de aquella boda, ¿recuerdas?—, nos dijo:

—Bueno, díganlo mañana en la mañana, durante el programa —es decir, el mismísimo martes, y así lo hicimos. Lo tuvimos que hacer público.

Después de 15 días de comenzar a andar se dio esto, con toda la premura, y vino a conformar una especie de *reality show*, más real que nunca.

Con Ingrid a mi lado, en vivo, anuncié en la sala de *Venga la Alegría*:

—Quiero decir que Ingrid y yo estamos juntos, estamos juntos hace un tiempito, y bueno finalmente hubo muchos chismes, rumores, y después de un tiempito decidimos... estuvimos saliendo y ahora realmente andamos y estoy realmente feliz. Es una gran amistad de más de ocho años que se concreta. Dimos un paso realmente importante, y bueno, lo quería... lo queríamos compartir con todos ustedes.

Mis compañeros aplaudieron nerviosamente. El canal estaba paralizado, todos estaban viendo el programa, a través de los monitores, cada quien desde su lugar de trabajo, teníamos TODA la atención de nuestro público, había silencio absoluto en el foro. Nadie lo podía creer... y entonces Ingrid remató con la segunda noticia:

—Pero como bien dicen que las bendiciones vienen juntas, el encontrarte con tu alma gemela —como nos hemos nombrado— es algo que no se da todos los días y, bueno, en esta ocasión la bendición viene por dos, porque estamos esperando un bebé —otra vez se escucharon los gritos de nuestros compañeros—; si Dios quiere, en enero le podremos dar la bienvenida a nuestro primer hijo juntos, un hermanito a Emiliano; Emiliano está muy contento, nosotros también y espero que ustedes también compartan esta alegría con nosotros.

En minuto y medio dimos a conocer la doble noticia.

Nuestra compañera de espectáculos, Ana María Alvarado, luego luego preguntó cómo fue el flechazo. Ingrid respondió:

—Yo sí me di cuenta de que él era el hombre de mi vida y se la canté y le dije que estaba dispuesta a esperar el tiempo que fuera necesario, que yo sabía que estaba pasando por un momento que no era muy fácil, que había que terminar con todo este asunto —refiriéndose a mi rompimiento reciente—, que había que cerrar varios círculos, como se dice de una relación, y yo estaba dispuesta a esperar el tiempo que fuera necesario, hasta que él llegó y dijo "ok, ahora sí ya estoy listo".

¡Bomba atómica! ¡Bomba atómica total! Ahí en el foro. No lo podían creer. Me abrazaban, me felicitaban, se reían, era un hermoso caos. Nuestros compañeros no sabían que andábamos y mucho menos que estábamos esperando un bebé. ¡Se volvió una locura! Y todo se tergiversó.

Ésta es la primera vez que estoy contando mi versión de los hechos porque hay tantas versiones como personas involucradas.

Al no haber aclarado que había terminado desde antes con Ivette, se armó toda una confusión, porque Ivette —como habíamos quedado en su momento— tampoco lo dijo y se prestó a muchas especulaciones. Cada quien tiene sus motivos —yo no los conozco, todos son muy respetables, finalmente nunca volvimos a hablar— y por eso digo: Hay tantas versiones, como personas involucradas.

No tenemos que pensar igual, lo que debemos hacer es respetar nuestras diferencias.

Me llevaba y me llevo muy bien con Pati Chapoy, la considero una de las pocas y honestas amigas que me ha regalado el medio. Lo hemos conversado y aclarado. Pero como en toda relación, cuando se termina, se forman bandos y se dividen las aguas. No lo tomé como algo personal, sino natural. Sin embargo, en la empresa tomaron partido y no sólo eso, sino que aparte empezaron a decir muchas cosas; muchas eran ciertas, otras no. Empezaron a decir que Ingrid se había metido en la relación, que yo era un asaltacunas, que la había dejado plantada en el altar, que había engañado a mi anterior prometida y muchas cosas así. Ivette luego presentó un novio italiano con quien llevaba tiempo; incluso la entrevistó Inés Gómez Mont, quien en esa época era conductora de *Ventaneando*, y sentí que había sido una entrevista bastante tendenciosa —tiempo después hablaría con Inés y todo quedaría más que aclarado—, y mi vida, de repente, se transformó en una completa locura a máxima velocidad, con mis emociones completamente desbordadas.

Era muy difícil disfrutar el momento de "estoy embarazado", "estamos embarazados" —un hijo es lo más increíble que te puede pasar, lo sabe quien es papá—. Se empezó a desvirtuar algo que era lindo y maravilloso en algo que era malo y oscuro. Una parte contaba una historia y otra parte contaba otra. Las fábricas de Entretenimiento y Espectáculos en Azteca chocaban y las puntas de lanza éramos los conductores. Creo que debimos habernos juntado todos y haber hecho las paces o solucionarlo de manera interna, pero no de manera externa. Hoy lo puedo ver a la distancia. Pero en un medio televisivo a veces eso es imposible. En aquel momento me rebasaron el *rating*, el morbo y la presión.

Fue un momento que no podía entender "¿por qué?" Según yo, no estaba haciendo las cosas mal. No estaba actuando de mala fe. Al contrario, paré una boda sabiendo toda la presión social que podía caer sobre mí, sabiendo que me iban a criticar por haber decidido cancelarla, pero preferí pararla y ser lo más honesto posible. ¡Qué importa perder dinero con tal de intentar ser feliz! E intentar que ella también lo fuera con otra persona; para mí era claro; no quería ser deshonesto en absoluto, ni conmigo y menos con ella...

¿Cuántas parejas conocemos que se casan por el qué dirán, por apariencia, por el "ya ni modo" y que al año se divorcian o siguen infelizmente juntos, por miedo a vaya saber qué tantas cosas? Ése era mi sentir en ese momento y traté de ser congruente.

Para mí, casarse era para toda la vida y si hay duda es NO.

...Y yo tuve dudas.

Entonces me preguntaba y cuestionaba... "¿Dónde está mi error? ¿Qué es lo que no estoy viendo?" Yo no estaba saliendo con dos mujeres simultáneamente, nunca engañé a nadie, no fue así como sucedió. Las cosas se dieron como se dieron, en cuanto a los tiempos, pero no como lo decían los medios.

No se me chispoteó nada, hoy entiendo que uno es responsable de cada uno de sus actos, porque yo creo que para que aterrice un bebé se necesita el deseo de las tres partes: el deseo del papá, el deseo de la mamá y el deseo de esa alma o de ese niño de querer aterrizar. Entonces el "se me chispoteó" en mi caso no aplica. Yo tenía muchas ganas de ser papá, llevaba tiempo deseándolo con todo mi corazón. Con Ingrid estoy convencido de que me cuidé, o sea, no me pasó a los 17 años, ¡me pasó a los 34! Decir que me pasó por inmaduro, ¡no! ¡Eso no! Las cosas tenían que darse así y yo de ahí tenía que aprender algo. Quiero aprender y sigo aprendiendo a cada instante. Yo me hago responsable de que era mi deseo también que aterrizara Luciano, no puedo decir ahora que "se me chispoteó", para nada.

¿Racionalmente no lo pensé así? Sí.

¿No era consciente de eso? Completamente. Pero somos tan inconscientes de muchísimas cosas. En mi caso se dio así: a los 15 días quedamos embarazados y asumí la responsabilidad porque yo tenía muchísimas ganas de ser papá. Ésa es la verdad.

Con Ingrid, de repente todo cambió porque pasó de ser mi mejor amiga, mi compañera de trabajo, a ser la mamá de mi hijo y todo lo que eso implica, ¿no? Yo vengo de una familia de abuelos que vivieron juntos hasta el último día, papás que están juntos. Entonces, para mí, estar separados no era una opción. Para mí el núcleo familiar siempre fue y es súper importante. Entonces para mí no aplicaba eso de sí me hago cargo, pero cada quien en su casa. No. Va a ser la mamá, voy con todo. Y no sé hacer las cosas de otra manera. Así como en su momento le dije a Ivette, con todo mi corazón y con todo mi dolor, "no creo ser el hombre para ti, no creo ser el hombre que pueda hacerte feliz porque yo no estoy seguro", ahora decía "si las cosas se están dando así, voy con todo".

Y así arranqué. Como pude. Nadie nos enseña ni a ser papás, ni a terminar una relación, ni a casarte, ni a divorciarte. Todo es aprendizaje. Tan tan.

* * *

Días después, y sin haber asistido aún al médico para confirmar con los análisis de laboratorio el embarazo, Ingrid y Fernando aparecen en *Ventaneando*, el programa de espectáculos de TV Azteca, cuya titular es nada menos que la periodista Pati Chapoy, directora también del estudio para el cual trabaja Ivette Hernández y quien conoce perfectamente del plantón que ha roto el corazón de su conductora y la ha expuesto a un escándalo donde es la comidilla de chismes mediáticos.

Chapoy no se anda con diplomacias. Con un tono serio y directo presenta a la pareja en vivo:

—Tienen un relación amorosa tan intensa que ya están esperando un bebé. A ver: ¿se van a casar o no se van a casar? —le pregunta sin más a Ingrid.

—Sí.

—¿Y por qué no se casan rapidito?

—Pues porque hay que disfrutar la boda y el proceso de planear una boda. Y hacerla de 1, 2, 4, de planearla ahorita, la verdad es que no la gozaríamos igual.

Pati voltea, cruza sus brazos, observa seria a Fernando y sin miramientos lo cuestiona y suelta una carcajada:

—¿Y no te vas a echar pa'trás como es tu costumbre?

—Esta vez no, esta vez no —responde el conductor mirando a cámaras, y trata de mantenerse sonriente pero su incomodidad es evidente cuando Pati arremete:

—Bueno, estás grabado, ¿eh? Estás grabado. ¿Cuántas semanas tienes? —pregunta a Ingrid:

—Tres.

—¿Y fue planeado?

—Dios sabe cuándo quiere disponer y cuándo quiere mandarle regalos a las personas, y en esta ocasión nos sentimos halagados por eso —responde Coronado con una sonrisa, mientras mira a Pati, que sigue de brazos cruzados y vuelve a cuestionarla:

—¿Pero estaba planeado o no?

—No, no.

—O sea que no te cuidabas...

—Sí —responde al unísono la pareja. Ingrid fija la mirada en la cámara y sin perder su sonrisa dice:

—Habemos quienes somos un poquito fértiles...

—¡Mira nada más! —expresa Chapoy y Fer entra al quite. En un tono más conciliador intenta puntualizar:

—Yo, yo me cuidé, pero —agrega con ironía— si he llegado a 35 años sin ningún hijo en mi haber es porque he sido, de alguna manera, responsable en ese sentido. Esta vez también nos cuidamos, me cuidé yo y —Fer se encoge de hombros.

Pedro Sola remata:

—Pues se hubieran abstenido.

El comentario provoca que Ingrid intervenga y subraye que tiene 33 años, de los cuales año y medio ha estado soltera.

Pati finalmente separa los brazos y el resto de la entrevista se distiende. Chapoy y el resto de los conductores, Atala Sarmiento, Daniel Bisogno y Pedro Sola, los despiden con parabienes.

Fuera de TV Azteca los comentarios en medios de comunicación se inclinan más hacia una frase que se repetirá en notas, columnas y periodistas: Fernando e Ingrid montaron su felicidad en la desgracia de la otra pobre chica. Y Fernando es protagonista —por primera vez en toda su carrera— de un intenso escándalo que le hace vivir el fuego cruzado y la cara menos amable de la prensa. Infinidad de críticas y cuestionamientos caen sobre el conductor, quien ahora cruza los pasillos de TV Azteca sin la sonrisa que caracterizaba su rostro. También queda atrás la actitud amable y dispuesta. En su lugar aparece un hombre hostil y a la defensiva.

La doble noticia también toma por sorpresa a la familia de Fernando.

—Por supuesto. Vino acá y me dijo: "Mamá te tengo que decir una cosa".

—¡Ay, sí! Seguro me vas a decir que estás embarazado...

—Sí, eso te tenía que decir.

—¿En serio?

—Sí, mamá.

—Vino tan serio, tan propio, que no lo podía creer —recuerda Rosa Lina.

—Bueno, y ¿qué vas a hacer?

—Vamos a seguir adelante.

—Perfecto. Si así se te presentaron las cosas, perfecto. Tienen todo nuestro apoyo.

Rosa Lina recibe con gusto la noticia de que pronto será abuela por segunda ocasión. Romina, la menor de sus hijas, se ha casado y también está embarazada, espera un varoncito que llevará por nombre Matías.

Hasta ese momento, los padres sólo conocían a Ingrid como su compañera de trabajo desde *Sexos en Guerra*, saben de la amistad entre ellos, pero en realidad nunca han convivido con la conductora más allá de un hola y un adiós durante las grabaciones.

—Si mi hijo la quería... —Rosa Lina termina la respuesta alzando los hombros.

—¿Era suficiente?

Rosa Lina no responde. El silencio obliga a replantear la pregunta:

—¿Se llevaban ustedes bien con ella?

—Nos llevábamos... Ellos se conocían muy bien, hacía más de siete años que eran amigos íntimos. O sea, los dos se conocían hasta lo más íntimo el uno del otro.

—¿Usted veía un hijo enamorado o prevalecía en los sentimientos de Fernando, honestamente, que quería cumplir con la paternidad?

Rosa Lina vuelve a guardar silencio. Luego de pensarlo, responde:

—Yo creo que sí estaba enamorado, aunque en ese momento nos sorprendió a todos con la noticia. En la familia sabíamos de las ganas enormes que tenía de ser papá. Se dio así, de esa manera, y fue muy bien recibido.

Como de costumbre, Norberto echa mano de una actitud amable, pero reservada.

—Yo siempre traté de ser político y llevarme bien con los novios o novias de mis hijos. Algunas veces me salió mal —responde entre risas—. En el caso de Ingrid traté de que fuera una relación de lo más agradable. Si él estaba de acuerdo, adelante, no tenía por qué ponerle piedras en el camino. A mí, personalmente, me parecía una chica excelente. Pero el que sea la mejor amiga o el mejor amigo, no asegura que sean los mejores esposos. Cuando son tan amigos, las cosas de cada uno las sabe el otro y también saben dónde están las fallas de uno y dónde están las fallas del otro.

En España, el abuelo materno celebra la noticia. Recuerda a Ingrid tras haberla conocido en el primer viaje que hace junto a su mujer, Victoria, a México. En aquel momento Fernando los lleva al foro de *Sexos en Guerra* y en un descanso en su camerino llama a Ingrid y la presenta con sus abuelos.

—A mí como hombre me gustó porque era una chica muy atractiva, linda, agradable, bien formada. A mi señora, abuela de Fer, en su momento se le hizo muy simpática. Nos sacamos fotos, platicamos un rato, en fin. Y ahí quedó. Por suerte en vida no se enteró del final mediático que tuvo en su relación.

Quienes conocían un poco más la personalidad de la nueva pareja de Fernando eran sus hermanas, Maru y Romina, quienes en ese momento trabajaban como asistentes personales de cada uno de los conductores. Maru asistía a Fernando y Romina a Ingrid desde 2006. Para ambas la noticia resultó agridulce. Maru sumaba el tercer año asistiendo a Fernando en *Venga la Alegría* y en el foro había visto cosas con las que no concordaba y le resultaban incongruentes. Cosas de las cuales intentaría alertar a Fernando y las que, finalmente, la llevan a decidir hacerse a un lado, respetando las decisiones de la pareja, aunque no siempre de acuerdo con las formas.

Sandra Eloísa Gamboa fue coordinadora de producción de *Venga la alegría* durante una década. Formó parte del proyecto desde su salida al aire y hasta principios de diciembre de 2015, periodo en el cual Ingrid tuvo dos etapas. La primera, que incluye el estreno en 2006 hasta 2009, cuando dejó la emisión para co-conducir *La Academia*, *La Academia Bicentenario* y dos ediciones de *La Academia Kids* y, la segunda, a partir de 2014 a la fecha. Admite que en el primer ciclo Coronado sólo mantenía un trato con el productor y sus compañeros de cuadro, mientras que con el resto su actitud era distante, se mostraba seria y con reservas.

Aclara que la producción siempre tuvo claro que la conductora principal en *Venga la Alegría* era Ingrid Coronado por su carrera, nombre y tablas, pero la emisión la empoderó a ella y al resto de los presentadores en el gusto del público en gran parte por la labor que, en contenidos, realizó el equipo liderado por el productor Adrián Patiño y el entonces jefe de Información, Sergio Sepúlveda, quienes lucharon por hallar la fórmula que compitiera directamente con la revista matutina *Hoy*, producida en Televisa, y que se posicionaran en el gusto de la audiencia. En ello tuvo mucho que ver la dupla que Ingrid formó con Fernando del Solar, quien explotó al máximo la oportunidad con su talento, humor, personalidad y carisma y cuyo trato, subraya, era sumamente fácil para todos en el programa, que se benefició cuando la pareja sensación comunicó su romance y embarazo que tomó a todos por sorpresa.

—Como producción, obviamente, te aprovechas de la situación, era parte del *reality* que se vivía delante y detrás de las cámaras. Tenerlos juntos nos favorecía porque era la primera pareja que se relacionaba sentimentalmente en una revista, entonces se empezaron a dar situaciones que, a todos los que estábamos dentro, nos convenía y ellos tomaron la decisión de continuar el *show*. Se hacían cosas donde ellos mostraban sus avances mes a mes, llevaban su ultrasonido, sabíamos que su primer hijo iba a ser niño y pues íbamos conociendo la vida de los conductores, que hoy en día se conocen por medio de redes sociales, donde ellos mismos las exhiben, y por qué no habríamos de hacerlo nosotros, si éramos el medio y la gente también lo buscaba en ese momento.

Pero la relación marcó el adiós de Romina con la presentadora.

—Cuando empezaron a salir justo yo me embarazo; mi gestación resultó de alto riesgo, no le gustó que no pudiera seguir con ella —recuerda Romina—. Me dijo: "Te entiendo perfecto, pero no me va a servir que tú estés en la cama como trabajadora". Yo dije: "Relación, trabajo, familia... bye". Fue de mutuo acuerdo. Yo no iba a funcionar trabajando desde la cama, por lo tanto preferí priorizar y cuidar a mi primer bebé, que venía en camino, y opté por separar las cosas.

Romina trabajó como asistente personal de Coronado de 2006 a 2008. Fue Fernando el enlace entre ambas. Su labor consistía en organizar su agenda, citas y trámites en general, acompañarla al canal, cuidar su aspecto y arreglo personal a cuadro, entre otras cosas. Su zona de trabajo era la casa de la presentadora, a quien describe como una mujer que establece límites claros, con metas precisas, organizadas, de carácter temperamental, impredecible en actitudes, bastante solitaria y acostumbrada a imponer sus ideas.

En dos años Romina comprendió que cuando se mezcla el trabajo con las relaciones familiares se presentan muchas fricciones y tensiones. Por esa razón —y por su embarazo de alto riesgo—, Romina tomó la decisión de renunciar y así poder disfrutar de su hermano, de su sobrino que venía en camino y de su nueva familia política, sin el estrés laboral de por medio. En varias ocasiones volvieron a solicitarle a Romina que fuera asistente de la pareja. Pero ella siempre se negó por miedo a peleas y distanciamientos familiares a causa del trabajo.

Ella comenta que al principio del idilio, Fer le contaba lo confundido que podía llegar a estar en relación con su nueva pareja...

—Él quería cuidar de Ingrid, pero al parecer ella no necesitaba quien la cuidara, él quería ayudarla, pero al parecer ella tenía todo bajo control. Recuerdo que a Fer le costó mucho aceptar la extrema autosuficiencia de Ingrid. Con el tiempo fueron acoplándose. Fer tiene mucha capacidad de adaptación, incluso a veces exagera al dejar sus deseos de lado.

"Luego de un par de años de la relación, pude sospechar e intuir que a Fer le costaba descifrar a Ingrid. El no poder estar seguro de cómo va a reaccionar una persona te pone todo el tiempo en estado alerta, estresado y te genera mucha inseguridad. Creo que Fer, inconscientemente, se obligó a adaptarse al modo de Ingrid para poder salvar su nueva familia y seguir construyendo el nuevo futuro que habían soñado. Pero en esa búsqueda implacable se olvidó de ser el Fer verdadero, olvidó quién era. Escondió su verdadera esencia. Y eso le cobró una gran factura."

La relación de Fernando con Ingrid también toma por sorpresa a la fiel Delfina; ella presiente que el tiempo, al lado de su querido chamaco, está por llegar a su fin.

—Él no me dijo "está embarazada". Él me dijo: "Delfis, ¿te gustaría cuidar un niño mío?" "Pues sí, chamaco, si tú quieres, y si ves que la hago, pues sí, y si es tuyo, pues sería mi nieto." Cuando vi la noticia en la televisión comprendí por qué me preguntó si quería cuidar un niño. Después ya me lo dijo. Él notó que a mí no me gustó mucho la idea y lo expresé con un gesto de enfado.

—Delfis, pero es que me tienes que apoyar.

Delfina explica que su incomodidad obedecía a los dos únicos contactos que hasta ese momento había tenido con Coronado:

—Yo no sentí química con ella para nada. Cuando supe de la relación sentí tristeza y él se molestó. Le dije: "Perdón, chamaco, pero fue lo que sentí". Ingrid no me saludaba. Sólo se dirigía a él. "Yo creo que aquí no la voy a hacer. ¿Por qué? No sé." Cuando empezaron a buscar casa le pregunté: "Chamaco, dime ¿vas a querer que me vaya contigo?" "Lo voy a hablar con ella." "Sí, chamaco, tú ya sabes que me voy con Maru, con tus papás; conozco mucha gente. Tú me dices." Cuando ya estuvo la casa, Fernando me dijo "te vas a ir a limpiar, le vas a ayudar a Yolanda", a quien yo recomendé con Ingrid, es mi vecina. "Tú y Yola." "Sí, chamaco, yo voy." Fuimos a limpiar la casa, llegó Ingrid, no nos saludó. "Chamaco, ¿me voy a ir contigo?" "Sí, te vas a ir conmigo." "Mira, chamaco, si ves que no la hago, me dejas ir." "Perfecto, Delfis, tú tranquila, no pasa nada. Vas a ver que sí te vas a acomodar." Pues ya nos fuimos, nos cambiamos, le compuse toda la ropa; a ella le di mis respetos y me dijo: "Vas a arreglar las cosas de Fer y Yolanda se va a encargar de las mías", pero yo ahí notaba que yo no podía, las cosas seguían igual. Dejé pasar un tiempo, pensé, "si me acomodo sigo y si no me voy".

La pareja se concentra en su vida juntos y en su proyecto familiar. Fernando se muestra incluyente, atento y paternal en todo momento con Emiliano. La gestación para Ingrid aparentemente transcurre tranquila, el único síntoma que presenta es el sueño, duerme casi todo el día. Es Fernando quien padece las náuseas, los dolores de cabeza y el rechazo que produce la hipersensibilidad hormonal que tiene Ingrid y que provoca incomodidad a los olores, la temperatura corporal e incluso la cercanía física de Fernando, estado del cual da cuenta Sandra Eloísa Gamboa.

—¿Ellos viven su embarazo normal?, ¿no hay cambios en su actitud?

—Ahora que lo recuerdo ella le puso un freno, éste fue uno de esos embarazos en los que él te cae gordo, si había una molestia, no se notaba a cámara, pero atrás sí lo sabíamos, había algo raro, aunque al final estaban juntos.

La pareja desea una niña a la que llamarán Isabella, pero si es un varón su nombre será Luciano. El sexo lo confirman en un ultrasonido practicado en el cuarto mes de embarazo y ambos expresan "bienvenido Luciano", cuyo nombre significa: "El que resplandece".

El día a día en la pareja se torna más difícil. De ser los mejores amigos, se transforman en padres para los que resultan desconcertantes los cambios físicos y emocionales que la gestación trae consigo, a los cuales se suma una complicación mayor. Emiliano enferma y comienza a presentar síntomas. El menor, de sólo nueve años, es diagnosticado con diabetes infantil. Ingrid tiene siete meses de embarazo cuando Emiliano es hospitalizado de emergencia debido a un coma diabético. Dos semanas después, Ingrid da a luz a su hijo Luciano, el 19 de diciembre de 2008. La llegada del bebé se torna difícil especialmente para la presentadora, que debe tomar registros de azúcar de Emiliano cada hora y atender a su bebé recién nacido. Una situación agotadora que la tuvo ocupada y preocupada prácticamente un año, tiempo en el que Fernando la apoya al cien por ciento, mientras sigue trabajando en *Venga la Alegría*.

« Antes no tenía nada que defender, pero las cosas cambiaron. Yo ya había tomado una decisión, estar con ella, era la madre de mi hijo y de aquí soy.

FERNANDO DEL SOLAR »

Episodio **VIII**

EL MACHO ALFA

Nuestros primeros meses juntos fueron muy duros por el diagnóstico de Emiliano, quien entra con un coma diabético al hospital. Para todos fue muy fuerte, especialmente para Ingrid, con siete meses y medio de embarazo, y supongo que para su papá también, pero así empezamos.

A Emiliano lo conocí desde que hacíamos *Sexos en Guerra*, tenía tres o cuatro años. Iba al foro, platicábamos y jugábamos. Cuando Ingrid y yo empezamos a andar, habían pasado seis años y nuestra convivencia fue algo natural. De hecho, cuando ella regresó a casa, después de nuestra primera cita, Emiliano le preguntó cuál había sido mi respuesta —¿te acuerdas que le había dicho en su momento que lo iba a pensar?— y festejó cuando le dije sí y comenzamos nuestra relación.

Sin embargo, para él fue como un *shock*: de tener a su mamá para él solo y, de repente, compartirla con otra persona, vivir en otra casa, todos juntos, y con un hermanito en camino. No sé si todo esto detonó una enfermedad así, dicen que una emoción muy fuerte la pudo haber provocado —no es una cosa que pueda demostrar—, pero mi sensación es que todo esto fue demasiado para él.

Ingrid se puso muy triste, se preocupó mucho y se mantuvo muy al pendiente de Emiliano; estudiaba todo lo que tenía que ver con la diabetes infantil que, en su caso, no era hereditaria. La fortaleza de ella es indudable y él es muy responsable, muy metódico; como todo niño, de repente se moría por comer cosas, pero siempre fue muy ordenado y eso hizo que las cosas fueran más fáciles con la alimentación que, para un diabético, resulta importante saber cuántas calorías come y los registros de azúcar durante el día y la noche cada hora. Ella sabía exactamente las calorías y cantidades que debía comer y tomaba los registros puntualmente, no dormía.

La convivencia se tornó compleja. Cualquier hombre que ha vivido al lado de una mujer embarazada sabe que no es fácil, hormonalmente es complicado, sumado a la persecución de la prensa, las diferencias en el canal, el trabajo, casa nueva, la diabetes y el vivir juntos por primera vez. Fue con toda razón un reajuste en nuestras vidas y todos tuvimos que entrarle. Yo pasé de ser amigo, amante —de la parte del romance, de comernos a besos, de estar juntos a solas, ¡ni hablemos!— a convivir con una mujer embarazada que decía no, que se sentía muy sensible, incómoda con mi olor, con mi temperatura corporal, mi aliento, mis cariños y todo esto me hacía sentir rechazado siempre. Sé que era parte de sus cambios hormonales y yo no podía decirle nada ni incomodarla más, pero el rechazo lo sentía y me lo tenía que guardar, así era. Me consolaba pensando que todo esto terminaría y mi mejor amiga regresaría después del parto. Y sí, todo fue muy rápido.

También era lógico que yo me cuestionara qué está pasando. Insisto, eran muchos cambios en poco tiempo. Venía todo muy bien y de repente eran responsabilidades, culpas, gente enojada, otros a favor. Era como estar en medio de un conflicto que, en primer lugar, nunca me lo había propuesto porque mi personalidad siempre es la de conciliar, hacer equipo, y sentía que aunque tratara de ponerle buena onda al asunto, de hacer equipo, siempre caía en el lugar vacío.

Y aparte era escoger y rentar una casa nueva, Ingrid, su hijo Emiliano, los perros de ella, juntar las cosas de ella, las mías y todo muy rápido y con una panzota que crecía día con día.

¿En qué momento sucedió todo? ¡Paren el mundo que me quiero bajar!, diría Mafalda.

Ahhhh, las cosas sí me rebasaron o fue la primera vez que así lo sentí.

Cuando uno está en pareja toma partido, y por ahí compré pleitos que no me correspondían, pero es mi pareja y los asumo como propios. ¿Tú a quién le vas a creer? ¿A tu pareja que te dice tal o cual cosa o a alguien externo? ¡A tu pareja!, por eso estás ahí. Si yo soy el macho alfa de mi pareja, pues intento defender a mi pareja. Y hoy, a la distancia, pues hubiera hecho lo mismo. Mis cambios de actitud eran un mecanismo de defensa, no se metan con los míos. Si van a hablar mal de mí, de ella, o de quien sea, no cuenten conmigo. Era cerrar filas.

Antes no tenía nada que defender, todo lo que venía era bienvenido. Ahora, de repente, tenía que defender territorio. Por eso las cosas cambiaron. Yo ya había tomado una decisión, estar con ella, era la madre de mi hijo y de aquí soy.

Ésta fue mi primera gran crisis, públicamente hablando, porque antes no era conocido. No estaba acostumbrado a esto. Algunos dicen que el león piensa que todos son de su condición y, como yo no lo hacía con malicia, no entendía muchas veces por qué había tanta mala intención o suspicacia en las notas, no lo podía creer.

El nacimiento de Luciano no tranquilizó las cosas. Mi primogénito vino al mundo el 19 de diciembre de 2008. Durante el embarazo de Luciano, como papá primerizo, me compraba todos los libros de bebé, hablaba con él a través de la panza, le poníamos música y le cantaba canciones de la porra del glorioso Club Atlético Boca Juniors, el equipo de mis amores y los colores con los que crecí, y aunque no lo crean, cuando se movía mucho o estaba inquieto, me acercaba y entonaba canciones que cantaba cuando iba al estadio de niño y se relajaba...

Pintamos su cuarto, compramos ropa, cuna, mamilas y toda la cosa.

Tomamos clase de psicoprofilaxis, porque queríamos que fuera parto natural, ahí me tenían estudiando, inhalando, exhalando, masajito por aquí, por allá, hacíamos ejercicios con una pelota grande, para ayudar a estirar y relajar los músculos abdominales y fortalecer el suelo pélvico. Aprendí cosas, principalmente zonas y nombres de la anatomía femenina, que para mí eran completamente desconocidas; en fin, estábamos con todo, esperando al bebé.

Todo venía muy bien en cuanto a su crecimiento, ultrasonido, peso ideal, todo... hasta que nos enteramos del padecimiento de Emiliano, y ahí lógicamente la preocupación hizo que Ingrid no tuviera ganas de comer, y el bebé dejó de crecer como debía las últimas semanas. Nunca estuvo en riesgo, pero Luki nació a los ocho meses, un viernes en la noche, después de un trabajo de parto de más de cuatro horas, rojo e hinchado por el esfuerzo, flacucho y completamente sano.

Lo mantuvieron unas horas en la incubadora para estabilizarlo y luego lo llevaron a la habitación, para no separarnos nunca más.

Esa primera noche, los tres juntos, en el cuarto del hospital... mientras dormía en el colchón duro de la cama del acompañante, no podía borrar mi sonrisa de satisfacción. Ahí estaba mi hijo, lo que siempre había querido, envuelto como tamalito en su cuna, ahí estaba mi señora sana y salva, todos estábamos bien.

Me sentía plenamente feliz. Todo había valido la pena, entiéndase por todo, todo.

A la mañana siguiente, exhausto luego de tantas emociones, empezaron a llegar los familiares y amigos. Hasta ese día, nunca había visto al papá de Ingrid, ellos estaban un poco distanciados y por eso, en ese momento, por primera vez lo conocí, nos saludamos. Tenía mis reservas, por muchas cosas que había escuchado; pero resultó ser un tipazo, él y su esposa Daniela, a partir de ahí, haría todo lo posible porque padre e hija volvieran a reunirse y Luki pudiera convivir más con su abuelo materno.

Salimos del hospital y regresamos a casa. Había que atender a Luciano y tomar los registros de azúcar de Emiliano cada hora; lo platicamos Ingrid y yo y acordamos repartirnos el trabajo.

Los primeros meses cuidamos a Luki solos... dormía en nuestro cuarto; cada tres horas lloraba y había que darle de comer, cambiarle el pañal, sacarle el aire, etcétera... y ahí estaba al pie del cañón.

Nunca dejé de trabajar y llegaba al programa matutino destruido, ojeroso y sin dormir. Hasta que lo platicamos, y por el bien de nuestra relación decidí dormir en otro cuarto, y cuando regresaba de trabajar yo me ocupaba del bebé, en lo que ella dormía y se recuperaba. Así estuvo mejor; recuperé a mi pareja.

Para mí ya estábamos completos: Emiliano, Luciano, ella y yo. Pero Ingrid tenía muchas ganas de tener una nena y, la verdad, yo también, ¿por qué no? Al principio le costó mucho convencerme, pero en cuanto dije sí, luego luego pegó. A los dos años y medio del nacimiento de Luki quedamos nuevamente embarazados.

Cuando hicimos el ultrasonido y el doctor nos dijo que era otro varón, al principio asimilar la noticia fue difícil porque esperábamos una nena, o al menos eso era lo que habíamos estado buscando. Hoy no lo cambiaría por nada. Lo mejor que nos pudo haber pasado fue tener dos hijos varones, pues se llevan increíble, son grandes compañeros y amigos. Lo volvería a hacer igual, con todos los pros y los contras.

Les confieso que por dentro me sentía muy culpable; amaba tanto a Luciano, que creía que no iba a poder amar a otro como a él, y esa idea me angustiaba... sentía que para el hijo que llegara sería muy injusto, porque nunca iba a poder amarlo con esa intensidad. No sé si esto les pase a todos los papás, pero así lo sentía yo. Tiempo después, tras el nacimiento de Paolo, me daría cuenta de que el amor por un hijo es incondicional. El amor se multiplica, no hay uno igual a otro, es distinto, ni más ni menos, igualmente intenso. Dejé de culparme y me entregué a amarlos en su totalidad.

En sus primeros ultrasonidos Paolo se veía como una galleta de la suerte, de esas que te dan en los restaurantes japoneses al finalizar la comida, por eso decidimos apodarlo *El Galletón*.

Nació el 14 de septiembre de 2011, un día antes de la conmemoración de la Independencia de México, y con él fue todo más fácil para mí, pues ya sabía cómo era esto del embarazo, el psicoprofiláctico, las contracciones, anatomía femenina, placenta, crecimiento y esas cosas... así y todo, a este joven le urgía nacer; hubo contracciones fuertes, corrimos al hospital, y mientras esperábamos el elevador para ingresar a la sala de parto, se rompe la fuente, ¡zas! Córrele. Otro hermoso varón, fuerte y sano, ¡qué bendición! Ahora sí estábamos completos, ya tenía a mis dos fieras y Emiliano, familia cerrada.

Como mamá Ingrid es muy cuidadosa, muy atenta con ellos y se ocupa de cada una de sus necesidades.

Como pareja algo que me hubiera gustado disfrutar un poco más y que nos saltamos mucho fue la parte del romance y de conocernos, porque muy pronto vinieron los nenes. Teníamos la idea romántica de viajar e irnos todos los fines de semana y conocer un hotel distinto, cuando lo permitiera nuestro descanso, pero el único viaje que hicimos fue a Nueva York a comprar ropa y regresamos embarazados. Siento que nos faltó eso y es un poco triste. Conocernos más, sin hijos. Fue todo tan rápido, pero nos fuimos adaptando y lo hicimos como pudimos. Éramos un gran equipo de trabajo y una máquina donde nos paráramos. Hacíamos equipo en convenciones, conducción de eventos, en televisión; sólo nos mirábamos y sabíamos qué onda con el otro, era muy fácil trabajar con ella.

También en la casa éramos un gran equipo, cada quién sabía su parte. Yo con el personal era el de recursos humanos y ella era la que administraba. Yo era la parte creativa de la casa y ella tomaba la decisión, "sí, no, cuesta esto", era más esa parte. Y en ese sentido nos complementábamos bien. Ella me hacía sentir que era bastante parejo todo, que estábamos a la par. Yo me la compré y cuatro años después nos casamos.

* * *

La vida familiar de Fernando con Ingrid es llevada a la pantalla chica. Los embarazos, *baby showers* y nacimientos de sus hijos forman parte natural de los contenidos de *Venga la Alegría*, la emisión que ambos conducen y cuyo público celebra, junto a los enamorados, cada noticia y feliz acontecimiento. La producción sabe que sus conductores se han vuelto la pareja sensación y lo aprovechan. También las revistas y anunciantes fijan su atención en ellos, que aparecen en campañas, eventos y portadas, concediendo sesiones de fotos y entrevistas en las que muestran sus momentos íntimos que los convierten en una de las duplas de moda del entretenimiento nacional, que tanto al presentador lo lleva a creer que son la versión mexicana región 4 de Brad Pitt y Angelina Jolie.

Pero a puertas cerradas la relación de Fernando con Ingrid trae consigo nuevos intereses e influye en el trato de éste con su familia, su círculo de amigos y colaboradores más cercanos, produciendo en algunos el término de su relación laboral. La primera en decir adiós es Romina y la segunda es Delfina.

—Jamás le dije esto a Fernando porque lo veía muy ilusionado con su hijo y veía que la amaba. Hasta ahora él se va a enterar: creo que yo le caía mal, pero a mí la señora no me caía mal.

Delfina renunció tras siete meses de trabajo con la pareja y más de una década al lado de Fernando, con quien ya había establecido lazos familiares al convertirse en padrino en dos ocasiones, de xv años de su hija Celia y, posteriormente, de bautizo de su nieto Aarón.

—Si Fernando no estaba, ella no me hablaba. Me sentía muy incómoda. Me daba miedo ir a trabajar. Y ya no aguanté más. El día que renuncié no estaba Fernando. Subí y se lo dije a Ingrid. Ella me pidió que le firmara una carta y me dio una liquidación. Me dejó el dinero en la mesa, no lo tomé. Días después regresé a darle las gracias a Fernando. Tomé el dinero y lo hice llegar a buenas manos. Conozco a mucha gente muy humilde y lo repartí entre tres familias. No me quedé con nada, porque mi chamaco no tiene precio.

Delfina observó la relación de Emiliano con Fernando y considera que era muy buena.

—Lo trataba muy bien, era muy cariñoso y cuidadoso con Emiliano, siempre lo aceptó y vivió con ellos desde el principio. Cuando les dan la noticia de que tenía diabetes, Fernando, como pocos padrastros que se hacen cargo de otro niño, reaccionó con cariño hacia Emiliano, y cuando nació Luciano no hubo distinción, lo integró igual.

Siempre lo aceptó. Hasta los papás y hermanas de Fernando querían a Emiliano. Pero Ingrid era un poquito distante con ellos, a pesar de que la señora Rosita siempre estaba dispuesta, atenta y disponible y se quedaba con Luciano cuando ellos tenían un compromiso.

Aunque cordial en un principio, Coronado tenía poco trato con la familia de Fernando, y cuando se reunían había, por parte de los padres y hermanas del conductor, una dosis de tensión. Así lo describen Rosa, Maru y Romina.

—Que a mis papás no les caía bien, sí, obvio, y que a Ingrid no le caían bien, también, ni mis papás, ni mi hermana —asegura Romina, y Maru recuerda:

—Vivíamos en un estrés constante cada que íbamos a su casa. Cómo le podía yo decir a Fer "oye, dijo tal y tal cosa", cuando ella, delante de él se comportaba súper distinto. Por supuesto, Fer iba a poner por delante a su pareja y a su familia. No le teníamos miedo a ella, sino el temor, literal, era que se provocara un problema, de que existiera la separación con Fer, porque él le iba a creer a ella, y no queríamos distanciarnos.

Ahora es Rosa Lina quien habla:

—Tratamos, tratamos pero tampoco nos permitió. No te olvides que nosotros en ese momento no estábamos vetados, pero sí lo menos posible, ¿me explico?

"Casi no había una relación. Se fue enfriando la convivencia con la familia. Era muy claro el asunto. Yo lo acepto. Yo no tengo por qué obligar a nadie.

"Lo que sí compartíamos mucho es que cada vez que ellos tenían que viajar, trabajar o tenían que salir, a Luciano, en su momento, lo cuidábamos nosotros. Luciano cumplió su primer año, ellos estaban de viaje y lo celebró con nosotros. Luciano comenzó a caminar con nosotros. Lo cuidábamos totalmente. Los niños pasaban con nosotros un buen de tiempo y no era que sólo yo los pedía. Si iban a viajar, me llamaba Fer:

—¿Mamá, los pueden cuidar?

—¡Por supuesto que los podemos cuidar! Y se quedaban con nosotros y se quedaban a dormir o nosotros nos íbamos a dormir a su casa para que los chicos no extrañaran tanto.

En opinión de amigos como Rodrigo Cachero, Ingrid aportó a Fernando el sentido de la paternidad, la madurez y un crecimiento espiritual. Ambos compartían ideas y lecturas similares sobre el desarrollo humano, tema en el que el conductor profundizó a partir de su relación con Coronado al estudiar filosofía, Cábala y a autores como Carlos Castaneda, Georges Bataille y Friedrich Nietzsche. A su vez, Fernando le brindó amor, estabilidad, seguridad y apoyo.

—Ingrid había tenido parejas conflictivas también; situaciones fuertes, muy fuertes, que Fer no le iba a dar nunca. Fer no le iba a traer chismes de infidelidad, de deslealtad, de alcoholismo, de drogadicción o de violencia. Le dio esa estabilidad que toda mujer quiere. Era un amigo para avanzar juntos del brazo. Fernando estaba ilusionado, enamorado y la noticia del bebé vino a potencializar todos sus sentimientos. Pude ver a Fer feliz, pero no al cien por ciento por la culpa que traía.

—¿De Ivette?

—Sí, me parece que traía una deuda emocional que no hubiera querido que pasara. Tenía pena, pero no de vergüenza, sino pena de dolor. Fer no es egoísta y le costó muchísimo trabajo, porque sabía el dolor que podía causar. Se sentía afligido y me parece que esa carga la tuvo varios años.

—¿Qué beneficios trajo Ingrid a la vida de Fernando? —Romina responde sin vacilaciones:

—Mis sobrinos; el que no importara el qué dirán de los demás; lo hizo crecer socialmente; lo ayudó a poner límites, le dio organización y frialdad al tomar decisiones.

—¿Y cuáles fueron las partes negativas?

—El egoísmo, el pensar sólo en sí mismo; el que dejara de importar el dolor del otro, la pérdida de la empatía en Fer, de los valores familiares, de la unión, la convivencia.

—Durante la relación con Ingrid, ¿Fernando cambió el trato con ustedes?

—Sí, sí cambió mucho. No sé si fue Ingrid, la fama, personas con las que estuvo o varios factores. Fernando se mostró más egoísta, aquí sólo importo yo, si estás bien, *cool*, es tu problema; si estás mal, es tu problema; ¿quieres estar mal?, es tu problema, y si quieres estar muriéndote, es tu problema. Queriendo ser espiritual empezó a estudiar cosas, pero siento que lo malinterpretaba y, en vez de pensar en todos, como siempre lo hacía, el poder servir, el poder dar, el poder compartir, se olvidó, y sólo pensaba en sí mismo y lo fregón que era. De hecho, en su celular tenía una imagen que decía "voy a hacer lo que quiero" y tenía un recordatorio con la frase "sólo hacer lo que quiero". Sí, es importante hacer lo que uno quiere, pero se puso unos lentes tan negros que dejó de ver a los demás. Eso fue lo más fuerte. Perdió su esencia, la abandonó. Hubo muchos globos que lo ayudaron a subir.

Ciertamente, una característica fundamental de la personalidad de Fernando siempre había sido la sencillez que, hasta entonces, había conservado pese a la fama que cada día crecía como presentador de programas patrocinados por anunciantes como la Lotería Nacional y era, junto con Ingrid, el protagonista de una campaña de ropa diseñada para la familia mexicana por la marca Suburbia.

—Empieza a perder el piso porque ya se mueve a otro nivel —manifiesta Rosa Lina—. Comenzó a ser más selectivo en su grupo de familia y dejó a muchos de sus amigos, creyendo que ninguno estaba a la altura; nosotros ya no estábamos a la altura, y cuando digo que no estábamos a la altura me refiero a que podíamos abrirle los ojos y hacerle ver lo que ya no estaba viendo.

—¿Usted se lo dijo a su hijo?

—No, ya te dije que no me meto en la relación.

—¿Ni siquiera en ese momento intervino?

—No.

Cachero admite:

—Sí perdió el piso un poquito y creo que fue porque de pronto lo tenía todo. De un departamento aquí en Linares, en la del Valle, que era chiquitito y lo compartía con otros dos amigos, se volvió un hombre que era reconocido en las calles, que lo saludaban, que lo admiraban, que tenía coche propio, casa propia y era nacionalmente conocido. Se volvió una figura pública muy importante. Conmigo se mantuvo la amistad, pero lo veía un poquito diferente, me parece que perdió cierta humildad, si nos vamos a que la humildad no es agachar tu cabeza, sino aceptar tu realidad, y en el momento en que él se sintió cabeza de familia y tan poderoso, me parece que, con la mano en la cintura, podía resolver cualquier problema. Fer tenía todo lo que un ser humano podía desear.

"Las metas que él quería las alcanzó y por una vía honesta y leal, porque no tuvo que acostarse con ningún productor o productora, ni con algún ejecutivo, ni lamerle las botas a nadie. Su carisma, su entrega y su profesionalismo hicieron que subiera, y Fer es un ser angelado; aunque físicamente es un ser muy guapo, hay doscientos más guapos, atractivos y fuertes, pero lo bello de Fer radica en ese magnetismo, en ese carisma y en ese ser de luz que es, y apenas se está dando cuenta de ese potencial que tiene como alguien espiritual."

—Mi hermano saludaba desde la persona que le recibía el carro hasta, una por una, a las que se cruzaban en su camino hasta que llegaba al *set*. Se llevaba bien con las maquillistas, con los técnicos, con todos, porque así es Fer, porque así nos habían enseñado a nosotros. Seas quien seas, sé lo mejor. Me gustaba mucho que la gente viera eso. Pero hubo un tiempo en que sí, perdió el piso y ya dejó de ser quien era. Se creía la última Coca Cola del desierto, todos eran menos y fue cuando yo ya no empecé a hacer *match* con él —señala tajante Maru, quien vivió en carne propia los cambios de Fernando a nivel familiar y laboral.

"Sí, por supuesto. Nunca nos faltamos al respeto, pero había un trato súper distante, soberbio y muy influenciado. Las cosas a nivel familiar no estaban muy bien, pero tratas de mantener la cordialidad. Nunca me sentí muy a gusto en su casa, nunca nos hicieron sentir muy a gusto. Te trataban de pilotear las cosas, pero la realidad, por debajo del agua, era otra y además yo, como su asistente, había visto muchas cosas; sinceramente, no me gustaba ir a su casa. Ya no quería ir a la casa.

"Hubo un cambio radical en su actitud, de chiquito a grande, en el *blof*[24] que él empezó a ser, cuando él no era así, y empezó a comprarse una idea que no es la que nosotros tenemos como educación. Perdió su esencia por completo y lo llevó a donde lo llevó. Nada que le pudiera hacer sombra o le pudiera abrir los ojos a mi hermano era bienvenido a la casa."

En esta selección del círculo familiar y de amistades, Maru fue la tercera integrante en quedar fuera. Su trabajo como asistente de su hermano terminó al cabo de tres años y durante el primero de la relación sentimental con Ingrid.

—Empezamos a tener muchos roces, y entre que a uno no le gusta escuchar las verdades y yo las digo como muy tajantes, generamos mucha tensión y decidimos dejar de trabajar juntos. La excusa fue: "Con Ingrid lo platicamos y no tenemos tanto dinero para pagar tu sueldo". ¡Ah, está bien! Si ése es el problema, ok. Obviamente no pasaba por ahí. Yo veía cosas que no me gustaban, no me latían y se las decía. Fue mejor separarnos porque yo no tenía por qué soportar cosas.

"Mi hermano tendrá la responsabilidad por no haber puesto los puntos en la mesa, yo tendré la responsabilidad por no haber sabido manejar la relación o no haberme ido antes y la otra parte también tendrá su responsabilidad. ¿Que influyó? Sí, por supuesto. ¿Y que se dejaron influir? Sí, por supuesto. Que cada quien se haga cargo de lo que le corresponde."

Recomendada por la cantante e integrante de OV7, Lidia Ávila, Violeta García Rosas se incorporó a trabajar como asistente de la pareja Cacciamani-Coronado en 2009. Su honestidad, transparencia, ética y prudencia la habían hecho laborar también con la famosa Margarita,

---

24 Dicho o hecho propio de una persona fanfarrona, que presume con arrogancia de ser lo que no es.

La diosa de la cumbia, y le resultó relativamente fácil la labor con los conductores, a quienes apoyaba en su agenda y citas personales, la administración y los servicios de sus inmuebles y, en el caso de Ingrid, la organización y contratación de proveedores para fiestas, la compra de los regalos y actividades propias de su rol como mamá.

—La relación con los dos siempre fue cordial. Ella tenía más trabajo porque a las mujeres siempre se nos ocurren muchas cosas, mientras que los hombres son más tranquilos. Ella necesitaba que estuviera más tiempo con ella, ir y venir, hacer cosas que hace una mamá y que ella no podía realizar por su trabajo. Aunque eran de un carácter muy diferente, uno más reservado que otro, pero en mi caso actuaba de la misma manera con los dos.

A Violeta le toca trabajar con la pareja en la etapa en la que ellos conducen los programas *Venga la Alegría*, *La Academia* y *Gánale al chef*. Su lugar de trabajo era la casa, ahí comía y podía desplazarse con libertad. Vio nacer a Paolo y apoyó a Luciano en sus primeros pasos, eventos que de a poco se fueron convirtiendo en satisfacciones.

—Siempre que los veía llegar juntos del trabajo, estaban contentos, y casi siempre se reían a la hora de la comida. Se entendían muy bien y se hacían bromas que quizá sólo ellos entendían; sentía bienestar por saber que ellos estaban bien y contentos. Como en cualquier relación, a veces escuchaba peleas, pero la mayor parte del tiempo los veía contentos. Eran una pareja estable, se querían. Desde mi punto de vista, eran como la relación perfecta en ese momento. En ocasiones ella iba muy revolucionada y él le ponía un freno, o si ella estaba muy triste, él la hacía reír o le contaba algo que la hacía siempre sentir bien. Desde donde yo estaba, eso se veía y eso parecía.

"Él es mucho más alivianado, entiende, porque, desde mi punto de vista, las cosas para él fueron diferentes. Sabía que desde que llegó a México había pasado por cosas difíciles, como comprarse su primer coche, y ella era diferente. Su personalidad era impredecible: muchas veces había como chispazos de amabilidad excesiva y otras se quedaba callada, no te escuchaba y se mantenía concentrada en su celular.

"Con él podías hablar más o te daba la confianza de saber que si algo te ocurría, podías decírselo sin tanto rollo y él te iba a entender tal cual. Y aunque estuviera trabajando o estuviera enfermo, si yo le decía 'necesito hablar contigo' se sentaba en el sillón y me preguntaba '¿qué pasa, qué tienes?' o, si en ese momento no tenía tiempo, me expresaba 'regresando platicamos' y sucedía.

"Con ella era mucho más complicado hablar por su ritmo de vida y también ponía límites. No había tanta confianza, pero yo no le tenía miedo; respeto sí, a los dos, pero no me metía donde no me tenía que meter y guardaba distancia."

—¿Había una competencia laboral entre ellos?

—Yo jamás lo vi como competencia. Eran como un complemento, se hacían sentir como un complemento, uno le decía al otro lo que tenía que hacer, se preguntaban como un mejor amigo. No lo veía como una competencia.

En septiembre de 2009 en TV Azteca resurgió una de sus marcas más importantes: *La Academia*. El proyecto quedó en manos de Magda Rodríguez, como productora general; Laura Suárez y Alexis Lippert, como productores de los contenidos de la casa, los programas diarios y la transmisión 24 horas vía Dish. Junto con el director de Azteca 13, Alberto Santini Lara, y el comité del programa encabezado por Martín Luna.

La conducción quedó a cargo de Rafael Araneda, destacado presentador internacional de origen chileno que debutó en la pantalla mexicana con un enorme éxito, e Ingrid Coronado, quien recibió la oportunidad, salió temporalmente de *Venga la Alegría* para dedicarse de lleno al proyecto que la convirtió en una de las presentadoras más importantes del *prime time* dominical de TV Azteca.

El lanzamiento ocurrió durante uno de los meses con intensas lluvias que azotaron la Ciudad de México, pero dieron tregua la tarde-noche de la presentación a los medios de comunicación. Ingrid lució radiante y salió airosa en su primera conducción con Araneda que, en la alfombra naranja, debutó en las instalaciones de TV Azteca dando muestras de un dominio y desenvolvimiento perfecto.

En el coctel Fernando acompañó y celebró la gran oportunidad de su pareja, a la que felicitó, apoyó y abrazó toda la noche. *La Academia* era el proyecto más importante dentro de TV Azteca y conducirla era un sueño largamente acariciado por Fer. Pero esa noche él apoyó a su mujer.

—¿No había celos cuando ella quedó en *La Academia* y se volvió una conductora *top*?

—Yo no lo percibí así nunca, no era uno más que otro. Él es suficientemente inteligente y no iba por ahí —responde con seguridad Violeta.

Fernando veía en cada transmisión de *La Academia* a la mujer espectacular, de peinados locochones, vestido de diseñador y cinturita de avispa. Al llegar a su hogar después de una extensa y estresante jornada de trabajo, agotada y sin comer, mientras Ingrid se quitaba el maquillaje, la esperaba con la cena caliente, una copa de vino tinto, y mientras bajaba la adrenalina que provoca un programa *prime* en vivo, escuchaba todos los pormenores del *show*... donde generalmente lo que pasa fuera de cuadro es igual o más interesante que lo que se vio. Él la ponía al tanto de su actividad del día con los niños y, de esa manera, ella se relajaba; ambos se reían un rato y se retiraban a descansar, satisfechos y con el estómago lleno.

La separación de trabajos sentó muy bien al núcleo familiar. Mientras Ingrid continuaba creciendo como conductora estelar en *La Academia*, Fernando explotó todo su potencial en *Venga la Alegría*. No sólo renovó su participación en nuevas secciones, sino también su *look*, para ello acudió a la estética Class.

Ahí la normalidad del lugar se interrumpe cuando su socio fundador, Enrique Flores, atiende una llamada. No reconoce a su interlocutor, pero le da la cita e indica a la recepcionista que agende al señor Fernando del Solar. Cuando menciona el nombre estallan los gritos y se crea, pronto, un gran alboroto que desconcierta al diseñador de imagen.

Enrique les pregunta a sus colaboradoras quién es ese personaje —él no ve televisión—, le pide a su asistente que se lo busque en

Google y le muestre los últimos cinco estilos que ha usado. Cuando Fernando atraviesa la plaza de San Jerónimo Lídice e ingresa al salón, las hormonas se van a tope. Enrique lo atiende, y aunque el experto en color y cortes ya tiene lista la propuesta, Del Solar le hace saber que lo ha recomendado otro de sus clientes, el famoso actor Sergio Basáñez, y quiere un estilo similar. Cuando terminan, comienza la petición de fotos.

—¿Tú no quieres una foto?

Enrique, hombre tímido, pero de sangre liviana y con un gran sentido del humor, rompe su código de reglas y omite aquella que establece fotografiarse con las personalidades que atiende hasta la quinta sesión.

—Bueno, sí, nos la tomamos.

La sencillez, la amabilidad y gentileza fueron las cualidades que lo llevaron a identificarse mucho con él. Después de un año de hacerse cargo de su imagen y tomarse uno que otro café, acuerdan comer juntos e inician una fuerte amistad que hoy suma más de ocho años. Es Fernando quien le pide que atienda a su pareja. El diseñador acepta romper otra de sus reglas.

—Es una cuestión de código personal. No me gusta ser amigo de las esposas de mis amigos, no me gusta atenderlas y cuando lo hago pongo límites para evitar roces porque ya me ha pasado una que otra experiencia. Con esa idea, a los tres días de la solicitud de Fernando fue ella al salón donde siempre hubo una relación muy respetuosa y con límites.

La convivencia con Fernando se traslada a la casa que habita la pareja en una de las mejores zonas al sur de la Ciudad de México y a la cual Enrique acude en tres ocasiones. Ahí observó lo siguiente:

—Llegué a ir a su casa, donde comíamos o cenábamos, pero ella nos dejaba solos. Yo pensaba que ella se iba básicamente por mi presencia, pero después supe que no era así; siempre había algo distante, pero yo me había comprado la onda de que eso ocurría porque no era una pareja normal, pensaba que quizá eran diferentes por su condición de figuras públicas y eso hacía que cada uno tuviera ese tipo de libertad. Pero cuando ella estaba ahí, mi relación con ella era cordial.

—¿Siempre fue una relación así?

—Sí. Yo lo vi, sí.

—¿Distante?

—Sí. Alguna vez llegaron a coincidir en el salón y pues la imagen era distinta al sueño que te venden en la televisión: la mujer perfecta, el marido perfecto; yo no lo veía así, pero me la compré. Después, cuando sucede todo lo de su enfermedad y se separan, me hizo sentido.

Ingrid y Fernando celebran cuatro años juntos. A pesar de todas las controversias, cambios y discrepancias, son una pareja exitosa, estable y con tres hijos que han venido a colmar de felicidad su unión. Juntos han comprado una casa a pagar en un lapso de 20 años.

Fernando le ha demostrado a Ingrid que lo suyo es para toda la vida. Pero a ella le hace falta algo más y, como ha sido desde el inicio de su relación, le pide que formalicen y que se convierta en su esposa.

—Creo que sí tenía el deseo de casarse, más allá de que en su corazón le hicieran ruido varias cosas —afirma Romina—. Quizá hoy día diga otras cosas, pero una vez expresó: "Romi, si tú escuchas a tu corazón, sabes la respuesta. No tienes que mentirte". Y yo le respondí, "Tú sabes la respuesta"...

« El tema del anillo para mí era "no quiero, ¡por mala suerte!", pero no porque Ingrid no se lo mereciera. Yo ya estaba comprometido hasta los chones.

FERNANDO DEL SOLAR »

Episodio IX

¡Cásate conmigo!

Me casé por el civil el 5 de mayo de 2012. Ella me lo pidió. Y yo dije que sí.

Una mañana de domingo tuvimos una discusión, la cual no podía entender en su justa medida, ella alegaba, no sé por qué, que yo no la quería y no la valoraba lo suficiente. Anteriormente les había pedido matrimonio a dos mujeres, y a ella no. Claro, yo había entregado dos anillos, uno a Alejandra Prado y otro a Ivette Hernández, como ya te he contado, y las cosas no se dieron, entonces, para mí el anillo era de ¡mala suerte!

Siempre fui de relaciones largas y estables. He tenido cinco mujeres que me han marcado al día de hoy: Marina, mi primer amor, que fue de los 17 a los 22 años; Carina, también argentina, y a quien conocí en el Cefat en México, y las mexicanas Alejandra Prado, Ivette Hernández e Ingrid Coronado.

Mis amigos me bromeaban con que era el novio fugitivo, porque siempre salía corriendo de la boda antes de casarme, pero no, no era así. Y aquí venía el gran planteamiento de Ingrid.

—A ver, ya has dado dos anillos de compromiso, les has pedido matrimonio a las demás, ¿por qué a mí no?

Habían pasado cuatro años de nuestra relación, teníamos dos hijos y ella me estaba cuestionando que por qué no le había dado el anillo.

Para mí el anillo, después de entregarlo, empeoraba las cosas, lo decía con total conocimiento de causa, y yo tenía un compromiso muy claro con ella: habíamos adquirido una casa para vivir juntos, pagada con un crédito hipotecario a 20 años; había aceptado a Emiliano totalmente como un hijo más, quien vivía con nosotros en la misma casa; la amaba como mujer y teníamos ya dos hijos. Por eso esa mañana de domingo no podía entender su planteamiento. Mi compromiso iba más allá de un anillo y de casarme, yo estaba ahí para toda la vida, para mí era innecesario. No es que no quisiera comprometerme, yo ya estaba comprometido hasta los chones y más allá de un anillo.

En resumen, el tema del anillo era "no quiero, ¡por mala suerte!", pero no porque Ingrid no se lo mereciera. No era un tema personal con ella, sino conmigo.

En la época en que fuimos amigos a ella le quedó muy claro que yo hablaba de la maldición del anillo como en *El señor de los anillos*.[25] ¡Claro que lo sabía! Lo sabía claramente. No había mucho que decir.

Finalmente, el tema del anillo me daría la razón.

Pero si ella necesitaba ese acto de amor, a mí no me costaba nada hacerlo. Si a ella la hacía feliz y lo necesitaba, no había ningún problema.

Nunca me había casado y, pese a mi creencia, dije "sí, está bueno, hagámoslo. No se me había ocurrido, pero si tú lo quieres y lo necesitas, encantado de la vida, ¡hagámoslo!" En ese momento Emiliano estaba paseando por la casa en pijama, con una guitarra eléctrica de juguete, lo llamé y le dije: "Pato —así le decíamos—, tócate algo romántico", y ahí, mientras el Pato tocaba su guitarra en pijama, me arrodillé y le pedí matrimonio.

Por supuesto me dijo que sí, nos besamos y sellamos el compromiso, que para mí estaba más que requetesellado. Y planeamos la boda y fue padrísima.

La invitación que mandamos a la familia cercana fue vía mail y decía lo siguiente:

---

25 *El señor de los anillos* es una novela de fantasía épica escrita por el filólogo y escritor británico J. R. R. Tolkien.

"DANGER"

Les pedimos un gran favor:

Para estar tranquilos y evitar que la PRENSA nos aceche, seamos lo más discretos posible y no demos mayor información del evento a NADIE.

Con motivo de nuestro enlace... MATRIMONIAL.

La feliz pareja de tórtolos y enamorados haremos una pequeña ceremonia en casa y exigimos la presencia de Uds... No sólo porque los queremos, sino porque al ser tan pocos invitados, no habrá quien baile y devore las delicias con las que ¡¡¡los vamos a agasajar!!!

¡¡¡Cena, Baile, Show!!!

Código de vestir: Formal.
Actitud: Toda.
Regalos: Buenos.

Los creadores de estas bellezas estarán presentes:
• María Eugenia Fritz (Mamá novia).
• Marco Coronado (Papá novia).
• Daniela Gracie (Madrastra buena onda).
• Rosa Lina Servidio (Mamá novio).
• Norberto Adolfo Cacciamani (Papá novio).

Como se darán cuenta, la boda será... mmm, ¡¡¡DIFERENTE!!!
Por eso pedimos enviar por mail las 10 canciones que no pueden faltar en nuestra "BODA".

Saludos y muchas gracias por ESTAR.

"Ingrid y Fer."

Fue por lo civil. Ingrid ya se había casado por la Iglesia y no podíamos hacerlo de manera religiosa, así que hubo una bendición ante Dios y frente a él yo lo hice con todo mi corazón.

La boda fue en nuestra casa y nos casó una persona del Registro Civil. Se me ocurrió reescribir la Epístola de Melchor Ocampo, se me hace lo más obsoleto y cuadrado que hay en el mundo, se escribió hace mil años, es cero actual, ya no tiene nada que ver y en muchos lugares la leen como código civil. Le pregunté a la jueza si me daba chance de reescribir la Epístola y me dijo "ok, va". La reescribí ridiculizando las cosas que dicen ahí de esto ya no se usa, ya no se dice y tenemos que aventárnoslo, pero era para que nuestros invitados se rieran un rato con un monólogo, parodiando la Epístola. Desde ahí pasaba la ilusión de la boda, de hacer algo divertido.

—Ingrid, tú escoge el color del mantel, sillas, centros de mesa y todo lo que quieras, pero lo que no puede faltar en mi boda es un *stand-up*.[26]

—¿Qué?

—¿Tú quieres boda?

—Sí.

—Yo quiero un *stand-up*.

—Bueno —aceptó asombrada.

Llevé a mi boda a uno de los que yo considero mejores comediantes de México, El Chevo —será que tenemos un tipo de humor bastante parecido—. Al principio, cuando empezó su *show*, volteé a ver a todos mis invitados y tenían cara como de "todo iba tan bien y éste la viene a regar con su *stand-up*", pero El Chevo, un genio, logró romper el hielo y fue una sensación; al terminar me felicitaron por mi ocurrencia y el *stand-up* en mi boda, fue un éxito arrollador. ¡Estuvo poca madre y tiramos la casa por la ventana!

Fuimos 50 personas, nada más. Fue una boda muy chiquita porque era en el jardín de mi mansión, muy íntima y muy linda.

---

26 Comedia en vivo (en inglés: *stand-up comedy*, comedia de pie); es un estilo de presentación donde el comediante se dirige directamente a una audiencia en vivo. A diferencia del teatro tradicional, el comediante en vivo interactúa con el público, estableciendo diferentes tipos de diálogos.

No había nadie que no tuviera que estar. De mi familia yo tenía a mis papás y a mis hermanas con sus correspondientes maridos. Nada más. De Argentina nadie vino y había amigos cercanos que habían estado conmigo varios años. De parte de Ingrid eran un poco más sus parientes que los míos, porque viven aquí y no había problema.

Hubo muchos detalles y cosas muy personales como reescribir la epístola, tener mi propio *stand-up*, escoger mi traje a la medida —el que yo quería para verme galanzón— y ella se veía divina. Contratamos a un DJ que nos gustaba a los dos y nos involucramos incluso en la música, con las canciones que queríamos, con cuál queríamos abrir, con cuál queríamos cerrar, ¡padrísimo! Todo fluyó increíble. Pedí en el menú un sándwich de lomito e implementé cosas que se hacen en las bodas de Argentina.

Aquí las bodas tienen la entrada, el plato fuerte, el postre y hasta el final se baila; en Argentina hay entrada y vamos a bailar; plato fuerte, vamos a bailar; postre, vamos a bailar, y no te aburres como hongo, dos horas, con quien te tocó compartir la mesa. Y eso lo aplicamos, al igual que el tema de las ligas. En Argentina las novias se ponen ligas y los mejores amigos del novio se la sacan y la avientan o se la ponen de diadema y es muy divertido. Combinamos boda argentina-mexicana y quedó muy, muy padre. Eso creo.

Ingrid significa muchísimas cosas. Quiero ser lo más preciso posible. Hoy, a la distancia, es la mamá de mis hijos. Estoy eternamente agradecido por esas dos grandes bellezas, amores y extensiones mías. A ella, en su momento, la creí mi pareja ideal, mi complemento, mi compañera, mi amiga, mi esposa, mi amante, todo. Estaba convencido de eso. Estuve convencido de eso durante el tiempo que estuvimos juntos, que fueron casi siete años, y de alguna manera la enfermedad vino a romper con toda esa supuesta armonía, supuesta perfección, supuesta pareja ideal. Cambió todo y mostró la cara menos amable de la relación perfecta.

Pero el tiempo que viví a su lado yo estaba y estuve convencido de que era la mujer ideal para mí.

* * *

—Nosotros no vimos, ni siquiera de casualidad, que no se quisiera casar. Al contrario, él quería formar una familia, quizá porque veía a los abuelos y a los padres que teníamos a nuestra familia con la libreta,[27] aunque no sirve para nada, es la verdad, pero sí, él se quería casar.

"Siempre dijimos que si Fernando iba a ser feliz, con la persona que él decidiera, nosotros no íbamos a meternos, sea bueno, sea malo, sea peor, jamás.

"Ésa fue una decisión que siempre tomamos Rosa y yo. Nosotros no nos metimos. Que por ahí no nos gustaban "actos" de alguna persona, puede pasar, y uno se aguanta, como papá. Bueno, mi hijo quiere ser feliz. Pero nosotros no nos hemos metido. Y no nos hemos metido seriamente. El que te diga lo que te diga, nosotros nunca nos hemos metido en la familia de Fer —remarca Norberto.

—La boda estuvo muy chistosa —recuerda Rodrigo Cachero— porque nos dijeron que había una fiesta en su casa y que no le dijéramos a nadie.

"Fuimos muy pocos, entre los amigos estábamos Andrés Palacios, yo, nuestras mujeres, y de parte de Ingrid, Gloria Pérez Jácome y Maggie Hegyi, muy poquitos. Se me hizo muy raro no ver a nadie de *Venga la Alegría*. Los vi tranquilos, bien, disfrutando su fiesta. Paolo estaba chiquitito y estaban felices con un nuevo bebé".

Pero durante la boda el padre de Fernando observó:

—El día que se casó, Fer tenía un dolor en la espalda. No lo veía que estaba mal, pero sí decía que le dolía mucho la zona del pulmón. Lo dijo como un comentario y yo respondí "bueno, vamos a esperar a ver qué pasa". "No —me dijo—, ya se me pasará."

—Justamente esa noche —anota Rosa Lina— como que había estado haciendo mucho gimnasio. Él decía que tenía una torcedura, un esguince, pero que no se le pasaba.

---

[27] Libreta de casamiento es el documento dual que el Registro Civil elabora y en México se refiere a acta de matrimonio.

—¡Andá al médico, andá!

—No, ¿para qué?, ya se me va a pasar.

Romina recuerda que los dolores en la espalda empezaron en la Navidad de 2011:

—Le dolía muchísimo la espalda e incluso cenó parado, no se podía sentar. Recuerdo que ahí la mamá de Ingrid dijo: "Éste es el mejor momento de mi vida, porque siempre había querido un yerno así. Fer es lo máximo".

Él empezó a decir que tenía problemas en la espalda —agrega Maru—; es más, me acuerdo perfecto porque le dije "¿no habrá sido que te dio como un aire?, si te das un masaje con azufre dicen que te lo quita", me acuerdo que le comenté eso. "No, me duele mucho", pero ahí quedó.

Tiempo después de la boda, Rodrigo escucha a Fernando en una entrevista y se entera de que, bajando las escaleras de las instalaciones de TV Azteca en el Ajusco, se empezó a sentir mal, le faltaba el aire y le empezó a doler la espalda.

—Le hablé, le pregunté cómo estaba y me dijo que se sentía cansado. Se me hizo raro porque, además de vernos para cenar y jugar cartas, jugábamos squash o raquetbol y en squash estaba parejo, pero en raquetbol nunca le gané, nunca. Era un hombre fuerte, activo, y que alguien de mi edad me dijera que se sentía cansado, sí se me hizo muy extraño. En la época del Cefat fumó, no mucho, y llevaba una vida muy sana. Cuando salíamos se echaba dos copas de vino tinto, a lo mucho, y comía bien. Fue algo muy raro, muy raro.

Sandra Eloísa Gamboa recuerda que, efectivamente, fue en una de las grabaciones de la sección "No es lo mismo, pero es igual", que Fernando no se presentó.

—Grabábamos la sección de seis a ocho de la mañana y Fernando siempre era muy puntual. Pero en esa ocasión la grabación nos había tomado tres días, pues se trataba de una canción de Playa Limbo, y el tercer día Fer no se presentó. Adrián Patiño me avisó que a Fer le dolía mucho la cabeza.

A mediados de abril, Enrique se sorprendió cuando vio llegar a Class a Fernando.

—Mi Quique, te dije en el programa que terminando venía para acá.

—Ok, bien.

—Oye, ¿sabes de un lugar donde me pueda sacar unas radiografías?

—¿Por qué? ¿Qué tienes?

—Es que me estoy sofocando, no puedo hacer la coreografía. ¿Ves que en el programa hago una coreografía?

Enrique no mira la televisión, por eso ni se enteró horas antes del mensaje que Fernando le envió a través de *Venga la Alegría* y tampoco conocía la coreografía en la que el conductor participaba para la sección "No es lo mismo, pero es igual", pero decide mentirle.

—Sí, sí...

—Entonces no puedo ni terminar, me sofoco.

—Pues aquí enfrente está el Laboratorio Polanco.

—Pero no tengo cita.

—Pues namás te paras y les dices que te quieres hacer unas placas, pero ¿por qué?

—No, es que me mandaron a hacer unas placas, porque me sofoco.

Tres semanas después, Enrique se enteró del resultado de esas placas y un diagnóstico médico inesperado y devastador para su amigo, el conductor Fernando del Solar, quien apareció por última ocasión en el programa *Venga la Alegría* para dar a conocer que, luego de una revisión, le fue detectado un tumor canceroso, noticia que sacude a todos, dentro y fuera de TV Azteca, y que va a someterlo junto a su familia a un duelo que cambiará por completo sus vidas.

PARTE II | EL**DUELO**
TEAPAGAN**EL**SWITCH

« Es un infierno porque no sabes a dónde vas,
no tienes certidumbre de nada;
todo lo que habías planificado, programado,
es igual a cáncer, igual a muerte.
FERNANDO DEL SOLAR »

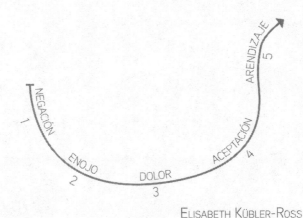

ELISABETH KÜBLER-ROSS

« Emocionalmente estaba hecho pedazos porque la vida, como la conocía, ya no volvería a ser la misma.

FERNANDO DEL SOLAR »

Episodio **X**

Una bomba atómica llamada cáncer

Etapa I. La negación

¡Esto NO puede estar pasándome a mí! ¡NO me lo merezco! ¡NO le he hecho mal a nadie! ¡NO lo puedo creer! ¡NO puedo tener cáncer! ¡NO puede ser! ¿Por qué a mí? ¡NO lo entiendo! ¡NADIE en mi familia tiene cáncer! ¡NO estoy enfermo! ¡NO me he portado mal! ¡NO quiero morir! ¡NO, NO y NO!

¿Te resultan familiares estas negaciones?

A principios de julio de 2012 yo me ausenté de la televisión de un día para otro casi una semana completa.

Llevaba unos días en los que me sentía agitado, me sofocaba mucho, y cada vez que subía las escaleras de mi casa me ahogaba, me faltaba el aire; era raro porque siempre había hecho ejercicio y tenía buena condición. Pensé que se trataba de una gripe mal curada, una angina o algo así. Por eso decidí hacer cita con un neumólogo —que es el especialista que trata enfermedades en vías respiratorias—. El doctor me revisó, me mandó a hacerme placas de tórax y al verlas observé que su cara cambió y, sin dudarlo, me dijo:

—Tiene cáncer.

—¿Qué?

Comenzó a explicarme y ya no recuerdo exactamente qué es lo que dijo. Lo único que recuerdo es que empecé a hacerme chiquito en la silla donde estaba sentado y mientras miraba petrificado la radiografía, alcanzaba a escuchar algún balbuceo, pero realmente lo único que quería hacer era salir urgentemente de ahí, gritar y llorar.

"¿Me voy a morir?...," pensé.

Días después le hablé al productor Adrián Patiño.

—No voy más...

—¿Cómo de que no vienes más?

—Estoy destruido, estoy deshecho. No puedo.

—¿Por qué?

Le cuento, como puedo... No tengo idea lo que dije porque ni yo sabía bien qué y cómo decirlo.

—Bueno, tómate unos días y cuando puedas, cuando te confirmen y si quieres venir y contarlo aquí, ven y cuéntalo.

Me confirmó el diagnóstico un oncólogo el 12 de julio de 2012, a las 11 de la noche. El único horario en el que podía atenderme y como favor personal. Escuché su sentencia, horas después de haber ido al foro de *Cosas de la vida* donde me habían presentado como el conductor de la décima edición de *La Academia*. Recuerdo ese momento y aún no entiendo cómo —aunque la vida puede empujarte más allá de tus límites— pude respirar hondo y disimular el infierno que estaba viviendo en ese momento; era un completo desafío a mi cordura emocional. En el camerino una cámara captó mi salida al escenario. Me sorprendió mi sonrisa y la serenidad que mostré a cuadro cuando por fin llegó el momento de la presentación. No sé cómo respondí a la entrevista y menos cómo pude ser coherente con mis respuestas frente al público en vivo, cuando en mi cabeza sólo había lugar para el miedo. Al salir di otra entrevista y, una vez más, me mostré emocionado e ilusionado con el que debía ser el proyecto profesional de mi vida. Pero cuando llegué al estacionamiento y arranqué el auto rumbo al hospital —Ingrid venía conmigo— después de todo el glamour, las cámaras, los flashes, el ruido, las felicitaciones y algarabía, al cerrar la puerta y encender el motor, se apoderó de mí un silencio sepulcral. Hicimos cinco minutos al hospital; estacioné el coche, estaba todo oscuro y mientras

Fernando recién nacido con sus padres Norberto Cacciamani
y Rosa Lina Servidio. Buenos Aires, Argentina, abril de 1973.

De izquierda a derecha: El bisabuelo Antonio,
Rosa Lina cargando a Fernando y el abuelo Marcos
Antonio. Quince días después de la foto, el bisabuelo
Antonio falleció. Buenos Aires, Argentina.

Fernando recién nacido en manos
de su madre, quien sin darse cuenta
le puso otro nombre.

Fernando con sus abuelos. De izquierda a derecha:
Victoria *La Pascui*, Perla cargando a Fernando,
Marcos Antonio y Norberto Oscar. Buenos Aires,
Argentina, 1973.

Fernando, con un año tres meses de edad, ya daba sus primeros pasos. Buenos Aires, Argentina, julio de 1974.

Fernando a los 6 años.

Fernando en séptimo grado (cargando el banderín).

Desde muy niño mostró su vena artística.

De izquierda a derecha: Fernando (hincado) a los 16 años con su equipo de futbol
en la secundaria técnica Pio IX.

Fernando a los 17 años con su grupo Zoogang. La banda tocaba en la iglesia.

Los hermanos Cacciamani Servidio hoy. De izquierda a derecha: Fernando, Maru y Romi.

Los hermanos Cacciamani Servidio hoy. De izquierda a derecha: Fernando, Maru y Romi.

Su primer amor: Marina, a los 17 años.

La relación duró cuatro años y terminó cuando Fer vino a México.

Fernando a los 18 años posa como modelo en su primera sesión fotográfica.

Fernando del Solar, Pablo Aquilante y Eduardo Espinaen en su primer
departamento y recién llegados a México.

La modelo y actriz Carina Sarti fue la segunda novia de Fernando.

Casi 5 años duró el intenso romance entre Alejandra Prado
y Fernando del Solar.

Doce años de diferencia provocaron que la boda no se llevara a cabo entre
Ivette Hernández y Fernando del Solar.

Boda civil, Ingrid Coronado y Fernando del Solar. De izquierda a derecha: Marco Coronado, Ingrid Coronado, Fernando del Solar y Rosa Lina Servidio. Cinco de mayo de 2012.

La boda fue en la casa de la pareja con sólo 50 invitados.

"Quiero todo contigo", fueron las palabras con las que Ingrid se le declaró a Fernando del Solar a principios de 2008.

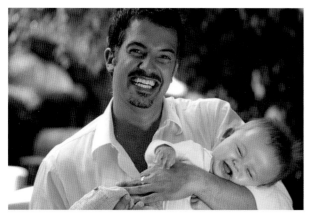

Fernando siempre quiso ser padre y lo logró en 2008. Aquí con Luciano,
su primogénito.

Fernando se convirtió en padre por segunda ocasión. Su pequeño Paolo
nació el 14 de septiembre de 2011.

Fernando con sus hijos Paolo y Luciano. Cuernavaca, 2014.

Fernando del Solar y Ricardo Benjamín Salinas Pliego, presidente de Grupo Salinas.

Roberto Romagnoli, director de Entretenimiento de TV Azteca,
Rocío Sánchez Azuara y Fernando del Solar. Doce de julio de 2012.

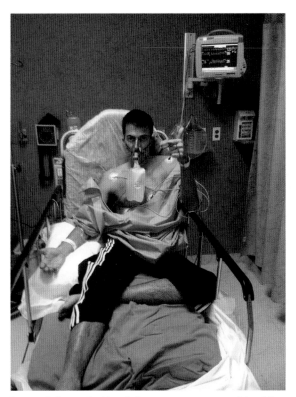

Ingreso de Fernando al hospital en su tercera y mayor crisis médica.
Veintiuno de diciembre de 2015.

Fernando durante una de sus quimioterapias, 2016.

De izquierda a derecha: La conductora Raquel Bigorra, Romina Cacciamani, el amigo de la familia Enrique, el productor Alejandro Gavira y en el centro Maru Cacciamani. Diciembre, 2015.

Primera reunión con sus amigos tras salir del coma. Marzo, 2016.

GRUPO SIPSE Y la Fundación Siniiko'ob invitaron a Fernando del Solar para cerrar la recaudación con una conferencia

Concluye hoy con éxito la iniciativa *Mochilas Felices*

> Es mi primera presentación como conferencista y estoy muy contento de estar aquí, porque sí llenamos el teatro ayudando a más niñas y niños con útiles escolares"
>
> **Fernando del Solar**
> *Se reincorpora al mundo y conferencias*

Después de dos años, Fernando reaparece en un escenario como conferenciante. Chetumal, Quintana Roo. Primero de septiembre de 2016.

Fernando debuta en Televisa como actor en la serie cómica Mula de 3, 2017.

Fernando filma la película La familia de mi ex, junto a Ana Patricia Rojo. Febrero de 2017.

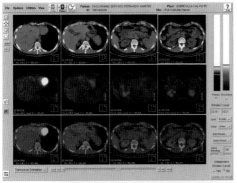

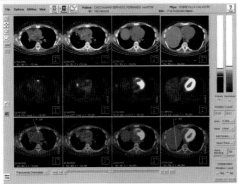

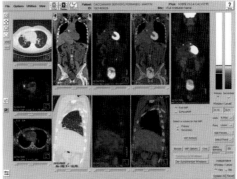

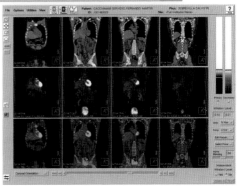

PET/TAC realizado en diciembre 2016 y antes del cierre de este libro.
El diagnóstico de Linfoma de Hodgkin continúa.

Firma del contrato con la editorial Penguin Random House, bajo el sello Grijalbo. Agosto, 2016.

caminaba rumbo al consultorio mi cabeza estaba a mil por hora, llena de miedo y con muchas preguntas sin respuestas. Nos sentamos en la sala de espera y aguardamos. Ese día, 12 de julio, era el cumpleaños de Ingrid, ¡vaya regalo! Mi idea era, si todo salía bien, después del doctor, llevarla a cenar y festejar. Pero cuando salimos del consultorio nos fuimos a nuestra casa.

El doctor, frío y sin reservas, no tardó en explicarme la gravedad de mi padecimiento, según el protocolo que se utiliza en estos casos, nos habló de quimioterapia, de efectos secundarios, de porcentajes de efectividad, de que iba a perder peso, de lo difícil que iba a ser llevar una vida normal en lo que durara el tratamiento, en fin. Nada alentador y, por cierto, muy aterrador.

De regreso a casa, el silencio nuevamente se apoderaría de la noche. Durante el trayecto, enfrascado en una maraña de locura, pensé: "No sé cómo, pero a darle..."

Fue entonces que decidí ir a *Venga la Alegría* a decir, en vivo, qué era lo que pasaba. Había muchas especulaciones y nuevamente los *paparazzi* andaban dando vueltas por el hospital, y la verdad no era momento para ser tibio. No tenía idea de cómo manejarlo, ni sabía lo que estaba haciendo. Lo único seguro era que me habían diagnosticado cáncer. De ahí en más todo era nuevo para mí.

Di la noticia en *Venga la Alegría* porque es la gente con la que había estado todo este tiempo —los últimos seis años de mi vida al aire, los que siempre me veían y apoyaban—; con ese público quería llorar y compartirlo. Creí que lo mejor era decirlo cobijado por mi producción, mis amigos y en familia.

Una noche antes —no sé cómo lo hice— me rasuré. Me habían dicho que se me iba a caer el cabello y decidí rasurarme. Odio verme sin barba —parezco el señor cara de papa—, pero en ese momento pensé: "No se me va a caer, yo me voy a rasurar, que es distinto"; era un acto de rebeldía, de ponerle el pecho a la enfermedad, a no dejarme. Todavía me sentía fuerte.

Cuando llegué al foro me paré frente a las cámaras y, una vez más, al igual que lo había hecho con mis embarazos, mi matrimonio y los nacimientos de mis hijos, conté lo que me estaba pasando. Con esto terminaba el *reality* que, involuntariamente, se había hecho de mi vida personal y en pareja:

—Hace 10 días yo me desaparecí de aquí. Me fui a hacer unos análisis, unos estudios; me hicieron una radiografía, luego una tomografía y exámenes de sangre, por todos lados. El resultado es que, lo que no me dejaba respirar, es un tumor que tengo en el pulmón derecho. Lo estoy tratando, estamos haciendo todo lo que está en nuestras manos para superarlo, así que pues vamos con todo. El primer día dije "¿por qué a mi?, ¿qué hago?, ¿por qué me suceden a mí estas cosas?" Lloré muchísimo, pero luego me di cuenta, gracias a la guerrera que tengo en casa que es Ingrid, a quien amo profundamente, que éste es un desafío que aparece en este momento y vamos para arriba y pa'delante. Hasta la última gota vamos a dejar por vivir. La vida me ha puesto el desafío más importante. Señores, me voy porque me han diagnosticado cáncer. No voy a regresar a este programa ya, me salgo de *Venga la Alegría*.

¿Me salgo a qué? No tenía ni idea.

Hasta entonces, en mi familia, sólo había un caso de cáncer, el de mi abuela Victoria La Pascui y que vivía en España. Fuimos diagnosticados más o menos al mismo tiempo.

Para mi mamá fue durísima la noticia porque mi abuela —su madre— estaba debatiéndose entre la vida y la muerte y su hijo también.

—¿Qué hago? —me preguntó.

—Mamá, si ya te dijeron los médicos que la abuela no tiene ninguna esperanza y tú quieres ir a despedirte, ve; yo aguanto, tranquila, te espero. No me voy a ir antes. Vete, platica con ella, quédate el tiempo que necesites, despídete o lo que quieras hacer, yo aquí estoy.

Mi abuela falleció a los tres meses. Yo sigo aquí.

El deterioro que sufrió en tan corto tiempo me dio mucho miedo y resultó más temerario para mí visualizarme en esa condición.

Me dolió no haberme despedido de ella porque para mí fue como una segunda madre. Una abuela generosa, cariñosa y con una gran sabiduría; siempre tenía una palabra para regalarme o un caramelo de menta, que tanto me gustan. Nunca supo, ni nunca le dije que tenía cáncer, ¿para qué? Pero desde siempre ha estado muy cerquita de mí en este proceso, me ha dado señales de que está bien y que me cuida desde donde esté. Aunque hoy sé dónde está... Y con ella, desde el cielo, me han pasado cosas inexplicables.

Al siguiente día que ella falleció se me reenviaron todos sus mails a mi celular, todos, sólo los de ella. Yo había cambiado el aparato del teléfono celular y cuando lo abrí, en la mañana, tenía 40 correos reenviados el mismo día que falleció. Repito, sólo los de ella. Mails amorosísimos que me escribió durante toda su vida, recordándome todo su amor, todos reenviados a mi buzón. Sé que fue su manera de despedirse, de reafirmar nuestro lazo más allá de la muerte. ¿Cómo los había reenviado si ya había fallecido? Era imposible, tengo testigos, pero sucedieron otras cosas.

Desde el más allá...

Otro día yo me disponía a viajar con Ingrid y con mis hijos a Acapulco. En días previos, la agencia donde yo había comprado los boletos me envió un correo diciéndome que la señora Victoria había cancelado los vuelos y la estancia en el hotel. ¡Mi abuela ya había fallecido! ¡No lo podía creer! Ante mi incredulidad, la agencia me reenvió el correo en el que aparecía su nombre, Victoria Leonardi, cancelando los vuelos y la estancia. La agencia nos reenviaba el mail y nos hacía saber que estaban apenados por nuestra cancelación y que esperaban volver a brindarnos sus servicios pronto. Y sí, no fuimos.

—Este viaje no lo tenemos que hacer, esto es una señal —le dije a Ingrid.

Esto sucedió dos meses después de su muerte. ¿Cómo lo explico? ¡No tengo ni idea!

Lo único que sé es que estas cosas comenzaron a suceder y mi abuela o esa energía que yo llamo abuela, esa alma noble y generosa, siguió y seguirá cuidándome por siempre.

Ella había sido el único antecedente en mi familia con cáncer, no ha habido otro. Esto que se dice de que el cáncer es genético en mi caso no aplica. Si me dices "bueno, llevaste una vida de excesos", no, tampoco aplica. Siempre me he cuidado.

Sí, fumé a partir de los 17, en esa época de adolescente rebelde y hasta los 30 años, más o menos. Pero llevaba más de 16 años sin fumar. Mi cáncer no tiene nada que ver con el cigarro. Nada. De hecho el linfoma nada tiene que ver con el pulmón. Lo que pasó realmente es que mi ganglio, que está pegado al pulmón derecho, al crecer por el tumor, lo apretó contra las costillas, y en un primer momento, por los problemas de respiración, especulé que era de pulmón, pero no. No fue así. Es linfoma de Hodgkin[28] y los síntomas pueden ser cualquiera de los siguientes:

- Fatiga
- Fiebre y escalofríos intermitentes
- Comezón inexplicable en todo el cuerpo
- Inapetencia
- Sudores fríos abundantes
- Inflamación indolora de los ganglios linfáticos del cuello, las axilas o la ingle (ganglios linfáticos inflamados)
- Pérdida de peso inexplicable
- Tos
- Dolores en el pecho
- Problemas respiratorios

¿Qué pasa en las primeras semanas tras conocer la noticia?, ¿qué ocurre conmigo? Es un infierno porque no sabes a dónde vas, no tienes certidumbre de nada; todo lo que habías planificado, programado, es igual a cáncer, igual a muerte. Te apagan el *switch*. Ciao. ¡Hasta la vista, baby!

Emocionalmente estaba hecho pedazos porque la vida, como la conocía, ya nunca volvería a ser la misma. La sensación en mí era como traer una bomba de tiempo en el cuerpo, intentando hacerme

---

28 El linfoma de Hodgkin es un cáncer del tejido linfático. Ese tejido se encuentra en los ganglios linfáticos, el bazo, el hígado, la médula ósea y otros sitios. Se desconoce la causa y es más común entre personas de 15 a 35 y de 50 a 70 años de edad.

el fuerte, pero era algo que en cualquier momento podía explotar. Se acabó todo. ¿Me voy a morir? ¿Cuándo me voy a morir?... Esas preguntas daban vueltas y vueltas en mi cabeza, eran un martirio, no paras de pensar un segundo porque estás en contacto permanente con eso que llamamos muerte.

Veía a mis hijos y tenía la sensación de que quizá sería la última vez. Me planteaba que ya no los iba a ver crecer, que a mi esposa la iba a dejar sola con mis chicos que sólo tenían poco más de tres años y diez meses. Esta enfermedad te abruma. Es densa y pesada.

Te da mucho miedo hablar, decir, contar, expresar qué es eso de la muerte, y están todas estas cosas de la gente que te quiere acompañar y que te quiere ayudar, pero que lejos de ayudar —en mi caso particular— ¡me ponían furioso!

"Échale ganas; todo va a estar bien." ¿Échale ganas?, ¿todo va a estar bien?

"Dios le da estas batallas a los guerreros más fuertes." ¿Quién cree Dios que soy? ¿Rambo?

No era lo que yo necesitaba escuchar en ese momento. ¿Por qué? Porque nada te consuela, porque simplemente no hay consuelo. Porque nadie puede ponerse en tus zapatos, nadie.

En esta primera etapa, que es la negación, no quieres creer y no quieres reconocer esto que te acaban de diagnosticar. Hace que te aísles, que te metas en una burbuja y que no quieras escuchar a nadie, te enconchas, no duermes, la cabeza no para.

Estás en una constante sensación de despedida de todo: es la última vez que me baño, es la última vez que como. Todo lo ves como la última vez.

¡Nooooo!

Y me la pasaba llorando, deprimido, en mi cama, encerrado.

Cuando me dijeron el diagnóstico no me dieron un límite de tiempo de vida. En aquel momento me explicaron:

—Hay un tratamiento, es un tipo de cáncer de los menos agresivos, las estadísticas dicen que 90% de las personas con este tipo de cáncer se cura.

Bueno, dentro de los males, el menos peor. Pero yo estaba negado.

Que te digan tu cáncer es de los más leves te vale madres. Tú tienes cáncer y te van a aplicar quimioterapia; puede ser intravenoso o, si el tratamiento es muy agresivo, te lo dan a través de un catéter que va colocado cerca y conectado a la arteria aorta, por debajo de la piel y cerca del pecho, para que todos los químicos que te metan vayan directo al torrente sanguíneo y no te quemen las venas que son más delgadas. A mí me dijeron "van a ser unas 10 o 12 quimios y vamos viendo". El tratamiento no me dio la seguridad de que me iba a curar, cómo me iba va a pegar y cuánto me iba a doler.

Para la gente que no sabe qué es una quimioterapia, explico: es el uso de fármacos fuertes para destruir las células, tanto buenas como cancerosas. Actúa evitando que las células cancerosas crezcan y se dividan en más. Hay unas quimioterapias que se pueden tomar, son pastillas; hay otras que no, vas al hospital y ahí te conectan, de manera intravenosa a través de los brazos o por medio de un catéter. Pero antes de arrasar con tus células te dan aproximadamente dos horas de premedicación para evitar o reducir los vómitos, el dolor de estómago, la migraña o dolor de cabeza, estreñimiento, infecciones, inflamaciones, es decir, durante dos horas te están pasando líquidos preventivos y luego te dan el químico fuerte.

Son diferentes químicos y cada tipo de cáncer tiene un químico distinto. Hay protocolos o diversas maneras de atacarlos, porque los fármacos, las dosis y el cronograma de tratamiento de la quimioterapia dependen de muchos factores, del tipo de cáncer que tengas, qué etapa o qué tan avanzado esté, etcétera. No es genérica y no nos dan lo mismo a todos. Cada tipo de cáncer recibe un tratamiento específico. En mi caso, al inicio fue a través de un catéter, luego intravenoso, aunque también tomaría pastillas en un caso desesperado.

Mi primer doctor fue el oncólogo Juan Wolfgang Zinser, con quien inicié el tratamiento el 20 de julio de 2012.

Al principio me dieron cuatro quimioterapias con una periodicidad de recuperación de tres semanas, es decir, yo me sometía a una quimio cada tres semanas y la aplicación de cada una duraba 72 horas; empezábamos en el hospital, me iba enchufado a un infusor y la seguía en mi casa y sin parar. Infusor es una especie de bolsa plástica en forma de bola y del tamaño de una papa, transparente y se veía el color del químico, una quimioterapia fuertísima, que sólo podían pasar tantos mililitros por hora, debía ser leeento, porque en dosis mayores podría ser mortal.

Durante los tres días siguientes, en casa, mientras estaba acostado o caminando un poco, o comiendo, o intentando jugar con mis hijos, eso pasaba por mi cuerpo matando a mis células lentamente. Me sentía fatal.

Las primeras quimios que me dieron fueron las más duras de mi vida. En las primeras pruebas de vestuario de *La Academia* yo llevaba, en una cangurera, mi infusor que estaba conectado a una manguerita que se enganchaba a mi catéter intravenoso, a la altura del pecho, y trataba de hacer las actividades normalmente, pero esa quimio —a cada quien le produce efectos distintos— me nublaba la vista, sentía que me caían copos de nieve en la cabeza, experimentaba el cuerpo afiebrado, muy caliente; me zumbaban los oídos; los ojos se me secaron; tenía destruido el estómago, padecía un estreñimiento espantoso, no podía ir al baño y si lo hacía echaba piedras, además cuando evacuaba lo hacía con sangre.

Y es que tu cuerpo cambia, porque lo primero que ataca el químico es a las mucosas. Lo primero que deshace son tus jugos gástricos y tu sentido del gusto. La comida te sabe rara o no te sabe —por eso tomas agua o comes y sientes que estás tomando o comiendo cartón— y es por eso que tampoco te da hambre. La comida te cae pesada, como una bomba, es como comerte una piedra. Te quedas sin saliva. Eso es lo que sucede, ésos son los efectos secundarios y cada quien tiene su proceso de recuperación; hay quimios más fuertes, otras más leves; te recuperas en una semana o en 15 días, dependiendo de la periodicidad con que te dan cada quimioterapia. Esto es parte de lo que me atrevo a compartirte, pero en realidad era mucho peor.

Tu ánimo está por el suelo y físicamente te sientes morir, te sientes destruido, con las defensas bajas, y te salen llagas en los labios, herpes, incluso en los lugares donde sudas un poco, como las axilas o la entrepierna, te sale una especie de hongos. También se me dormían las yemas de los dedos. Hubo momentos en los que yo no podía agarrar un bolígrafo porque no tenía sensibilidad en los dedos. Vaya, hay miles de cosas que pueden suceder con una quimioterapia, porque tu cuerpo está siendo agredido, es decir, estás matando tus propias células. Son células malas, pero finalmente es tu cuerpo, eres tú. El cáncer es como devorarte a ti mismo y la quimioterapia lo que hace es matar esas células que son las que te devoran, pero esa matanza no distingue, liquida por igual a las células sanas o malas. Hay una doble agresión y es contra ti, hacia tu mismo cuerpo.

Yo sentía como si un ratón me rascara por detrás del esternón. El dolor era en el hueso, era agudo y frío. Tenía problemas para respirar porque la pleura —que es una membrana que está entre el pulmón y las costillas— se llenaba de agua y presionaba el pulmón, lo que hacía que no pudiera expandirse con naturalidad y se colapsara. Cuando me recostaba —por la misma posición— el agua tendía a subir y sentía como si me ahogara. Eso me provocaba ataques de pánico. Yo podía tener cinco o seis ataques de pánico el mismo día, mi sensación era la misma que experimentas cuando entras al mar y te revuelca una ola. No puedes respirar. El pánico de tratar de salir a la superficie a respirar y no poder, de ahogo. Además, por la noche sufría de unos sudores espantosos, me cambiaba tres o cuatro veces la playera porque las empapaba, empapaba la cama; tenía mucha tos, y cuando trataba de expectorar tenía mucha flema. Fiebre. Sentía escalofríos y no tenía ganas ni fuerzas para pararme de la cama.

Me sentía tan mal con esa quimioterapia, que yo pensaba "si no me mata el cáncer, lo va ha hacer esta quimioterapia".

Cumplí el cuarto ciclo el 10 de septiembre de 2012 y tomé la decisión de no hacerlas más. Fui con el cirujano:

—¡Quíteme el catéter!

—¿Ya lo dieron de alta?

—Sí, sí, ya me dieron de alta —respondí, aunque era mentira, yo no le pedí permiso al oncólogo porque yo quería acabar con esto cuanto antes y me lo quité.

Era muy fuerte y extremadamente doloroso.

Y por todo lo anterior no supe, hasta un poco después, cómo estaba ella.

Cuando recibimos el diagnóstico yo no tenía la capacidad ni la cabeza para voltear a verla. Estaba tan ensimismado y el problema se me hacía tan grande, tan fuerte, que no podía ver más allá de mis narices. Estaba como dentro de una caja herméticamente sellada, instalado en el "pobre de mí", pensando en lo injusta que era la vida conmigo, "¿por qué a mí?", en el "¿qué me va a pasar?" Y no podía verla a ella. Repito que todo esto que estaba viviendo en ese momento no podía verlo. No era consciente.

Cuando empezaron los tratamientos, cuando levanté la cabeza después de llorar, de estar enconchado, de creerme muerto y pensar "ya se acabó mi vida", cuando me levanto, luego de tres semanas inconsolable, y me pregunto "¿qué sigue?", por primera vez puedo voltear a ver cómo estaba la mamá de mis hijos.

Ella se mostraba fuerte, entera, como pilas: "Hay que ir con tal doctor, hay que hacer esto, hacemos lo otro", pum, pum, pum. Lo tenía todo organizado, ya había estructurado los pasos que había que dar y yo me dejé guiar. La verdad es que en ese momento no tenía cabeza, no sabía qué hacer, estaba desesperado, no sabía lo que venía, no tenía ni idea, estaba en la etapa donde no sabes qué onda, la negación: "Esto no me puede estar pasando, no quiero saber nada, pero dime qué hago". "Vamos para acá", bueno; "para allá", bueno; eran momentos en los que yo no podía tomar una decisión. La situación me sobrepasaba y yo, emocionalmente, estaba mal. No sabía qué hacer y me apoyé mucho en Ingrid, que en ese momento tomó las riendas de la situación.

Hoy no puedo decirte, cabalmente, cómo se lo dijimos a nuestros hijos hace cinco años. Luciano tenía tres años y medio, Paolo 10 meses. No había mucho qué decir a menos que ellos preguntaran. Si hacían una pregunta se les intentaba informar con la verdad y tratábamos de explicárselos en su idioma o de acuerdo con su edad.

Ellos veían que papá ya no jugaba tanto, ya no reía tanto, estaba de malas, y los recibía con ojos llorosos o lloraba por cualquier cosa.

Si le estaba dando de comer a Paolo y lloraba, él me miraba... pero qué iba a decir. Yo seguía llorando y dándole su mamila.

Ellos lo entendieron mucho más rápido que cualquiera de nosotros, los adultos. Lo que para mí era un problema ellos lo captaron de una manera distinta gracias a su sensibilidad. Papá hoy no puede jugar, papá hoy está enfermo, papá hoy está mal, punto.

¿Cómo lo han procesado? Simplemente no fueron más allá. Simplemente lo sintieron y me acompañaron.

Cuando regresaban de la escuela me quería hacer el fuerte y que no me vieran mal, pero estaba hecho pedazos, pedazos. Me veía al espejo y era una piltrafa de lo que yo había sido. No había más de aquel tipo exitoso, el que te animaba con alegría cada mañana con "¡arriba los corazones!", el tipo carismático, luminoso, amoroso, pfff... Todo eso que había proyectado ¡pum! No quedaba nada. Me miraba y decía "eso se murió, eso desapareció, ya no está más..."

Sin embargo, en medio de todo esto, continué con *La Academia* y terminé con el proyecto; pero hoy, a la distancia, creo que fue una muy mala decisión de mi parte hacerlo, porque emocionalmente yo no estaba listo y físicamente menos, aunque me hiciera el fuerte. Afectivamente estaba muy inestable y eran jornadas largas. Laboralmente no andaba creativo, y aunque la producción me apapachaba, me consentía y trataba de que estuviera la menor cantidad de horas posibles, era una friega, una friega, el exponerme, estar en ruedas de prensa, con buena cara y hablando del cáncer que era un tema que estaba tan fresco y que yo no tenía ni idea de lo que estaba hablando. Agradecía la oportunidad de estar en *La Academia* —para que vean que, a pesar del cáncer, puedo seguir trabajando y que le estoy echando un chorro de ganas—, pero yo, en verdad, no tenía ni idea de lo que estaba diciendo a profundidad. No tenía idea de lo que estaba sucediendo. Todo iba muy rápido, no podía tomar decisiones, sólo preguntaba "¿qué hay que hacer? ¡Hagámoslo!"

Los directivos de TV Azteca nunca me dieron la oportunidad de abandonar el proyecto porque yo nunca la planteé, ellos creían que dándome trabajo, manteniéndome ocupado, me iban a ayudar —se los agradezco—, pero no era lo que necesitaba, es decir, yo me compré completamente la idea de "estoy enfermo, pero puedo trabajar y puedo seguir con mi vida, en lo que acabo con mis terapias y listo". Parecía fácil. Fue un desafío para mi cuerpo y para mí, tratando mentalmente de volver a engranar en un mecanismo donde estaba muy claro que ya no iba, que ya estaba cambiando y que ya estaba roto:

—A ver, Fer, ¡reacciona!, tú tienes cáncer, estás deshecho emocionalmente, no puedes seguir trabajando para fuera, no puedes pensar en hacer una *Academia*, no puedes pensar en tu traje, en un guion, porque no tienes cabeza, no lo puedes hacer.

Sin embargo, en esta tozudez propia de un ariano como yo —que también ha conseguido muchísimas otras cosas por su necedad—, en esta negación y estos procesos de los cuales hablo, yo lo quería hacer. "¡Yo lo hago!", maldito necio. "¡Claro que puedo hacerlo!" Y lo hice... ¿Con qué calidad lo hice? No lo sé, no lo disfruté, me la pasé muy mal, pero porque yo estaba muy mal conmigo. Yo no quería estar conmigo y el trabajar me ayudaba a no ver hacia dentro, a evadirme, a seguir pa'fuera. El mantenerme ocupado provocaba que no me hiciera cargo de mis cosas personales, mis necesidades y, en mi caso, a mí no me ayudó. Habrá gente a la que le pueda ayudar, a mí no. Yo no opero así.

Por eso es que después de esta experiencia paro, pongo un alto total y digo "¡basta!"

Y en este punto es importante mencionar y ser muy claro en lo siguiente: casi todos los tratamientos médicos los he costeado con un seguro de gastos médicos. Cuando entré a la escuela de formación actoral de Televisión Azteca, Cefac, nos dieron a cada uno de los alumnos una cobertura médica. Cuando terminé la escuela seguí pagando esa cobertura, y cuando me diagnostican cáncer tenía casi 15 años de antigüedad con ese seguro que me ha cubierto casi todos los tratamientos más caros —las quimioterapias, las intervenciones, las cirugías, la sala de terapia intensiva y quién sabe qué tantas cosas más—, y digo casi todo porque hay tabuladores donde el seguro médico sólo me puede dar cierta cantidad de dinero, por ejemplo, en el caso de la consulta si el médico es de mi confianza, pero no está en la red, lo tengo que pagar yo. Pero en general sí ha sido un apoyo muy grande contar con ese seguro porque ésta es una enfermedad carísima. Llevo gastados más de 16 millones de pesos que la aseguradora me ha cubierto. Si no fuese por ella, hoy yo estaría en la ruina, definitivamente, en total bancarrota.

El seguro que yo adquirí desde aquel entonces es ilimitado, y eso me tiene muy tranquilo porque es un problemón, no es un problema, es un problemón menos el estar asegurado. Me ha permitido estar muy, muy tranquilo, pues cuando decidí parar después de *La Academia* no pude trabajar más. Durante casi dos años no pude trabajar en televisión o en lo mío; dos años sin cobrar, pues mis trabajos han sido más como espirituales, emocionales, hacia adentro —que también es una chamba— y no tuve una remuneración económica en casi dos años.

Pero más allá de que esta enfermedad sea costosa, más allá de los dolores, anímicamente te destruye porque no sabes a dónde vas, no sabes cuántas quimios te van a dar para que estés sano, no sabes cómo te va a responder el cuerpo. Se te cae el cabello, te pones amarillo, las encías se entumen, te pasa de todo, tu cuerpo cambia, se modifica, pierdes masa muscular; entonces lo que te mata son tus propios pensamientos. Te ves al espejo y ya no ves lo que eras antes, te ves al espejo y tu vida ya no es la que era antes; ver que los demás están haciendo ejercicio y tú no puedes hacerlo porque te sientes mal o las cosas normales ya no las puedes hacer, te devasta. Lo normal de tu nuevo estado se vuelve anormal, y eso te da mucho miedo, mucho miedo. Quieres volver a estandarizar tu vida y todo el tiempo dices "¡por favor, ¿cuándo voy a regresar a mi vida de antes?!" Hasta que te das cuenta de que tu vida nunca volverá a ser como era antes, empiezas a aceptar el cambio y la bendición de la enfermedad. Pero eso yo no lo entendía en 2012.

Yo le tenía mucho miedo a la muerte. Nunca me la había planteado, ¿qué es eso de la muerte?, ¿qué es morir?, ¿a qué me voy a enfrentar cuando me muera?, ¿qué dicen de la muerte?, ¿qué dicen los que volvieron de ahí?, ¿qué dicen los doctores?, ¿qué dicen los filósofos?, ¿qué dicen los parapsicólogos?, ¿qué dicen los ángeles?, ¿qué dicen los muertos?, ¿qué dicen qué? Fue una búsqueda implacable.

Antes de la noticia del linfoma yo pensaba, lejana y frívolamente... morir = ir a tocar el arpa eternamente en el cielo, qué aburrido... ¿no? Esta sensación de los angelitos tocando el arpa arriba de una nube, todos felices y contentos, qué aburrido, ¿eternamente? ¡No, qué horror! Nunca había profundizado mucho en el tema, es algo de lo que no hablamos mucho, es algo que rehuimos, de eso no se habla. Menos cuando me sentía exitoso y soñado. Pero la muerte siempre está presente, la muerte es la reafirmación de la vida. Sólo hay que ser conscientes.

No había tenido casi ninguna pérdida. Hasta entonces no había muerto nadie en mi familia que, por cierto, es bastante longeva. A mis abuelos los disfruté hasta una edad avanzada y uno de ellos falleció haciendo lo que más le gustaba, comer. Ya le habían dicho que no comiera tanto porque tenía problemas de hipertensión y corazón, pero aquel día decidió ir a almorzar a un buffet de tenedor libre, festejando un cumpleaños, rodeado de la familia. Le dio un paro cardiaco. Los que lo acompañaban dicen que falleció con una sonrisa, feliz y panzón. Pienso que se fue contento, no sufrió, no resistió, ¡pum!, comiendo, que era lo que amaba hacer.

Mi abuelo tenía 70 años y todos los médicos le habían dicho "señor, por favor, cuídese", y le valió un cacahuate y murió, te digo, en un buffet, devorando. Estaba la pérdida, sí, pero también la gloria y la gracia de decir "se fue como quiso", ¡qué bueno poder irse así! Puede parecer frío mi relato, pero hoy entiendo que tenemos que quitarle solemnidad a la muerte... ya te iré contando el porqué.

Entonces, a la muerte no le tenía miedo porque en realidad nunca la había vivido de cerca, y cuando digo que no le tenía miedo es simplemente porque nunca la había pensado, la posibilidad era lejana y, como tal, no merecía la pena. A los pocos velorios que he ido en mi vida nunca fueron cercanos e incluso cuando mi abuelo falleció en Argentina yo ya vivía en México. No pude ir a su responso. No viví a la muerte de cerca.

Pero ahora le tenía mucho miedo y también empecé a sentir otra emoción, mucho más intensa y negativa. Las cosas ya no iban a volver a ser iguales nunca más, esta enfermedad había cambiado todo, había reventado todo, me estaba reventando y a todo mi entorno también. Darme cuenta de esto generó en mí un enorme enojo, la segunda etapa del duelo.

Nada va a volver a ser lo mismo.

* * *

Una profunda tristeza se apodera del hogar del matrimonio Cacciamani-Coronado y la idea de la muerte se instala. La pareja se refugia en su habitación y el personal intenta hacer menos pesado el ambiente que la noticia produce y ayuda, como puede, en los duros cambios que se avecinan. Los contratos, los llamados, avisos de grabaciones y citas ceden su lugar, ahora, a los estudios médicos, tratamientos y facturas.

Un día, después del diagnóstico, Fernando visita a sus padres. Es de noche y sin preámbulos les dice, en la pequeña sala del departamento que ocupan, que le han detectado cáncer en uno de sus ganglios. A Rosa Lina y Norberto se les viene el mundo encima. Apenas han pasado cuatro días de que La Pascui fue internada y han descubierto que también padece cáncer, en el páncreas, y su estado es terminal.

—Doctor, ¿cuánto tiempo tiene mi mujer de vida? —pregunta muy entristecido el abuelo Marcos Antonio en un hospital en España.

—Noventa días.

—¿Noventa días?

Rosa Lina viaja a España y permanece un mes junto a su madre. No le dice que su nieto predilecto también sufre de cáncer. Retorna a México el 15 de septiembre. Victoria fallece el 1º de octubre de 2012. La agresividad del cáncer y la muerte, a los 82 días del diagnóstico que La Pascui sabía, pero del que nunca se quejó, ni comentó a nadie, provocan que el miedo y la recriminación se apoderen de Rosa ante la condición de su hijo.

—Me culpé muchas veces hasta que empecé a leer, a buscar y a ponerle nombre a esta desgracia. Y me doy cuenta, aunque está muy de moda, es muy cierto, de la biodecodificación de las enfermedades. Si a él le viene esta enfermedad, como a mi mamá, que estoy segura que le vino por problemas que tuvo, hay que empezar a limpiar, pero no lo puedes hacer tú. Lo tiene que hacer la persona enferma.

Aunque Norberto confía en que Fernando no va a morir, la preocupación y un sentimiento de molestia invaden su cabeza. Piensa que son los padres quienes abandonan este mundo primero y no viceversa, y aunque intenta, como cabeza de la familia, desviar sus temores frente a su mujer e hijo, a solas llora, porque observa cómo la quimioterapia lo aplasta, lo fulmina, lo inmoviliza y lo mantiene en cama más de una semana.

La muerte en esta familia era vista como una cosa normal, pero no convivían con el tema, éste simplemente no estaba presente. Hasta entonces la bisabuela paterna de Fernando había muerto por causas naturales y no había habido más decesos o tragedias. Por el lado materno, la otra bisabuela falleció diez días antes de cumplir 104 años y perfectamente lúcida. Si acaso, el único que tomó por sorpresa al núcleo y no precisamente por el acto de morirse, sino por la forma como ocurrió, fue el padre de Norberto, Norberto Oscar, quien falleció —como él mismo lo había predicho— comiendo a sus 70 años y con 90 kilogramos durante el cumpleaños de sus nietos mellizos.

El evento que sí los acercó con la muerte había ocurrido seis años atrás. Norberto sufrió un preinfarto. Fumador desde los 15 años, llegó a consumir una cajetilla por día.

—Se me taparon las venas. Fer venía a verme todos los días y, en su momento, venía con Ingrid. Él no podía entender cómo estaba en la cama tan contento.

—¿Pero no tenés miedo?

—No. ¿Por qué?

—¿De morir?

—Uy no. Y la verdad no le tengo miedo.

A Maru la noticia del cáncer de Fernando la dejó en *shock*. Apenas baja del avión que la trajo de Nueva York a México, junto a su esposo, llama a Rosa Lina. Los mensajes que intercambiaron durante el viaje contienen una extraña dosis de tensión y Maru intuye la angustia de su madre.

—A Fer le diagnosticaron cáncer.

—¡No puede ser!

Trastornada hasta las lágrimas, Maru aborda un taxi y envía a Fernando un mensaje:

—Le mandé un mensajito haciéndole saber que, más allá de nuestras diferencias, podía contar conmigo. No me importaba lo que había pasado o lo que pasara. Más allá de todo, él contaba conmigo.

Aunque resulta extraño, al inicio de su enfermedad Fernando no le facilitó a su familia la comunicación, ni le dijo cuál era realmente su estado. Cuando inició la quimioterapia se hizo acompañar de su mujer, pero ella sólo asistió a las primeras dos sesiones; su padre también llegó a apoyarlo, pero fue su madre quien a partir de ese momento acude con él, y de esa forma, a través de llamadas y mensajes, mantuvo informadas a Maru y Romina de la situación de su hermano.

—No tuvimos mucho contacto, no sabíamos qué estaba pasando o no teníamos chance de saber —confiesa Maru y su voz se entristece.

El 20 de julio de 2012 Romina le escribe a su hermano:

Asunto: Para mi hermanito

Un guerrero es siempre consciente de aquello por lo que vale la pena luchar. No entra en combates que no le interesan y nunca pierde su tiempo en provocaciones.

¡¡¡¡Te adoro FER!!!! ¡¡¡Vamos con todo!!!

ROMI.

Las lágrimas nublan la mirada de Romina cuando lee ese correo e intenta explicar las emociones que la invadían en ese momento:

—Me daba mucho miedo hablarle porque me iba a poner a llorar. Y cuando le llamé me puse a llorar. Él me dijo: "Romi, no te angusties, yo también lloro y sigo llorando, puedes llorar conmigo". Quería abrazarlo y estar con él todo el tiempo, pero él se ponía más irascible. Recuerdo que en un cumpleaños de sus hijos me dijo: "Ay, la abuela —nuestra abuela—, releí uno de sus mails y me cayeron veintes, porque siempre me decía 'tú siempre tan bondadoso, siempre tan buen chico', y yo ya no soy eso; ¿por qué todos ustedes me ponen todas esas etiquetas? Me las compré completitas y las proyecté, las he actuado a la perfección incluso en contra mía".

Las lágrimas brotan y caen sobre las mejillas de Romina, quien se lleva las manos a la frente. Después de un largo suspiro, prosigue:

—Él tenía batallas consigo mismo; comenzó a pelear con el ser que es, queriendo que ganara el malo, porque la pareja que tenía no era, en muchos aspectos, bondadosa.

"Yo intentaba acompañarlo todo el tiempo, pero era imposible, no me lo permitía. Él me estaba dando unos masajes energéticos para alinear mis chacras, porque él había aprendido tiempo atrás a hacerlos. Para mí ésa era la excusa para verlo una vez a la semana y platicábamos de nuestras vidas. Pero él estaba hermético, mucho más hermético que en otros momentos de su vida. Siento que en algún momento pensaba: 'Todo lo que ustedes tienen que decirme son tonterías, a mí, el fregón más grande, ¿me van a decir algo ustedes?'

"Muchas veces lo sentía en esa postura de soberbia."

Rodrigo, Enrique y Delfina conocen la dolorosa situación a través de la aparición de su amigo en televisión.

Rodrigo inmediatamente se comunica con Fernando y se mantiene muy cercano. Lo acompaña todo el tiempo que le es posible mirando juntos partidos de futbol, leyendo y platicando, pero comienza a observarlo cada vez más débil y delgado. Aunque consulta a dos amigos médicos y éstos le aseguran que el linfoma de Hodgkin es un tipo de cáncer con altas probabilidades de sanación y no tiene por qué complicarse, le angustia ver que el tratamiento no está surtiendo efecto en Fernando, los meses pasan y la situación comienza a complicarse. Empiezan las preguntas y no hay ninguna respuesta. Rodrigo no tiene más alcances médicos que su propia experiencia. Su hermana murió años atrás víctima de leucemia y teme por la vida de su amigo.

Delfina no acaba de bañarse cuando su nieto Aarón, el ahijado de Fernando, la urge a salir del baño para mirar la televisión. Su padrino está dando a conocer una noticia que hace que a Delfina se le caiga la toalla al piso. Intenta comunicarse con Fernando, pero éste no responde. Habla con Rosa Lina y ésta le confirma lo que acaba de escuchar. Quiere ir a la casa, pero la situación con Ingrid frena su deseo. Finalmente logra ver a Fernando una sola ocasión y decide ir a la Basílica de Guadalupe para orar por su salud. Ahí, en el templo más importante del recinto guadalupano, ante Dios, Jesucristo y la imagen de la Virgen de Guadalupe hace una promesa:

—No voy a volver a ver a Fernando hasta el día que yo sepa que está bien. Yo sé que lo voy a volver a ver bien. Tengo fe en ti y sé que esto va a pasar y va a haber un milagro, porque tú eres nuestro padre y nos quieres a todos, y yo sé que tú todavía no te lo vas a llevar. Yo lo voy a ver bien, Diosito. Señora mía, tú eres madre, escúchame. Yo voy a volver a ver a Fernando hasta que él esté recuperado.

El impacto que provoca la noticia alcanza a la producción completa de *Venga la Alegría*. El ambiente frente y fuera de cámaras es muy triste, recuerda Sandra Eloísa Gamboa.

—Fer es un buen compañero y en su trato siempre ha sido un tipazo. Era muy amable y agradable con todos, siempre llegaba a saludar a todo mundo e incluso cuando de pronto lo mandábamos llamar a cabina, porque las niñas de esa área lo querían saludar, siempre iba. Esa noticia fue un golpe muy fuerte para nosotros como compañeros; más allá del talento que tienes o de la relación que se tiene como producción, porque somos seres humanos, somos compañeros que se convierten en familia, porque los ves a diario, y ese sentimiento pasó con Fer.

—Como programa ¿fijaron alguna postura sobre el cáncer y las etapas que iban a venir con Fernando?

—No, ni siquiera se pensó; no había nada establecido, más bien era pedir por la salud de tu compañero, más allá de que se pudiera utilizar.

Una llamada de su esposa le advierte a Enrique que prenda con urgencia el televisor. Cuando escucha a Fernando explicando el desafío que está afrontando, su mente recuerda las placas que, tres semanas atrás, se practicó y todo le hace sentido.

—Amigo, cuándo nos vemos, te invito a comer, te veo en tu casa.

—Déjame ver, lo estoy asimilando, voy a ver qué hago.

—Amigo, si necesitas algo, cuenta conmigo. Lo que necesites.

Fernando se reúne con Enrique un mes después. Lo acompañan Ingrid y los niños. La plática a solas entre los amigos se posterga y acuerdan comer juntos. Cuando finalmente se ven, Fernando le externa su angustia y también le pide su ayuda para arreglar el cambio de imagen que le han hecho en *La Academia*:

—Me puse en la torre con esta imagen, ¿por qué decidí quitarme la barba?

—Amigo, no te preocupes, te la arreglo. Lo de la barba es parte de tu personalidad. Pero bueno, vamos por un buen corte.

"Conforme fue pasando el tiempo hicimos ajustes. En *La Academia* le aplicaba un spray que usan muchos artistas, que otorga textura; tapamos huecos y teñimos todo el cuero cabelludo oscuro para que luciera uniforme y que a cuadro no se notara la consecuencia de la quimio", explica Enrique, quien durante *La Academia* vio muy poco al conductor debido a sus periodos de reposo y llamados, en los cuales lo visitaba en los foros de Azteca Novelas. Cuando el programa concluyó, Ingrid comenzó a asistir a la estética Class y se volvió una clienta más.

En España, luego de cumplirse un mes y medio de la muerte de Victoria, el abuelo Marcos Antonio conoce lo que está pasando en México con su nieto Fernando. Su hijo, Marcos Antonio II, decide finalmente decírselo.

—Vos no sabes lo que está pasando en México.

—¿Qué está pasando en México?

—Fernando tiene cáncer.

—Dejate de macanas.

—¡Fernando tiene cáncer!

—¡¿Cómo?! Yo no me enteré cuando Rosa Lina vino a cuidar a la madre; ella sabía que el hijo estaba enfermo y no me dijo absolutamente nada, se tragó toda la angustia que tenía y nosotros no sabíamos absolutamente nada.

Fernando viaja a España el 14 de noviembre de 2012 para darle el pésame a su abuelo Marcos Antonio. Aparentemente lo ve bien y se anima a pasear con su nieto en Benidorm.[29] Aunque platican y caminan mucho, no hablan del cáncer.

—Yo me di cuenta de que se cuidaba mucho en las comidas y las bebidas. No quise preguntar, preferí ignorarlo para no angustiarme más. Preguntarle al nene es un tema muy difícil de tocar a la fecha; a veces le pregunto cómo vas, "bien", pero no quiero escarbar, ni quiero que me dé explicaciones de algo que a él le debe doler, por supuesto. Yo no pregunto y trato en lo posible de ignorarlo.

A mediados de diciembre concluye *La Academia*. Luciano cumple su cuarto año. Es Navidad, pero no hay energía ni ánimo para celebrar. La llegada de 2013 para Fernando, quien decide dejar la quimioterapia por sus fuertes efectos secundarios, incrementa al

---

29 Benidorm es una ciudad y municipio español de la provincia de Alicante, en la Comunidad Valenciana. Se trata de uno de los destinos turísticos más importantes y conocidos de España y de todo el Mediterráneo gracias a sus playas y su vida nocturna y es conocida como la "Nueva York del Mediterráneo" por sus rascacielos.

máximo la incertidumbre sobre sus posibilidades reales de mejorar. Sus padres no están de acuerdo, pero su mujer decide apoyarlo y el conductor comienza un duelo contra su voluntad. La pérdida de la salud y cómo ésta ha trastocado su vida le infunden mucho temor.

Se queda en casa, pero en ella gran parte del día sólo hay silencio. Muy pocas veces abandona su habitación, donde permanece hasta media semana sin poder levantarse. Fuera de esa puerta la vida sigue. Ingrid se reincorpora a trabajar, Emiliano y los niños asisten a sus clases y actividades y el personal del matrimonio retorna a su rutina, excepto Fernando, para quien el tiempo transcurre mucho más despacio.

El equipo de nanas, asistente y chofer cierra filas, se une y organizan la casa para hacerlo sentir más cómodo y guisan lo que a él le apetece. Ingrid casi nunca les expresa sus emociones y la mayor parte del tiempo, frente a ellos, permanece en silencio.

—No, no las expresaba así, tal cual. Tal vez hacía comentarios como "estoy muy cansada" o, si yo la veía como muy pensativa o cabizbaja, le decía "¿estás bien?", y a veces ella me decía no o sí y si quería platicar era cosa de dos segundos. Sólo una vez que íbamos solas en el carro tuvimos una plática de la enfermedad, de la vida, de cómo habían cambiado las cosas, pero de cinco minutos —relata Violeta, la asistente de la pareja.

El 3 de mayo de 2015 el diario *El Universal* publica un recuento de la relación. Bajo el título "La historia de amor de Ingrid Coronado y Fernando del Solar", la nota escrita por Janet Mérida menciona la pequeña entrevista que con motivo del 14 de febrero de 2014 la pareja grabó haciéndose preguntas sobre su relación. Él, con sus conocidas bromas, le cuestionó a Ingrid:

—¿Qué es a lo que más le temes en la vida?

—Lo que más, más... Perderte.

—Eso es buenísimo de Ingrid, que te dice las cosas como son y, eso, a veces duele, pero una vez que uno lo entiende es muchísimo mejor.

Posteriormente, Fernando externó su principal miedo:

—Le temo a no conocer a mis nietos, le tengo miedo a no vivir el tiempo suficiente para estar juntos y para ver a mis hijos realizarse y ver a mis nietos crecer y ser su abuelo, a morirme. A morirme antes de poder haber hecho todo lo que quería hacer.

—Ingrid en la primera etapa de *Venga la Alegría* era mucho más reservada, indiferente, de cero trato e intolerante a muchas cosas o de decir no hago esto —afirma Sandra Eloísa Gamboa—. Después, hay una segunda etapa donde Ingrid entra a cubrir a Raquel Bigorra y viene totalmente distinta, la veíamos tranquila, pero sabíamos que era difícil y sin saber qué le esperaba a Fer, que todos esperábamos fuera favorecedor como lo es hoy en día; pero en ese momento las cosas estaban graves y no sabíamos qué iba a pasar.

Las secuelas de la quimioterapia hacen que Fernando pierda el pelo, y ante el temor de la caída completa del cabello, llama a Enrique para que, por primer ocasión y frente a su mujer e hijos, retire de su cabeza todo el cabello. Cuando el diseñador de imagen llega a la casa observa a Fernando delgado y demacrado.

—Llegué a la casa donde vivían y lo hicimos, estando ella y sus niños, pero como una especie de juego, mira vamos a raparlo. Ésa es la primera vez que le quito el cabello casi casi a rape. Sólo lo he hecho dos veces. No se lo permití. Le dije "No, no, no, es lo primero que ves al levantarte y esa imagen te provoca una cuestión emocional impresionante; ya saben lo que tienes, no es necesario reafirmarlo". Tenía la mitad del cabello, pero el resto hacíamos que luciera un poco más largo, buscando productos. En ese momento experimentamos con unas cápsulas y manteníamos el cabello. Era algo que cuidábamos mucho y hasta la fecha lo cuidamos. Por eso en algún momento ha usado gorros, para cubrir lo que hemos hecho, oscurecerle el pelo y mantenerlo.

Pero los cambios y dolores físicos son apenas la antesala de un mar de emociones donde el miedo va a dar lugar a la ira, sentimiento que se va a acrecentar en Fernando, generando un enojo e indignación permanente y la primera de tres fuertes crisis médicas, familiares y sentimentales.

« Si voy a morir, la muerte me va a agarrar peleando.
No dormido, no inconsciente. Luchando.

FERNANDO DEL SOLAR »

Episodio **XI**

MI PRIMERA EXPERIENCIA CON LA MUERTE

ETAPA II. EL ENOJO

Estoy enojado con todo, con todos, con la vida, conmigo, con mi familia, con mi suerte, con Dios. Me veo en el espejo y me grito. No me soporto, estoy intolerante, frustrado, encabronado. Odio mi situación, odio despertar, respirar; odio que el mundo siga girando como si nada, mientras yo me estoy muriendo.

Cuando empiezo a reaccionar e ingreso a la etapa del enojo, me invade la ira. Culpo a todos.

Había días de mucha intolerancia, había días en los que me sentía la víctima de todo y había días en los que nada me consolaba.

¿Cuándo iba a regresar a la televisión? No sé.

¿Cuándo me voy a curar? No sé.

¡Abandoné la quimioterapia! Empecé una búsqueda voraz e intensiva de medicina alternativa, la cual resultó una verdadera odisea.

Como todos sabemos, hay mucha gente valiosísima, de gran sabiduría y conocimientos y hay muchos charlatanes, muchísimos, que se aprovechan del momento que estás viviendo, se aprovechan de la sensibilidad, de tu dolor, y son capaces de cobrarte y de prometerte cualquier cosa. Y en ese afán de librarla o de salir airoso, pues le crees a cualquiera que te dé un mínimo de esperanza.

Esto me llevó a probar miles de cosas: la radiónica, la terapia cuántica, el ácido cítrico, la homeopatía, inyecciones de aminoácidos, pulseras antifrecuencias, terapia de cuencos, reiki, psiquiatra; dietas de todo tipo en las que suprimí muchísimos alimentos como la harina, el azúcar, el gluten, la carne de res y de cerdo. Hice incluso una dieta extrema vegana y me dio anemia. Tomé veneno de alacrán azul que viene de Cuba, también de ese país bebía diariamente extracto acuoso de mangífera Vimang, que se supone es de lo más novedoso en medicina cubana. He comprado en un mercado y molido una serpiente deshidratada de cascabel con la que durante un año aderecé mis comidas porque dicen que cura el cáncer —sabe muy parecido a la sal—; también he tomado factor de transferencia, que es muy bueno y te ayuda a elevar tus anticuerpos. Hice terapia física, osteopatía —que te ayuda a que tus huesos y tus órganos funcionen de manera impecable, se alineen y que todos los tratamientos den un mejor resultado—. Terapias como ThetaHealing, masajes chamánicos, temazcales, angeloterapia, terapia de regeneración celular, misas con muertos, lectura de cartas, santería, todo y de todo. Pláticas con sacerdotes y rabinos. Leía la Biblia —el Nuevo Testamento— y el Zóhar. Platiqué con un grupo de cristianas. Bebí sangre de zopilote, dicen que al ser un ave carroñera sus anticuerpos son elevadísimos y tomándola me curaba. Ingerí todo tipo de plantas y hierbas, tés de todos colores y asquerosos sabores, en fin, hice muchas cosas más que hoy no me acuerdo. Ni me quiero acordar.

Cuando te dicen que te vas a morir te desesperas tanto y tu deseo de vivir es tan grande que si te dicen que te metas un pepino en la oreja y chupes una piedra lo haces. Punto. No hay más.

En cinco años he pasado por muchos procesos y lo más loco que he hecho, pero que a mí me hizo mucho bien, fue ir con una persona que era como la reencarnación de un hada celta, ¡una verdadera locura para esta realidad! Cuando estuve con ella experimenté una sensación de paz maravillosa. El trabajo que hicimos, a nivel espiritual, fue extraordinario. Cuando entré a su casa brillaba todo, en todos lados. Fue una mujer muy amorosa que canalizó a los maestros ascendidos y, a través de ellos, escribió lo que querían decirme, aún conservo esa carta.

Para mi psique fue muy desafiante porque cuando me pongo en esta cruzada para tratar de descubrir o intentar sanar, me enfrento al conocimiento de algo que en un 90% no conozco, que no está dentro del ámbito de la lógica y, por ende, la cabeza no tiene manera de aprehenderlo o aterrizarlo racionalmente. ¿Cómo se hace eso? Abrazando lo imposible.

Y ahí empecé mi búsqueda, me cuestionaba ¿qué es eso de la muerte? Estuve con tanatólogos e hice hipnosis que me ayudaran a cambiar patrones de conducta y también me metí a estudiar mucho, todo lo que tiene que ver con la cábala[30] y con la filosofía. Las noches en que no podía dormir lo único que me distraía era leyendo a Friedrich Nietzsche, Sören Kierkegaard, María Zambrano y Carlos Castaneda. Intentaba encontrarle un sentido a mi vida, a tanto dolor, a tanta desolación. Tenía que haber algo más. ¿Qué era la muerte para diferentes culturas, qué era eso?

Pero en cuestión de meses viví mi primera experiencia y contacto con la muerte.

Como a los ocho meses de haber abandonado la quimioterapia empecé a tener en la cintura dolores muy fuertes y espantosos de ciática. No me podía mover y perdí la sensibilidad en las piernas. El que ha tenido dolor de ciática sabe que la sensación es horrible, es como estar en nervio vivo, sientes como descargas eléctricas constantes, mil veces más terrible que una endodoncia, y vaya que llevo dos.

El dolor era insoportable, no daba más y regresé al hospital. Ahí sufro la primera recaída el 22 de abril de 2013. Ingreso por emergencias, sin tener idea con lo que me iba a encontrar, ni por qué no podía caminar, aunque algo intuía.

En urgencias el médico de guardia me preguntó:

—¿Le hablamos a su doctor, a su oncólogo?

—No, no le hablen a ese oncólogo; por favor, búsquenme otro.

---

30 'Kabbalah' la palabra significa recibir. Es el estudio de cómo recibir la plenitud en nuestras vidas.

Entonces apareció el doctor Rafael Hurtado Monroy, hematólogo y especialista en enfermedades como el linfoma, la leucemia y derivadas en la sangre. Para mí es muy importante que si te acaban de diagnosticar o un familiar tuyo padece cáncer recuerdes que el oncólogo es especialista en cáncer en órganos y el hematólogo en todo tipo de cáncer relacionado con la sangre. Dirigirse al especialista correcto te ahorrará muchísimo tiempo. Yo no lo sabía, hasta ese día.

El doctor Hurtado me explicó que esos dolores insoportables que me impedían moverme eran producto de los ganglios que se hallaban muy crecidos en la espalda baja y estaban presionando mi nervio ciático. En calidad de urgente me mandó hacer una radioterapia en la región lumbar. Me metieron a la sala para practicarme los estudios, específicamente una tomografía, para conocer a detalle el grado y avance de la enfermedad, y en ese momento, ante la sorpresa de todos, tengo una muerte clínica. El estudio se alargó un poco, el anestesista no calculó bien la dosis y sufro un paro cardiorrespiratorio. En la sala no tenían el equipo para hacer reanimación y pierdo mis signos vitales.

Ésta es la primera gran crisis que enfrento desde el diagnóstico.

No supe qué pasó hasta que desperté en terapia intensiva. Lo primero que siento y veo es que me están sacando un tubo de mi garganta con el cual me estaban ayudando a respirar. Al pie de mi cama estaba Ingrid y alcanzo a decirle:

—Me quiero quedar por mis hijos.

—No te quedes ni por tus hijos ni por mí; si te vas a quedar, hazlo por ti.

Lo pensé un momento y asentí con la cabeza. Tenía todo el sentido, tenía razón. Entendí que si me iba a quedar, tenía que hacerlo por mí. Por nadie más.

En ese cuarto de terapia intensiva también estaban mis papás, mis hermanas y los doctores que lograron estabilizarme. Cuando todos se fueron y me dejaron en recuperación, se me acercó uno de los enfermeros.

—Del Solar, estuvo muy cabrón lo suyo.

—¿De qué me estás hablando? ¿Qué pasó?

—Tuviste un paro cardiorrespiratorio —me muestra el parte médico— y te nos fuiste.

—¿Cómo?

—Sí, te nos fuiste. Te perdimos. No tenías signos vitales. Clínicamente muerto. Hasta que en ese momento te incorporaste en la plancha y gritaste: "¡Quiero vivir!" ¡Pum!, te volviste a desmayar... y a partir de ahí regresaron tus signos vitales.

Ése fue mi primer contacto con la muerte. No recuerdo gran cosa. No puedo traer muchos recuerdos a esta conciencia. Todo lo que te estoy contando, lo que pasó en terapia intensiva, me lo dijo el enfermero.

Pero lo que sí está en mi memoria es la aparición de mi abuela. Yo estaba ido, no puedo describir dónde, y ella me decía: "No, nene —como me llamaba en vida—, todavía no", sentía que me abrazaba y que me contenía. Pero no dejó que me quedara.

Al siguiente día el anestesiólogo vino a ofrecerme disculpas. Me explicó que había calculado mal la dosis, que los estudios habían durado más de la cuenta y no sé cuánto tiempo me estuvo bombeando oxígeno él, a mano. Lo importante es que estaba vivo. Alguien alguna vez me aconsejó que demandara, pero lo único que quería era que me siguieran ayudando, "aquí estoy", fue mi respuesta y nunca demandé. No podía pensar en otra cosa más que en recuperarme y estar bien. No tenía energía para otra cosa, ni me interesaba nada más.

Me quedé hospitalizado del 22 al 29 de abril de 2013. Me empezó a atender el doctor Hurtado; me dio otro protocolo que consistía en 18 ciclos de quimioterapia —cada quimio incluía dos aplicaciones— y sentí que poco a poco me empezaba a recuperar.

Ingrid me apoyaba, me enfrentaba; decía, hacía; sacaba; intentaba hacerse la fuerte, se enojaba, me enojaba; pero teníamos un objetivo: había que darse un número específico de quimioterapias y la librábamos. Aguantábamos todo en pos de ese objetivo. Los malos humores, la tristeza, la depresión, todo. Teníamos hijos muy chiquitos en ese momento; no era nada fácil, ni para ella ni para mí, y me imagino que para nadie que enfrenta una situación así.

Y es que eran un total de 18 quimioterapias, una cada tres semanas. Me las aventé casi en un año. Concluí el 10 de enero de 2014. Yo me iba sintiendo mejor, pero cuando llegó la quimio número 16 hablé con el doctor:

—Mi cuerpo ya no da más. No más quimioterapias. ¿Qué podemos hacer?

—Felicidades, te damos de alta. Necesitamos que te hagas un PET para asegurarnos de que estás limpio —respondió el doctor. Aquí voy a abrir una pausa. Te preguntarás cómo me dieron de alta así. Yo también me pregunté lo mismo. En un año nunca me mandaron a hacer estudios que certificaran que yo iba mejorando y tampoco cuestioné nada porque no tenía ni idea; comprenderás que ésta era mi primera vez ante el cáncer (y deseo que sea la última), yo me dejaba guiar, pero tomaba decisiones drásticas basadas en mi intuición. No me sentía bien y en este caso el doctor se confió. Aceptó interrumpir el ciclo de quimios y me mandó hacer un PET ¡un año después!

El PET/TAC es un estudio que consiste en practicar una tomografía por emisión de positrones (PET), utiliza pequeñas cantidades de materiales radiactivos llamados radiosondas, una cámara especial y una computadora para ayudar a evaluar las funciones de los órganos y tejidos. Mediante la identificación a nivel celular de cambios en el cuerpo, la exploración PET/TAC puede detectar la aparición temprana de una enfermedad antes de que sea evidente con otros exámenes por imágenes de medicina celular. Cuando te lo practican te introducen un líquido de contraste vía oral e intravenosa, ingresando azúcar o glucosa en la sangre; las células cancerosas absorben el azúcar y se pintan, es como un líquido radiactivo; meten todo tu cuerpo dentro de un cilindro y te escanean completamente. Dependiendo dónde se acumule el azúcar, se pinta esa zona de color, y de esta manera el especialista puede ver si hay o no actividad tumoral en tu cuerpo, así como el tamaño, forma y comportamiento de la enfermedad.

Hice el PET/TAC y mientras esperaba el resultado me dieron de alta; error, porque no me sentía del todo bien todavía, es decir, sí había una mejoría, pero aún no podía correr y notaba que me seguía agitando. Pensando que podrían ser los efectos secundarios del tratamiento y con ciertas dudas, todavía no podíamos cantar victoria.

Días después fuimos a ver al doctor y a buscar los dichosos resultados con Ingrid. El doctor tardó una eternidad en atendernos. Nos recuerdo abrazados, sin hablar, casi sin respirar, esperando temerosamente que nos hiciera pasar a su consultorio. Una vez dentro, sin más, nos dijo que la quimio no me había hecho nada y que lo único que me quedaba por hacer, la única esperanza que tenía, era un autotransplante de médula.

La noticia fue de terror. Nos pusimos a llorar los dos... Creíamos que la habíamos librado y ahí, de golpe, nos dimos cuenta de que estábamos peor que al principio. Yo me sentía en caída libre, toqué fondo. Imagínate que venga el doctor, estás con tu esposa y que te diga que ya no hay nada más que hacer, que las 16 quimios que se te dieron no hicieron nada; se necesita un autotransplante de médula, bla, bla, bla. Fue realmente terrible, durísimo. Nos dimos un abrazo interminable y lloramos los dos como nunca, desconsoladamente. Dolor de alma a alma en su estado más puro.

Las estadísticas del linfoma de Hodgkin dicen que más de 90% se cura con un protocolo de quimioterapia, es de los cánceres menos agresivos, de los que más posibilidades de remisión tiene, pero en mi caso pertenecía al 10% de los que no se curan. Busqué una segunda opinión y mi única opción era someterme a un autotransplante de médula.

Se trata de un proceso que dura más de un mes dentro del hospital, durante el cual te mantienen aislado porque extraen de la médula todo el líquido que representa tu sistema inmunológico. ¿Por qué se hace esto?, porque te van a poner una bomba química 10 o 100 veces más potente que la quimio normal, que va a destruir tu sistema inmunológico por completo, y para que ello no suceda te lo quitan del cuerpo, lo plaquetizan, y mientras estás sin anticuerpos, sin defensas —por eso te colocan en un lugar cerrado donde no puede entrar nadie—, te meten esa bomba atómica, como último recurso, para acabar con las células cancerosas que existen en tu cuerpo. Aunque esa bomba barre con todo, tanto lo bueno como lo malo. A los tres o cuatro días —son críticos porque no tienes defensas, cualquier infección te puede matar—, después de haber detonado esa bomba en el cuerpo y cuando baja un poco esa toxicidad, te regresan tu mismo sistema inmunológico al cuerpo. Por eso el nombre de "autotransplante". Finalmente, si todo va bien, tu sistema inmune vuelve a arrancar, es como si te hubieran reseteado. ¿Qué significa eso? Que vuelves con tus defensas desde cero, como si fueras un bebé. Todos los anticuerpos que tú habías generado a lo largo de tu vida se pierden, y vuelves a empezar de cero, es decir, tienes que volver a tener cuidados a donde sales, no puedes estar con gente, cualquier resfriado te puede afectar, ya que estás con tus defensas muy bajas y débil. Si sobrevives a esa cuarentena o esos días en los que tienes que estar encerrado, tienes 46-47% de posibilidades de haber erradicado la enfermedad. La ciencia, como muchas otras cosas, basa su éxito en la estadística, y éstos eran los números que me presentaban los doctores. Frío y directo. Tal cual. Por eso no acepté practicármelo, porque el doctor me daba 46% de expectativas de vida. Eso, siempre y cuando superara el procedimiento.

Y en ese momento es cuando tomo la decisión: si voy a morir, la muerte me va a agarrar peleando. Yo no quería morir en un quirófano, ni dentro de una sala de operaciones, ni en un hospital. No. Que la muerte me agarre vivo. No dormido, no inconsciente. Luchando.

Esto lo hablé con Ingrid, en su momento, y estuvo de acuerdo. Pero empezó otra odisea. ¿Qué terapias alternativas hay? Cada vez asumía más riesgos, cada terapia parecía más desquiciada y extrema que la anterior, más a las que ya me había sometido y que describí al inicio de este episodio. Ahora sí. Confirmado, estaba roto, quebrado, desahuciado y extraviado en mis pensamientos de muerte.

¿Para dónde vas?, ¿qué hacer? Ya hice esto, esto y esto. Médica y científicamente el hospital ya no tenía nada que ofrecerme más que un autotransplante.

Los siguientes meses fueron terribles, mi actitud conmigo y mi actitud con el entorno era fatal, estaba sumido en la depresión, no quería salir de la cama, podían pasar días sin bañarme, sin rasurarme y estaba muy mal y, a partir de ahí, la situación se volvió insostenible a nivel relación, a nivel personal, ¿por qué?, porque yo no podía conmigo mismo. Estaba insoportablemente irritable. Descontrolado, nada podía contenerme. Estaba desbordado. Unos días estaba deprimido, otros eufórico, algunos más no sabía si iba a despertar, mis fantasmas golpeaban fuertemente la puerta y mi salud empezó a empeorar cada vez más, cada vez más y cada vez más.

Perdí mucho peso, los cachetes se me cayeron, la boca como que se agrandó, me veía más dientón y me parecía más a un ratón. Tenía unos dolores insoportables en el pecho y presentaba sudoraciones extremas, dormía como ensopado por las noches. Para entonces ya tenía un condensador de oxígeno que había rentado e iba con él a todos lados y lo usaba todas las noches; lo llamaba Arturito porque era del tamaño de R2-D2, el personaje de *Star Wars*, y este aparato, mediante una máscara, me ayudaba a respirar; hacía un ruido espantoso, ¡puuuuush!, ¡itssssss!, ¡puuuuush!, ¡itsssssss! Y así todo el día, toda la noche, era muy complicado dormir con él. Para entonces, ella se levantaba todos los días temprano para ir a trabajar a *Venga la Alegría* y un día me dijo que no podía dormir con el ruido que hacía el aparato:

—¿Y entonces qué hago?

—Pues no, ¿qué te parece si te vas a dormir al cuarto de Emiliano?

—¡Ah!, preguntémosle a Emiliano.

Me fui a dormir al cuarto de Emiliano, mi primogenitodrastro —como yo le decía y al que adoraba y adoro—, decisión que fue de común acuerdo o, finalmente, siento que así sucedió y me pareció normal. Emiliano estuvo de acuerdo. Ese muchacho duerme increíble y, a pesar del ruido, él dormía como rey. Dormí durante tres meses en su habitación. Hablábamos mucho todas las noches antes de dormir, de la escuela, de videojuegos, de chicas, etcétera.

Tiempo después Emiliano decidió ir a vivir a casa de su papá y ella estaba como muy agobiada, porque estaba trabajando, quería hacer ejercicio y sentía que no le alcanzaba el tiempo para nada... Entonces le sugerí:

—Ahora que el Pato está en casa de su papá, tal vez sería bueno poner un pequeño gimnasio en su cuarto.

Estaba tensa por no poder hacer ejercicio, tal vez le ayudaría a sacar su enojo o frustración con toda la situación que estábamos viviendo. "Probemos, ¡hagámoslo!" Por obvias razones de salud, yo no podía hacer nada de ejercicio, pero si eso calmaba las cosas, adelante. Nunca fue mi intención hacer a un lado a Emiliano, jamás. Desgraciadamente ella no lo entendió así.

¿Quién iba a ocupar el gimnasio?

A Emiliano siempre lo traté como a un hijo más. Es un gran hermano mayor para mis hijos, vive, crece, comparte, juega con ellos y mis niños Luciano y Paolo lo adoran, lo admiran, es el hermano grande —me lo dicen—. ¿Cómo no estar agradecido con ese flaco, que cuida y ama a sus hermanos y que han pasado tantas cosas juntos? Para mí no existen los medios hermanos, para mí son hermanos y punto. El amor no distingue.

Había días que Emiliano se confundía y me decía "pá o papá" y enseguida se corregía, perdón "Capo o Fer" —como él me llamaba—. Yo no quería confundirlo ni que se sintiera incómodo. Entonces lo platicamos claramente:

—Emi, yo no soy tu papá, ni quiero ocupar su lugar. Eso que nos quede claro, pero podemos ser mejores amigos. ¿Qué te parece?

Recuerdo un día, cuando hubo una kermés en su escuela y con su propio dinero compró dos anillos plásticos de la amistad. Me dijo: "Capo, uno es para ti y el otro para mí, porque somos mejores amigos". ¡Fue genial! Lo habíamos logrado. Durante mucho tiempo jugamos videojuegos, íbamos a ferias, al cine, lo llevaba a casa de sus compañeros de escuela, cumpleaños, le enseñé a usar una cámara de video y hacíamos películas caseras con sus amigos, que hasta el día de hoy conservo. Nos la pasábamos realmente bien, hacíamos buen equipo y éramos lo que yo consideraba una auténtica familia moderna —el tuyo y los nuestros, todos juntos—. ¡Era increíble!

Por desgracia ella no lo vio así... tal vez creyó que quería quitarle su cuarto o sacarlo de nuestras vidas o no sé. Por eso para mí el cuestionamiento acerca del gimnasio, acerca de Emiliano, no venía al caso. ¡No tenía sentido! Hoy comprendo que ya, en ese momento, las cosas estaban del carajo; no podíamos pensar con claridad, ser objetivos, estando inmersos en esta oscuridad, era imposible. No podía levantarme de la cama, me costaba muchísimo y tampoco podía dormir bien. Estaba exhausto. Era vivir con mi cabeza revolucionada, a mucha velocidad, con pensamientos pesimistas que me torturaban todo el tiempo: ¿qué va a pasar con mis hijos?, ¿qué va a pasar conmigo y con mi familia?, ¿me voy a curar? Entonces el más mínimo detalle, como un gimnasio, podía producir una guerra mundial. Cualquier cosa que uno diga, en semejantes condiciones, era relevante. Estábamos saturados, intolerantes, y esas pequeñas cosas que en otro momento serían para reírse ahora cobraban un sentido desmesurado.

Es cuando realmente te replanteas el sentido de la vida: ¿Qué hago aquí?, ¿de qué sirve todo lo que he trabajado, todo lo que he hecho, lo bien que me he portado?, ¿de qué me sirvió todo si hoy estoy así!?

O peor aún. Replantearme que todo lo que había hecho hasta el día de hoy me había traído hasta aquí, hasta este presente, lo cual me llevaba a afirmar que toda mi vida, todas mis elecciones, todo, absolutamente todo lo que había hecho... estaba mal. Mi vida había sido un error tras otro porque me estaba muriendo, me estaba acabando y mi cuerpo se deterioraba sin freno. ¿Entonces hice todo mal?

El cáncer, sin lugar a dudas, es una invitación involuntaria y muy dolorosa a reflexionar. Te obliga a mirar hacia adentro y a enfrentar tus demonios, si es que quieres tener alguna chance de seguir con vida.

Que te digan "échale ganas", "tú puedes", "ya va a pasar", "todo va a estar bien", "¿cómo estás?", pierde sentido.

¡Cuántas veces me han dicho "échale ganas, mi Fer"!

Quizá no se dan cuenta. Pero nos partimos la madre todos los días para tratar de estar bien, para despertar al otro día, para no perder la fe, para regresar al hospital, para soportar que te piquen por todos lados, que te puncen para sacar agua de los pulmones, para tratar de comer algo, para que te hagan análisis de sangre, te hagan radiografías, te pongan la quimioterapia, te hagan el PET, para que... ¡le echamos un montón de ganas! ¡Muchísimas ganas!

A veces era yo el que terminaba consolando a mi familia y amigos.

¿Qué significa que me digan "échale ganas"? Si es lo que hago todos los días. ¡No me digan eso! Eso me enojaba aún más.

Pero creo que esto ocurre por el desconocimiento, ¿qué le puedes decir a un enfermo?, ¿qué le dices a alguien que se está muriendo? No tenemos ni idea. No sabemos cómo enfrentar la muerte, cómo convivir con ella, cómo plantarle cara. Nadie lo hace con mala intención, lo entiendo; pero el "échale ganas" no es opción, no está bueno, a mí no me gusta que me digan eso y a toda la gente con la que he hablado, que está en situaciones parecidas, tampoco.

¿Y si mejor le preguntamos a esa persona qué necesita de nosotros? ¿No sería más honesto?

Lo que necesitamos es sabernos acompañados. Lo único que puede hacer la familia o los amigos es acompañarte, tomarte de la mano, abrazarte, decirte cuánto te quiere, cuánto te ama y estar ahí. Hacerte saber que están ahí, que cuando quieras hablar te van a escuchar sin juzgarte. Llevar un día una película (que sea de risa) y pasar un rato juntos, en silencio, con música, acompañarte a tus terapias, pero nada más, no se puede hacer nada más, al menos que yo haya descubierto.

Nadie puede hacer nada por esa persona que está transitando ese duelo a menos que esa persona quiera. Nadie puede ponerse en los zapatos del otro y, aunque podamos aproximarnos a lo que está sintiendo en ese momento, la experiencia y el aprendizaje es personal e intransferible. Vamos solos, porque recuerdo que podía estar todo el día acompañado, pero cuando todos se iban o apagaba las luces para irme a dormir... ésa era la parte más ruda porque me sentía totalmente solo, solo como un perro, mis pensamientos y yo, mis miedos, mis dolores; eran noches interminables, oscuras, llenas de preguntas. Mientras todos dormían y la casa estaba en silencio, era cuando hacía más ruido mi cabeza.

Te pueden estar diciendo "lucha por tus hijos, por tu esposa, lucha por esto y lo otro"; pueden decir y hacer, pero hasta que TÚ, interiormente, no lo decides, todas ésas son palabras vacías. Incluso la expresión "vive cada día como si fuese el último" es una frase hecha, hasta que realmente vives como si fuese el último, porque no sabes si mañana vas a despertar. Y es ahí cuando la presencia de la muerte se hace consciente, es cuando más valoras la vida. Cada bocanada de aire, ver un amanecer, besar a tu esposa, oler a tus hijos, abrazar a tus padres, pero yo aún no me daba cuenta de eso.

De hecho, para ese entonces ya les había pedido espacio a mis papás, yo les había dicho que no los quería ver, no me había peleado, pero sí distanciado de ellos. No podemos hacernos tontos, obviamente, había una reunión familiar y ves que las dos partes no se llevan, pues entonces decides no hacer más reuniones familiares y punto, cada quien por su lado; entonces, cuando iba a visitar a mis papás, iba solo, y mis papás ya no venían a mi casa, punto. Y si era mi cumpleaños, pues sí venían y ni modo, sólo era una vez al año. En ese momento tenían que convivir las dos partes y punto. Se acabó. Estaba consciente de que mi familia no se llevaba con ella, ni ella con mi familia; claro, eso era obvio; eso se veía, pero mi familia no me decía nada y del otro lado lo dejaba entrever, yo me daba cuenta. Para entonces trataba de no mezclar, no combinar; no será la primera ni la última familia que no se lleven suegros, cuñados, nueras y no pasa nada, eso no soslaya el amor que pueda haber en una pareja; sería tonto mezclarlo, pienso yo. Y nadie puede controlar a nadie y mucho menos obligar a las partes a llevarse bien cuando no hay afinidad. Hasta ese momento mi mujer y mis hijos eran lo más importante de mi vida. No tenía ninguna duda. Y la situación me estaba empujando a decidir; erróneamente me sentí forzado a tomar parte, a separar —hoy entiendo que lo mejor era estar todos unidos, más allá de cualquier diferencia—, pero no teníamos cabeza para eso, y con el alma rota me reuní con mis padres y con mi esposa, y como pude les expuse que si no apoyaban mi decisión —no iba a darme más quimioterapias— y mi relación, prefería no volver a verlos, hasta que cambiaran de opinión. Mi corazón lloraba. Vi a mis viejos asentir con la cabeza, levantarse pesada y tristemente de la mesa, tomarse de la mano y salir del lugar... Lloré amargamente. Estaba destrozando a dos de las personas que más amo en esta vida, a mis papás.

"Ojalá que pueda volver a verlos en esta vida, ojalá que no me arrepienta de esto", pensé mientras se perdían de mi vista.

La otra persona puede pedir o no pedir, el tema es: yo tomé la decisión, yo en una necesidad personal de decir: "A ver, te voy a demostrar que ellos no son lo más importante en mi vida, que lo más importante para mi eres tú y mis hijos"; innecesariamente, estúpidamente queriendo demostrar algo que no tenía que demostrar porque para mí así era. Por eso, al principio de este libro digo que 50% de la responsabilidad es mía y yo asumo esta parte, o sea yo termino decidiendo "¿saben qué, papás?, necesito que se hagan a un lado, ésta es mi familia"; pero no tenía nada que ver con que ellos me quisieran controlar, o con la familia muégano, o con mamitis, no, no y no; me encanta estar en familia, es un gusto personal, me gusta estar acompañado y compartir mi vida con los seres que amo, pero de ahí a que me controlen...

Cuando decidí venir a vivir a México me dijeron de todo, pero yo necesitaba echarme a volar, probar mis fuerzas, crecer, explorar, pero siempre quise tener una familia propia y que ésta conviviera con mis padres; si a la otra persona no le gustaba o le incomodaba, muy respetable, por eso se tomó la decisión de ver a mis papás yo solo, y cuando estaba con ella, estaba con ella y punto.

Para mí estaba muy claro: mi esposa era mi esposa, mis hijos son mis hijos y mi madre era mi madre, punto. Para mí lo más importante eran Luciano, Emiliano, Paolo e Ingrid. Yo tenía muy claro el lugar de cada quien. Si la otra persona no lo veía así, bueno, finalmente era su rollo, no mío; pero yo intentaba demostrar lo contrario, separé a mis padres ocho meses y no tenía que haber hecho nada.

Pero la situación nos rebasaba; yo me estaba muriendo de cáncer y no tenía claridad mental ni emocional, y en un acto de decir se van, se acaban variables y problemas, alejé a mis papás, alejé a mis amigos y decidí centrarme en mi familia, con mi esposa y con mis hijos. Me atrincheré en casa, lejos de todos.

Y estando con mi esposa y con mis hijos, dije: "No me aguanto ni yo, ¿saben qué?, el problema no son ustedes, el problema soy yo; entonces yo soy quien se va, yo soy quien se retira, veré qué onda con mi vida y regresaré. Ésa fue, en pocas palabras, la estructura de mis pensamientos. Nadie me entendía, ni yo.

Y un día, dentro de toda esa locura, decidí ponerle fin a la relación, pero la terminé —y soy completamente honesto— sin saber qué estaba haciendo, en esta cosa de autodestrucción, y cuando uno está mal y la depresión lo invade, no me van a dejar mentir, uno lastima más a la persona que más ama, y generalmente esa persona es la que está a tu lado.

El fin de semana del 12 de julio de 2014 yo estaba con mis hijos en Cuernavaca. Ella no estaba con nosotros, se había quedado descansando. Era su cumpleaños, le había comprado el pastel que más le gustaba y lo había dejado en el refri de nuestra casa en la Ciudad de México. Regresaría con los niños el domingo 13 y festejaríamos juntos el cumple de mamá. Hasta ahí todo normal.

Sé que lo que voy a relatar a continuación puede parecer algo irrelevante y frívolo, pero ese fatídico domingo 13 de julio Argentina perdía la final del Campeonato Mundial de Futbol. ¡Estaba fúrico, fuera de mí, tristísimo! Rompí a llorar...

Mis hijos me preguntaban:

—¿Papi, por qué lloras?

¿Cómo les explico? ¿Cómo les digo que papá llora porque está enfermo, porque se está muriendo, porque no sabe cuánto tiempo va a estar con ellos, porque mamá y papá no están bien? Lloraba de impotencia y esa final de futbol fue la estúpida gota que derramó el vaso... Pero podría haber sido cualquier otra cosa. Yo exploté.

Regresé de Cuernavaca a México enfurecido y desafortunadamente era su cumpleaños y, también desafortunadamente, el cáncer me estaba aplastando. ¡Ese día estallé!, ¡boom! ¿Y quién estaba a lado? Pues estaba ella. El pastel ya estaba en el refri, yo ya lo había planeado desde antes, pero llegué frustrado. Además, me había tocado un tráfico de perros de regreso a México, todo fue mal; fue uno de esos días que te agarran cruzado, atravesado y que es el fin del mundo. En casa empezamos a platicar y yo estaba ido, loco, encabronado con la vida —y de eso estoy arrepentido, de ese día, asumo mi responsabilidad—, porque le dije, en caliente, "¡esto se acabó!" Y para colmo di argumentos sin filtros, directos y que yo había callado por mucho tiempo.

¿La otra persona qué? Se enganchó, empezamos a discutir y a herirnos con palabras innecesarias, hasta que yo le dije "¡basta!, me voy de la casa"... Está bien.

Los chicos ya estaban dormidos, subí al coche y me fui de la casa, me fui a dormir a un hotel; esto ni mis papás lo saben, ni mis amigos, porque esto no se lo quería contar a nadie porque me avergüenza haber reaccionado así, haya pasado lo que haya pasado después. Esa misma noche, envuelto en el silencio de esa habitación, me arrepentí totalmente. ¡Dios mío!, ¿qué hice?, ¡qué estupidez más grande! Regresé al otro día y le ofrecí disculpas:

—Perdón, no sabía lo que estaba haciendo, la verdad; sí me pasé, me pasé, sí, lo admito. Ni al caso. Discúlpame.

Su respuesta fue que no, no podía regresar a la casa. Me fui a dormir otro día al hotel y justo se cruzaban las vacaciones que habíamos planeado con los chicos, irnos a la playa a un lugar que nos gustaba mucho. Seguí insistiendo, seguí insistiendo, pero la respuesta era la misma, "¡no!"

—Igual me voy con ustedes de vacaciones, por favor.

—No, no estás entendiendo; yo me voy sola con los chicos.

—Entiendo.

Ella se fue con los chicos a Ixtapa y yo me fui a Tulum, a pensar, a la playa, un lugar que me gusta mucho; necesitaba escucharme. Ambas partes la pasamos fatal. Lo que prometía ser una hermosa vacación familiar fue una pesadilla. Cuando regresé, otra vez volví a pedir perdón.

—Discúlpame por todo —ya no tenía padres, ya no tenía amigos, sólo estaba mi esposa y mis hijos, no tenía a dónde ir. Y no sabía de qué manera disculparme.

Decidió recibirme otra vez y regresé... En esa ocasión volví a mi casa en agosto de 2014 y seguí en mi casa cinco meses más.

En noviembre de ese mismo año el canal me ofreció hacer un programa padrísimo, llamado *Gánale al chef*, fueron extensas jornadas laborales de entre 16 y 18 horas diarias, extenuantes. Pero ahí estaba, haciendo lo que amo. Viviendo nuevamente o intentando creer que todo seguía igual. En cada corte, durante las grabaciones, me iba a mi camerino y me conectaba a mi condensador de oxígeno... Me faltaba el aire, me sentía muy mal, pero no quería decírselo a nadie y simulaba estar perfecto. Iba de aquí para allá, sosteniendo una sonrisa que se derrumbaba cada vez que apagaban la cámara. Llegaba a mi casa por las noches y lloraba de frustración, de agotamiento. ¿Por qué? Estoy haciendo todo lo posible por salir adelante y cada vez me siento peor. ¡Troné! El antepenúltimo día de grabación hablé con los jefes y les dije: "No puedo más, si sigo así, me muero en el *set*". Fue a platicar conmigo a casa el director del área de Talento, Guillermo Alegret. Acordamos en parar todas las grabaciones —parar una grabación implica pérdida de dinero, tenía toda la presión de la producción sobre mis espaldas, me sentía estresado y débil—; dos días más tarde, como pude, hice el último programa y terminé la primera y única temporada hasta hoy. Era un gran proyecto, en un mal momento.

Otro intento fallido de hacerme el fuerte.

Me sentía culpable, triste y mi salud recrudeció durante las fiestas decembrinas. Planeamos pasar Navidad con casi toda mi familia política a Mérida y luego tomar un avión e irnos a Ixtapa de vacaciones con ella y con los chicos, a pesar de que no podía ni respirar, el aire acondicionado del avión y del camión me hacían mal, todo me hacía mal. Más noches sin dormir, tos, flemas, fiebre, ataques de pánico y hasta vomité sangre una noche. Finalmente, cuando regresamos de esas vacaciones del terror decidí irme a Cuernavaca.

No me gustaba que mis hijos me vieran así, tenía que hacer un esfuerzo doble cuando me estaba cargando el payaso; no me soportaba ni yo, me imagino que Ingrid menos —tomé la decisión de irme a Cuernavaca—, y mi plan era irme a morir. Ya no había nada que hacer por mí. Yo estaba muy delgado, cansado, abatido, sin fuerzas y morir fue la decisión que tomé.

¡Para qué, para qué le sigo si ya he hecho todo! Estás sumido en la depresión de que tu vida ya no es como antes; tienes ganas de jugar con tus hijos y no puedes; tienes ganas de trabajar y no puedes; tienes ganas de caminar y no puedes, o sea lo que quieras hacer, no lo puedes hacer, me sentía impedido. De alguna manera extrañaba la vida de antes, MI VIDA... pero mi corazón y mi cabeza terminaban por romperse y me sentía arruinado.

El doctor ya me dijo que estoy desahuciado y no quiero que me vean morir aquí, no... no así, no en estas condiciones.

Pero en días previos de mi partida a Cuernavaca tuve dos experiencias que yo llamo experiencias de lo imposible, de esas cosas que la ciencia no explica y, sin embargo, todos sabemos que hay muchas cosas así que suceden y no las contamos porque nos tratarían de locos.

Hice una terapia que se llama ThetaHealing en la que, de alguna manera, en grado de meditación, autorizas a que el guía ingrese a tu campo de energía y frecuencia Theta y vea cosas tuyas, de tu alma, de tu espíritu e interpreta o siente situaciones que han estado y están atoradas en ti. Ese día hice una catarsis muy fuerte y la persona que me guiaba, con quien también estoy muy agradecido, entre tantas cosas que él sentía atoradas, relaciones, patrones, me dijo:

—Tu espíritu no se quiere ir, tu espíritu está aquí aferrado, firme. Tú no quieres morir. Tú tienes muchas cosas que hacer. ¡Tienes mucho por qué vivir!

Me solté a llorar. Era verdad, no quería morir. No quiero morir, en absoluto. Al contrario, quiero vivir, estoy lleno de vida, pero ¿qué hago?, ¿cómo lo hago? Nada me consolaba, no podía parar de llorar y lloré. Lloré amargamente.

Al siguiente día hice otra terapia. Me dieron unos masajes de energía —te cuento todo esto como alternativa, no está avalado científicamente—, y el terapeuta me dice exactamente lo mismo:

—Tú no quieres morir, tu energía vital está al tope, tú tienes algo que trabajar contigo. Puedes hacerlo.

—¿Cómo lo hago?

—Haciéndolo.

Me replanteé entonces la idea de ir a Cuernavaca: iba a irme a morir o me iba a recuperar definitivamente.

Y tomé la decisión de irme a vivir, a recuperarme, a ponerme bien, y eso es lo que de alguna manera le expresé a Ingrid:

—Me voy a recuperar, voy a enfrentarme a mis miedos y cuando esté bien, regreso. Regreso aquí a la casa.

En Oriente hay una costumbre: cuando alguien tiene una enfermedad o tiene un problema grave, lo primero que hacen es aislarlo de la familia durante cuarenta días, y uno diría "¿pero cómo?" Claro, de alguna manera, la familia, la buena conciencia, sus creencias y las ganas de ayudar, a veces no hacen más que complicar las cosas y confundirte otro tanto. Una vez le pregunté a un doctor, de tantos que he visitado, un gran sabio:

—Doctor, ¿por qué no me pude curar con sus tratamientos, con su homeopatía?

—Es que te ganó la presión de tu entorno, tú creíste que podías curarte con homeopatía, pero les creíste más a los demás, a sus expectativas, y eso te venció. Las personas que realmente te

aman hacen lo imposible para ayudarte a salir adelante y te ayudan, te contienen y te apapachan, pero muchas veces esas formas
de hacerlo, esos pensamientos y esos miedos del entorno uno
se los contagia y a veces no son tuyos. Sin embargo, uno termina
comprándose o asimilando los miedos de los demás. Terminas no
sólo cargando tus miedos, sino los de todas las personas que te
rodean. Ves cómo te miran, con el temor que te miran, bajan la cabeza, te miran con lástima, te victimizan, y eso no ayuda. Al menos
no a mí.

Fue entonces que creyéndome muy oriental me fui a Cuernavaca
lejos de mi entorno. Aunque las decisiones las tomábamos juntos, si
me equivocaba la responsabilidad era mía, porque finalmente seguía
siendo mi vida la que estaba a punto de apagarse, de nadie más.
Pero no fue un rompimiento, yo nunca lo vi así, fue una necesidad
de aislarme buscando mejorar, o sea así lo planeé, así estaba en mi
cabeza, que no salió así, bueno, pero ésa fue mi intención y ésa fue
la idea con la que salí de mi casa.

En eso quedamos. Las cosas no estaban bien y yo intenté dejar
atrás los pleitos y la incertidumbre. La veía con sus miedos y con sus
dudas, ¿qué pasaría si la dejaba sola con nuestros hijos? Yo también
tenía pánico de dejarla sola a ella con mis hijos y también cargaba
una bomba de tiempo que era una enfermedad llamada cáncer. Salí
de casa listo para aprovechar lo que yo creía mi última oportunidad.
Era un 6 de enero de 2015.

Pero cuando crees que ya tocaste fondo y no puedes caer más,
agárrate, porque a veces hay más: ¿cómo me provoqué esa enfermedad? ¿Dentro de mi búsqueda eso tenía que suceder? ¿Se dio en
forma de cáncer?, ¿se dio en forma de separación?, ¿se dio en forma de perder la fe?, ¿en la forma de perder mi trabajo?, ¿tenía que
ser así?, ¿a mí me tocó así o mi necedad me llevó a afrontar tantas
pérdidas? Y es que en 24 meses yo viví cuatro pérdidas: mi salud, mi
pareja, mi trabajo, mi fe.

Hoy lo entiendo, pero en ese momento no, era parte de este
aprendizaje: asumir la responsabilidad de mi vida y tomar las riendas.

¿Cómo es eso de que uno decide vivir?, ¿qué es eso de vivir?, ¿acaso no estaba viviendo antes? Tan sólo imagina cómo estaba yo en Cuernavaca, solo, en un departamento, con todos mis pensamientos, mis miedos, mi realidad y enfrentándome conmigo. Ya no había ninguna distracción y sí muchos dolores. Me costaba respirar y se me ocurrió contactar con mis emociones más primarias. Empecé a escribirles cartas de despedida a todos mis seres queridos, como catarsis y a manera de tocar fondo; le escribí una carta a Luciano, otra a Paolo, alguna a mis papás, a mis hermanas, y empecé a escribir todas las cosas que me hubiera gustado hacer, todas las cosas de las que me había arrepentido y todas las cosas que hubiera hecho mejor. Fue muy, muy triste, porque era estar en contacto, en carne viva, con el dolor, con valorar lo que antes tenía y ya no y, peor aún, con la sensación de que ya no lo iba a tener jamás. Valorar a mis hijos, el tiempo que había pasado con ellos, a mis papás y a cada uno de los amigos.

No sé si has escuchado eso de que cuando estás a punto de morir tienes la sensación de que pasa toda tu vida en pocos minutos delante de tus ojos y decides partir. Los chamanes dicen que para nacer o llegar a este plano necesitas la totalidad de ti mismo, es decir, necesitas toda tu energía para llegar a este mundo y necesitas toda tu energía para poder partir. Dentro de toda esta interpretación —el que pase toda tu vida en pocos minutos delante de tus ojos— es una sensación de recuperar la energía en cada una de las cosas o experiencias en las cuales la dejaste; por eso sucede eso, recuperas toda tu vida, toda tu energía, vuelves a estar completo y te vas.

Obvio, había en mí una total incongruencia. Yo quería vivir, pero sentía que me estaba muriendo; mi cabeza quería vivir, mi cuerpo me estaba mostrando que quería morir y mi corazón estaba profundamente triste, por eso escribía estas cartas, porque contactaba con el dolor. Ya no voy a hacerme tonto, si quiero vivir o si voy a morir, tengo que contactar con todo, tengo que ser consciente de lo que me está pasando, no me voy a ir así.

Me quería morir como un guerrero.

¿Y mi fe dónde estaba? Buen punto. Estaba muy enojado con Dios, muy enojado con *El Jefe*.

Yo estaba hecho bolas porque por momentos le pedía a Dios que me devolviera la salud y por momentos sentía que era inútil, no me escuchaba, me había abandonado, solo, en esta tierra. Muchas veces leía y releía esa parte del Nuevo Testamento de la Biblia donde Jesús decía: "Padre, ¿por qué me has abandonado?", esa parte donde está crucificado en profunda soledad, y yo creía sentir algo parecido... me sentía desolado, ¿por qué me has abandonado, papá?

Mis hijos iban a visitarme el fin de semana y yo me regresaba con ellos, los lunes, a la Ciudad de México para tomar mis terapias alternativas, pero me quedaba a dormir en la casa y los martes me regresaba a Cuernavaca.

Esos días que estaba en casa yo me sentía otra vez en familia y trataba de que pareciera una familia normal, aunque las cosas ya no eran normales. Ingrid no estaba de acuerdo.

—Estamos haciendo las cosas a medias. Tú dijiste que hasta que te recuperes y no estás recuperado, ¿qué vas a hacer?

—No. Tienes razón. En eso quedamos. Me voy a Cuerna y cuando esté listo regresaré.

Pero estar listo era una trampa. ¿Cuándo iba a estar listo? No había un tiempo o una fecha.

Y así fue. Yo traté de recuperarme, pero cuando regresé a la Ciudad de México lo hice directo a terapia intensiva.

Literalmente estaba muriendo y no quería hablar con nadie. Me había peleado con todos. Los únicos que iban eran Paulo Lauría, con quien estoy muy agradecido; la señora Pili, mi ángel de la guarda y quien me alimentaba a base de caldos deliciosos y moles de olla que ayudaban a que subiera de peso, y Rodrigo Cachero, que cuando le era posible se quedaba conmigo e intentaba abrirme los ojos. Rodrigo me insistía en que volviera a hablar con mi familia. Pero no. Estaba escribiendo cartas, llorando, tratando de encontrarme, buscándome, peleando contra todos mis demonios, eran muchos y estaban todos sueltos dentro de las cuatro paredes del departamento.

Ya no podía más con los dolores. Acostarme era insoportable. No podía dormir, me ahogaba. Tenía que permanecer sentado en un sillón para dormitar y mis sueños eran muy cortos, de quince minutos o media hora. Estaba flaco, flaco, y tenía el estómago muy hinchado. Un día Rodrigo fue a visitarme, y al retirarse me pidió:

—Fer, tengo que irme. Tengo trabajo mañana. Por favor llama a tu papá, a tu mamá, llámale a tu familia, tienen que venir a verte.

Él ya se había dado cuenta de la magnitud de las cosas con Ingrid y notaba algo que yo no veía o no quería ver.

Cachero se fue como a las diez de la noche, pero en minutos regresó:

—Cabrón, no te puedo dejar así. Me voy a quedar a pasar la noche contigo. Por favor, prométeme que mañana les vas a hablar a tus papás, pero no puedes estar solo aquí.

Me dio un abrazo fuerte y nos pusimos a llorar.

Cuando Rodrigo se fue, yo me levanté muy mal, con el estómago gigante, no podía ir al baño y tenía miles de complicaciones. Después de varios meses de no hablar con mi familia, de no pasar las fiestas navideñas y mantenerme distanciado, decidí hablarle a mi papá.

—Por supuesto, ya mismo voy para allá.

Mi papá dejó todo lo que estaba haciendo y vino a buscarme a Cuerna. Cuando abrí esa puerta y lo vi fue impresionante sentir el amor por mi padre en esta tierra. Nos dimos un abrazo hermoso e interminable.

—Vaya, estás bien alimentado, ¿eh? —dijo mi padre al verme y con el humor que lo caracteriza. Claro, estaba flaco, pero con una panza inflamada porque estaba reteniendo líquidos y toda el agua de la pleura y los pulmones estaba aventando el estómago para abajo, entonces la panza se me botaba.

—Pa, llévame al hospital. No puedo más.

Si iba a morir, quería hacerlo con calidad de vida. Ya no podía ni comer. No podía respirar, no podía dormir, no podía caminar, era un bulto. Estaba desahuciado, la medicina tradicional no tenía soluciones para mí.

Mi papá me llevó a un hospital del Instituto Mexicano del Seguro Social. Ahí sobrevino mi segunda recaída. Diagnóstico: Ingreso de paciente con pleura inundada de agua, constantes ataques de pánico, sin dormir durante meses y con dolores insoportables.

Me hacen placas y se dan cuenta de que tengo los pulmones llenos de agua. Uno colapsado y el otro a punto de colapsar.

—Fer, necesitas regresarte a la Ciudad de México, ahí tienen tus estudios, tienen toda tu historia clínica, porque este tratamiento va para largo —me indicó el doctor, quien ya no quiso decirme nada de lo que tenía. Sólo me señaló: "Es agua, vete ya para México".

Yo no podía regresar ni siquiera en el coche y tomé la decisión de volver a la Ciudad de México con mi papá. Pasamos esa última noche en Cuernavaca y al día siguiente llamamos a una ambulancia que me trasladó con sirena, tanque de oxígeno y un grupo de enfermeros —nunca había viajado con ella— al Hospital Ángeles del Pedregal. Me atendió un neumólogo y me ingresó a terapia intensiva.

Ahí estaba toda mi familia, mi padre ya les había avisado de mi situación, no obstante que la había hecho a un lado meses atrás. ¡Ahí estaban! Siempre habían estado ahí conmigo, a la distancia, en silencio, pero firmes e incondicionalmente. Desde el área de urgencias me comuniqué con Ingrid:

—Estoy aquí en el hospital, no hace falta que vengas, pero si quieres venir aquí estoy.

Me atendió el neumólogo de guardia y alcancé a decirle:

—Doctor, me regreso a mi casa...

—No, tú te vas a quedar aquí.

—Ok —cerré los ojos y respiré hondo. Ahí vamos de nuevo.

Y en terapia intensiva sucedió mi segunda recaída, pero esta vez fue completa: mental, emocional y física.

Cuando abrí los ojos y recuperé la conciencia un nuevo doctor estaba a cargo de mí, Pedro de Jesús Sobrevilla, especialista hematólogo, quien a partir de ese momento se convirtió en mi médico hasta el día de hoy. Me explicó de otro nuevo tratamiento y acepté que me lo aplicaran en el mismo hospital, donde permanecí doce días, tanto en terapia intensiva como terapia intermedia. Todo ese tiempo mi familia estuvo conmigo y comencé a salir de mi segunda crisis.

Ella se presentó cinco días después. Me explicó que no había ido antes porque tenía influenza y los chicos también. Intenté justificarla, pero yo no la podía esperar, alguien me tenía que acompañar y por eso es que ahí estaba apoyándome mi familia y, por supuesto, ella era parte fundamental de mi familia, o bueno, yo lo creía así.

Ella me visitó dos días. La primera vez vino sola, y me acuerdo que cuando llegó ya estaba mi entonces suegra —su mamá—, quien hace musicoterapia, iba al hospital y tocaba unos cuencos tibetanos que ayudaban a armonizarme. También estaba mi familia. Esperó a que terminara la terapia de sanación y cuando salieron todos y nos dejaron solos, nos pusimos a platicar.

Es difícil ser coherente en una platica así, fuera de contexto, porque lo que hablamos ahí, básicamente, lo habíamos platicado mucho. Yo tenía el oxígeno puesto, estaba con miles de cables en mi cuerpo, mis venas canalizadas y me encontraba en terapia intermedia de un hospital, pero ese día en particular me dijo:

—Tú estás así porque quieres.

—¿Yo estoy así porque quiero?

Correcto, estar así es mi responsabilidad y la asumo. Sí, yo estaba así porque quería, pero no era consciente. Me explico: no es consciente querer estar así, no es que yo hubiera pedido tener un oxigenador, estar cableado y estar muriéndome en la cama de un hospital y, la verdad, lo único que yo necesitaba en ese momento no era que me dijera "tú estas así porque quieres". Todo lo que quería era un abrazo de mi esposa, un cariño. Pero no lo hubo. Fue muy frío todo, hablamos. Algo ya se había destruido y había mucho enojo. Las expectativas no habían sido cubiertas, ni de su parte, ni de la mía, y estábamos ahí, en una habitación de terapia intermedia en el hospital. Entonces mi reacción fue:

—Si vas a venir a decirme esto, hoy no me ayuda. Si yo supiera dónde está el *switch*, de dónde se apaga y se prende la enfermedad, clic, clic, clic, yo lo haría, pero no lo sé, porque no es consciente, esto se está dando de manera inconsciente, se están moviendo cosas que no estoy entendiendo. Si vas a venir a decir estas cosas, cuando yo no lo necesito, mi cabeza no lo necesita —porque mi cabeza estaba muy frágil en ese momento—, no lo quiero. Gracias.

Y ahí ella fue muy clara. Me dijo que abandonarme era un acto de amor y que lo estaba haciendo para que yo aprendiera.

Creo que la decisión ya estaba tomada hacía tiempo, yo no lo había procesado aún, pero desde que estaba solo en Cuerna creo que ella ya había tomado esa decisión, muy respetable, por cierto.

Te preguntarás qué sentido de cariño tiene que te abandonen como un acto de amor, en una terapia intermedia, en medio de una crisis.

Es difícil ponerlo en contexto, porque el tema del abandono lo habíamos estudiado en nuestras clases de filosofía. Abandonarte como un acto de amor puede verse como una verdadera locura, pero el lugar desde donde lo estaba diciendo, en ese momento, tenía que ver con que el abandono iba a provocar que yo me enfrentara a mis demonios, o algo así; por eso decir fuera de contexto "te abandono es un acto de amor", verlo de esa manera fría, parece una tontería; pero verlo desde donde nosotros lo habíamos estudiado, el abandono tenía que ver con "estás solo y vas solo y ésa es la única o una manera de aprender y sanar".

Pero lo que yo más necesitaba en ese momento era humanidad, no filosofía, y en ese punto estábamos en dos canales totalmente distintos.

Entonces le dije que si iba a ser así, yo ya no la quería ver, que por favor me trajera a los chicos, que tenía muchas ganas de abrazarlos. Finalmente, me acuerdo que al otro día vi el programa y lo que dijo al aire, textual, fue:

—Como diría un gran amigo, arriba los corazones.

¿Cómo? ¿Dijo "un gran amigo"? ¿Neta? Me empezó a quedar claro... había un proceso de duelo que yo no había hecho y era el de la separación; yo lo estaba viviendo, en vivo, en directo y a todo color en el hospital; me estaba haciendo responsable y me estaba haciendo cargo en el hospital, por primera vez, de que la posibilidad de estar separados era real, latente, y frente a una situación límite como ésta, se estaba dando. Y ya no regresaría a mi casa.

Recuerdo que vinieron mis hijos a visitarme. Cuando cruzaron la puerta de la habitación me veían extrañados, lógicamente estaban asustados, su papá estaba flaco, con cables por todo el cuerpo y con una máscara de oxígeno. Se me apachurró el corazón. Luki fue el primero en acercarse y darme un beso; Paolo no quiso... Logré hacerlos reír un poco y convencerlos de que se subieran a mi cama; saltaron y jugaron un rato con el control remoto subiendo y bajando la inclinación del barandal. Mientras yo los observaba sentado en un sillón contiguo, ahí estaban mis fieras, tantas cosas pasaban por mi cabeza, era un torbellino. ¿Qué sería de ellos? Terminaron de jugar, se adaptaron a la situación y Paolo por fin me besó. Nos dimos un abrazo precioso y se fueron. Todos teníamos que adaptarnos a esta realidad, ellos lo estaban entendiendo fenomenal.

Cuando salí del hospital no tenía a dónde ir y me fui a casa de mis padres por dos meses. Entonces me di cuenta... En este proceso de Cuernavaca iban los chicos los fines de semana a visitarme, pero ¿por qué no iba Ingrid? Ella me decía que estaba muy cansada, tenía que descansar y por eso no iba a verme. Pasó mucho tiempo sin que nos viéramos y por primera vez asumí y admití que las cosas con Ingrid no estaban bien. Por mucho tiempo me había justificado diciendo: "También hay que entenderla, que no está bien, que está cansada, que este proceso la desgasta y bla, bla bla". No, las cosas no estaban bien, en lo absoluto.

El 18 de marzo de 2015 recibí por la noche un mail de ella pidiéndome que le enviara un convenio de divorcio. Mencionaba que desde el viaje a Tulum yo tenía todo decidido, lo cual no era cierto, y no era ella quien había tirado la toalla. No quería más comunicación conmigo y me sugería que no les dijéramos nada a los medios de comunicación.

Sin embargo, horas antes, ese mismo 18 de marzo de 2015, en su sección de espectáculos el *El Universal* publicó una nota firmada por Janet Mérida que tituló "Ya hicimos lo que se podía por Del Solar".

El periódico mencionaba una entrevista donde ella hablaba de mis recaídas y mejoras que la habían conducido a mirar por el bienestar de ella y nuestros hijos: "La gente siempre se enfoca en el enfermo, siempre ayuda al enfermo, se preocupa por el enfermo y los que estamos alrededor estamos igual de abatidos. El hecho de que no tengamos la enfermedad no quiere decir que no hayamos vivido cosas terribles". Y más adelante manifestaba que no hay más por hacer sino dedicarse a recuperarse y por ello había decidido enfocar sus energías en ella y los chicos: "Hoy por hoy creo que nuestras energías deben estar puestas ahora en nosotros, ya hicimos todo lo que pudimos por él, ahora nos toca a nosotros".

Un día después, la nota fue también publicada por *El Gráfico* bajo el título "Ingrid Coronado ya no puede hacer más por su esposo".

Entonces, después de esto, regresar a mi casa no era la opción.

Me fui unos días a casa de mis papás a reponerme y continué mi búsqueda: ¿Ahora qué hago?

Sin salud.

Sin esposa.

Sin familia.

Sin trabajo.

Sin fuerzas.

Sin fe.

Sin casa.

¿Qué carajos hago?

* * *

A finales de 2013 Fernando reaparece en la pantalla de Azteca 13 en *Venga el domingo*. El productor Adrián Patiño lo invita a trabajar como parte de su proceso de sanación, pero sólo asiste a unas cuantas emisiones hasta principios de 2014.

—Su enfermedad se lo impedía y no era posible que él estuviera trabajando. Después le llamé para que siguiera mandando chistes y tuviera una colaboración para hacerlo sentir bien y supiera que nos importaba como compañero, pero después de dos o tres fines de semana dejó de enviarlos y ya no lo molestamos. Incluso la pantalla decía "Chistes por Fernando del Solar", para hacer sentir su presencia y para que el público también lo sintiera, como parte de la familia de *Venga* que éramos todos —recuerda la excoordinadora de producción, Sandra Eloísa Gamboa.

En 2014 Ingrid Coronado otorga a la periodista Mónica Garza y su programa *Historias engarzadas*[31] una entrevista en la que habla públicamente del cáncer de su esposo Fernando. Expone sus sentimientos y revela que al inicio de la enfermedad y durante la primera crisis del conductor en la que sufre un paro cardiorrespiratorio, ella hace una promesa:

—Yo lo voy a acompañar en todas y cada una de las decisiones que tome, y si esa decisión es morirse, lo acompaño. Yo le voy a dar todo mi amor y lo que él decida. A lo mejor podrían pensar algunas personas que estoy loca, y sí, sí estoy un poco loca, pero cuando dije eso, yo sentí que algo cambió; cuando dije "María y Jesús, acompáñenlo", también yo creo que a la que estaban acompañando era a mí. Yo sentí que algo sucedió, que me dio como mucha paz, y en ese instante salieron los doctores y dijeron "ya está respirando solo".

"Yo le he dicho a Fer lo mucho que lo amo de todas las formas, pero como que ahora sí la vida me dio la oportunidad de demostrárselo de a de veras. Si él decide saltar al precipicio, porque fue lo que hizo, decirle va, te tomo de la mano y lo hago contigo. Y no todas las personas somos tan afortunadas de que la vida nos dé una oportunidad así, de valorar tantas cosas; así que hoy por hoy creo que sí es un regalo, a pesar de lo duro y lo terrible y lo doloroso que está siendo porque no ha terminado. Pero hoy sí podría decirle a la vida 'gracias, ya no estoy enojada'."

Sin embargo, la llamada que Fernando hace a su padre en febrero de 2015 alarma a su familia. Su comunicación, ocho meses después de haberles pedido que no se metieran en su vida ni tuvieran

---

31 Programa semanal de investigación periodística conducido por Mónica Garza bajo la dirección de Pati Chapoy y la producción de Iyari González; en su primera etapa duró diez años. A partir de 2016 regresó al aire con la producción de Garza y Rosario Murrieta.

más contacto, les indica que algo no está bien. Su madre, principalmente, no tarda en adivinar que algo grave ha ocurrido. Cuando Norberto llega a Cuernavaca descubre la soledad en la que su hijo se encuentra y también que la crisis con su mujer ha estallado de manera abierta. La enfermedad hace imposible ya la convivencia, dentro y fuera de ese hogar. Fernando ha disimulado, ha intentado justificar sus decisiones, sus actitudes y las de su esposa y, pese a la distancia con sus padres, todo ha resultado inútil.

—Un buen día mi hijo me dice: "Quiero hablar con vos, con ustedes". "Está bien, vamos."

La mesa de un restaurante italiano acoge a unos comensales, cuyo semblante es muy serio. Fernando llega acompañado de su esposa que apenas saluda a los padres del conductor. El ambiente puede cortarse con un cuchillo. Callados y con asombro, Norberto y Rosa Lina escuchan y observan a su hijo y su nuera imponer su temperamento en aquella difícil reunión.

—Y nos empiezan a decir una serie de cosas que me hacían preguntarme "¿estoy despierta?" ¡No puede ser! Él me dijo: "Yo me casé con todo el paquete, mi mujer, el hijo de mi mujer y mis hijos".

—Sí, ya sé. Tu mujer también tendría que saber que ella se casó con todo el paquete, contigo y con toda tu familia. ¿Por qué yo solamente tengo que agarrar el paquete de ese lado y tu paquete no lo quieren agarrar? Ella decía muchas cosas que, en ese momento que la tuve enfrente, le desmentí. Pero cuando alguien no quiere razonar, no la podés hacer razonar.

Los reclamos continúan.

—Ella lo manejaba mucho. Totalmente. Cualquier persona que a él le pudiera abrir los ojos y hacerle ver lo que ella hacía no le convenía. A los amigos se los sacó, así, de un plumazo. Fer no sabía ni qué decir —manifiesta Rosa Lina, quien esa tarde junto a Norberto siente que un balde de agua fría le cae encima cuando Fernando pone fin de manera tajante a la intensa conversación:

—Bueno, mamá, basta. Ya no, no queremos tener ninguna relación con ustedes.

Los padres no dan crédito a la petición que oyen de su hijo. Saben que no son los culpables de esa situación, pero están conscientes de que está enfermo. No quieren poner en riesgo su salud y se levantan de la mesa.

—"Si vos tenés un problema con una novia y tenés que elegir es fácil, la compañera de vida es por la que tienes que optar, porque yo no voy a estar al lado tuyo toda la vida", siempre se lo decía. Es un muchacho enfermo que se supone que la persona que lo va a cuidar es la mujer. No me voy a poner en contra de ella porque me lo estropean, me lo abandonan. Yo dije "muerto el perro, se acabó la rabia". Si el problema con él es porque estamos nosotros, nos hacemos a un lado y ellos felices. Así estuvimos ocho meses, sin saber nada de él, tratando de mirar la tele para ver si salía en algún momento o preguntábamos a algún amigo. ¿Qué te parece? Fue muy difícil, y en ese ínter a él lo sacaron de la casa porque molestaba con su oxigenador, porque tosía en la noche y no dejaba dormir. Le hizo pasar a su mujer la peor vacación de la vida porque, según ella, se estaba haciendo el enfermo y estaba ahí tose, tose. "Pasé las peores vacaciones", decía. Si yo tengo la fortuna de tener a mi mamá, le digo "mamá, quédate con mis hijos, yo me voy con mi marido y lo voy a atender". Es lo menos que se me ocurre a mí, ¿no? Pero no. En la primera crisis estuvo, iba y venía, pero era yo la que me quedaba a dormir con él porque ella no podía, tenía que trabajar, ¡qué se yo! Nunca se me ocurrió hasta dónde íbamos a llegar.

Las hermanas no pueden creer lo que Fernando les pidió a sus padres y que también las haya excluido, pero respetan su decisión, aunque no hallan razón alguna.

En la casa del matrimonio la asistente Violeta García observa que su familia y amigos dejan de visitar a Fernando.

—Estar en la casa lo enfermaba cada vez más. Dejó de tener reuniones con sus amigos, que iban los jueves y dejaron de visitarlo, dejaron de suceder muchas cosas que lo hacían sentir mejor. A la casa sólo iban amigos o familia de ella. Él no podía cargar a los nenes, ni podía jugar. Él estaba en el cuarto de tele, sentado; su apariencia era muy amarilla, no se podía enderezar, casi siempre estaba encorvado, se hacía muy chiquito, a pesar de que es alto. Pasé por la sala, me acerqué a él porque hablaba muy bajito y le dije: "Tengo unas ganas de sacarte de aquí porque siento que ya no puedes estar aquí". Sólo sonrió y puso cara de no sé qué hacer, tienes razón. Él cada vez estaba más solo y ella, por algún motivo, en lugar de frenar o preguntar si él necesitaba algo, sólo siguió sin pensar que él estaba muy mal.

Aficionada a jugar basquetbol, Violeta regularmente se lesionaba los tobillos, las rodillas o las muñecas. Una ocasión, Coronado le dijo:

—Yo no sé cómo les gusta vivir así...

—¿Cómo?

—Pues así, lesionados, enfermos.

—¿Tú crees que me gusta lesionarme, en serio?

—Sí, a ustedes les encanta vivir así, no sé por qué —en ese momento Violeta se hace a un lado y termina por preguntarse: "¿Cómo puede decir que a él le gusta tener una enfermedad así y que además le gusta vivir así? Una enfermedad como la que tiene Fer no se puede controlar".

De acuerdo con familiares, colaboradores y excompañeros de trabajo, Ingrid Coronado tiene un umbral muy alto de dolor y le cuesta lidiar con las aprisiones ajenas. Durante el tiempo que trabajó como asistente, a Romina le tocó observar la siguiente escena: "En la casa estaba la señora que le ayudaba con la limpieza y le dolían mucho las piernas, porque era diabética. Le pregunté: '¿Cómo sigues de tu pierna?', y la señora me explicó lo que sentía. No se lamentó, sólo me explicó. Y cuando la señora se fue, Ingrid me dijo: 'Romi, te voy a pedir algo: no le vuelvas a preguntar, porque la persona que está enferma, al preguntarle, se vuelve víctima'".

La conductora titular de *Venga la alegría*, Raquel Bigorra, queda embarazada y sale de la emisión para dar a luz. La sustituye Ingrid Coronado, quien por segunda ocasión se incorpora al programa. Coronado no falta un solo día a su trabajo, cumple y participa incluso con los llamados de la sección "No es lo mismo, pero es igual" que se realizan a las seis de la mañana y por las tardes; continúa sus actividades con los chicos, asiste a fiestas, mientras Fernando se mantiene solo en la casa.

La última noche de 2014 la familia se reúne para despedir uno de los años más dolorosos; a Maru y Romina les pega muchísimo la ausencia de su amado hermano mayor y ambas se meten a una habitación a llorar desconsoladas por el correo que Fernando les ha enviado:

Hola, hermosas:

Aceptar a cada quien como es y aceptar lo que cada uno de nosotros hizo mal, asumirlo y empezar una relación nuevamente desde cero, sin cargar los costales del pasado... Ése es un verdadero desafío.

Pienso que es la única manera de volver a empezar, sin rencores, sin resentimientos, sin necesidad de decirnos nuestras verdades, sin contar por qué tú y por qué yo, etc... Simplemente empezar de cero.

Hoy me encuentro en una situación extrema, cada vez me siento peor, y las cosas que hago, que son miles, dan muy poco resultado, ya vi que no es lo de afuera lo que me va a curar, sino que soy yo...

Tengo todo lo que he querido y más, sin embargo, me estoy muriendo.

TODAS las decisiones, buenas o malas, han sido absoluta y totalmente mi responsabilidad.

Mi mayor preocupación si me voy, son Ingrid y mis niños, ya demasiado van a tener con la situación de quedarse solos, sin esposo y sin papá... Lo único que les pido es que los traten con amor, sin juzgar y mucho respeto.

Mis últimas voluntades ya están todas escritas, no estoy dejando nada librado al azar.

Si no logro darme cuenta lo que me tiene mal, la verdad es que no sé cuánto tiempo más esté por aquí...

Ésta no es una carta sufriente, ni flageladora, ni intentando ser una víctima.

Soy muy consciente de mi situación y de todo lo que me está pasando.

Por alguna extraña razón, no logro entender por qué en mí está el deseo de morir, por qué están las ganas de hacerme daño, de lastimar mi cuerpo una y otra vez, de maltratarme, de no quererme, de no merecer, de culparme por todo, de querer sufrir más.

Pero no lo he podido revertir o no he querido.

Desde esta conciencia, he intentado todo, mi cuerpo está agotado, cansado, aplastado, frío y con pocas fuerzas.

Voy a hacer el último intento.

Si logro dar vuelta a la tortilla en los próximos días, nos cagaremos de risa de esta carta en los próximos tiempos.

Si no, quiero que sepan que los amo con todo mi corazón, agradezco todo lo que hemos vivido, no guardo ningún rencor y ¡¡¡*arrivederci* Roma!!!

Unos van y otros vienen, ¿¿¿o no Julieta???

Así es la vida.

Yo

PD: Podría hacer esta carta mucho más extensa, pero prefiero que cada quien se quede con los mejores recuerdos de cada cual.

LOVE LOVE LOVE

El 5 de enero de 2015 Romina responde:

Hermoso y adorado Fer:

Sé que me pediste que no me hiciera visible en tu vida ¡hasta que estuvieras listo! Pero también escribiste este mail y como es mi costumbre, ¡voy a contestarte!

He leído este mail una y otra vez y otra vez, ¡y es imposible no sentir un dolor inmenso que fractura mi corazón! ¡Sintiendo esto una despedida!

Todos nos estamos muriendo, la vida siempre tiene el mismo final... Es una ruleta rusa y no sabemos cuándo va a pasar... Papá y mamá están envejeciendo y me da mucho miedo quedarme sin ellos... Es obvio que con todo tu antecedente puedas sentirla más cercana... Entiendo también que unos prefieren acercarse a ella solos ¡y otros acompañados! Hoy en día no logro comprender por qué crees que soy ¡veneno en tu vida! ¡Por qué quieres sacarme de tu vida, de tu presente y de tu pasado! ¡Es difícil comprenderlo para mí!, porque en mi caso, en particular, cuando te abrazo, abrazo a Maru o papá o mamá, y logro conectar desde lo profundo, siento un amor inmenso que me hace sentir en casa y en paz... Claro, cuando meto cabeza me llegan momentos de enojo, rencor, resentimiento... Pero no creo que eso deba ir por separado. ¡Somos humanos y así estamos hechos!

En lo personal, estoy convencida que cada decisión que uno toma ¡es totalmente su responsabilidad!, cada una, pequeña e inofensiva o grande ¡y trascendental!

Por mi parte, puedo decir que adoro a tu familia, tus hijos me hicieron tía y los amo porque son tuyos y sé de qué están hechos, ¡la materia prima con la que fueron creados! Si me permites tú y me da chance Ingrid, nunca, nunca, nunca, dejaría de estar ahí para ellos, ni para Ingrid (aunque no creo que ella necesite algo de mí). Matías adora a sus primos ¡como a ningún otro niño! ¡Es un amor de los buenos y poderosos! Casi a diario pregunta si puede verlos y se me rompe el corazón cada vez que digo ¡que no! Por esa razón espero que algún día ellos tengan la seguridad que estoy disponible al 100 por ciento porque los amo así como son ¡como toda tu familia!

A mí también me duele y me da miedo que te vayas ¡no tenerte físicamente! Sin embargo, sé que por siempre estaremos juntos porque nacimos de ¡la misma energía creadora!

Ni siquiera puedo imaginar tu dolor, tu cansancio y tu desesperanza en ver que cada cosa que haces no da el resultado esperado ¡para ti! Pero más de estar pasando esto ¡así de solo! porque sé que es así iy no necesitas decírmelo!... Puedo sentirlo... TODOS necesitamos tener cerca a gente que nos ama para ipoder salvarnos juntos! Creo que en este tiempo te faltó esto: saber que no somos enemigos, saber que el amor que sentimos por ti es más fuerte iiique cualquier juicio!!!

Realmente espero que ésta no sea una despedida... No me cabe en la cabeza ni en el corazón que no te des y me des chance de estar a tu lado iiien momentos tan complicados!!!! (y no es un juicio ni un regaño, sólo es mi expresión de no entendimiento). Si te vas, a mí también me faltará un hermano que amo desde el día uno de mi vida por su bondad, su generosidad, por su compañerismo, por su sabiduría natural, por su simpleza, por su carisma y por su amor. Porque lo AMO por ser quien es y más porque isé de qué estás hecho! Conozco lo que hay en tu alma porque me acuerdo en nuestra niñez (cuando aún la cabeza no razonaba como adulto) que nuestras almas jugaron juntas y tuvieron oportunidad de conocerse iiiisin máscaras!!!!

Espero de corazón que este asunto dé vuelta como una tortilla. iiiPor favor háblame!!!

Estoy contigo y te apoyo incondicionalmente, sin críticas ni juicios (aunque me queden dudas).

SIEMPRE
LOVE LOVE LOVE

En un segundo correo, ese mismo día, Romina agregó:

Cuando me fui a dormir, revisé en mi cabeza lo que acababa de escribir...

Y en algún punto tuve miedo que algunas cosas se malinterpretarán:

1. Acepto totalmente tus ideas, aunque no las comprendo, así como la raíz cúbica de un número es otro número y lo acepto iporque así es! aunque no lo entienda (aprovecho la oportunidad

para agradecerte aquel verano que me enseñaste matemáticas por habérmela llevado a marzo y las amé ¡gracias a que las entendí!).

2. Cuando digo que estás solo no me refiero completamente solo, sé que estás con Ingrid pero siento que es algo muy fuerte para que ella sola este conteniéndote. Un proverbio árabe dice: "Si quieres ir rápido ve solo, si quieres llegar lejos ¡hazlo acompañado!"

   Ojalá tengas ganas de que te acompañe, te tome la mano, te haga masajitos, o simplemente esté a tu lado ¡mirando la tele!

3. Alejarnos ¿no será otra manera de flagelarte?

4. Recuerda todo el amor que hay en ti. De ser comunidad.

5. ¡Recuerda el amor que te tengo!

¡Nos vemos!

En respuesta, Fernando envió un mensaje vía WhatsApp a sus hermanas pidiéndoles que no lo busquen más hasta que esté listo.

Cuando el conductor decide irse a Cuernavaca no hay personal que lo ayude con la limpieza del lugar y con la preparación de sus alimentos. Violeta le pregunta a Ingrid si desea que haga o envíe a alguien a hacerle el súper, ya que para entonces él no podía ni caminar.

—Me dijo "no, que lo resuelva él". La misma cara que acabas de hacer hice yo. Fue como si lo castigara. Desconozco en qué términos habían quedado cuando él se fue, pero su respuesta fue como "ah, ok, tú puedes". Obviamente no hice caso a lo que dijo y, con la administración del lugar, nos organizamos para conseguirle una persona que hiciera las cosas que él necesitaba. Cuando él se fue, su actitud fue como si se desentendiera.

En Cuernavaca es de noche cuando una mujer de rostro dulce, tez morena clara, estatura y complexión media, pelo lacio color negro y de 54 años abandona la Iglesia universal y regresa cansada a su casa. Apenas se sienta cuando una llamada interrumpe su cena. Es de la administración del conjunto habitacional que con urgencia le piden que asista al día siguiente para una entrevista de trabajo.

María del Pilar Orea Hernández acepta ir. Se presenta temprano, pero le pide al taxista que la espere. No piensa quedarse y, si acaso le piden que lo haga, sólo está dispuesta a laborar dos o tres veces por semana.

Cuando sube el elevador y entra al departamento ve a un hombre solo, sentado en un sillón y en muy malas condiciones. Él le explica que necesita una persona que le haga de comer, quiere que le preparen unos caldos sabrosos con mucha verdura y le pregunta en qué se trasladó hasta ahí.

—En un taxi.

—Quiero que me haga un caldo de pollo con muchas verduras, tenga y váyase al súper en el mismo taxi y regrese.

Toma la mano de doña Pili y le pone 1000 pesos. Sorprendida por la cantidad de dinero, ella se va al mercado. El taxista le ayuda a escoger la verdura, pero ninguno de los dos sabe quién es esa persona. Doña Pili regresa y prepara la comida y le sirve al señor; no capta aún de quién se trata y tampoco pregunta, pero regresa al siguiente día muy temprano y decide quedarse a trabajar, de lunes a viernes, para atender a ese hombre que luce muy enfermo.

Una semana después, cuando le sirve el desayuno en su recámara, él le dice:

—¡Mire, mire! Ésa es mi mujer.

Doña Pili voltea a ver el televisor y en la pantalla está Ingrid Coronado. Observa al hombre que está en la cama y corre al baño. A solas, rompe en llanto.

—Yo le había pedido a Dios que me concediera, siquiera nomás de pasadita, verlo y que me diera licencia de tocar su mano, yo pedía mucho por él. "¡Ay, Dios, dame licencia de cuidarlo siquiera una semana!" Yo le hablaba fuerte a Dios para que me concediera ese deseo.

Sin conocerlo, doña Pili oraba por la salud de Fernando desde julio de 2014, fecha en que había visto una entrevista del presentador saliendo de su quimioterapia acompañado de su esposa. La noticia de su enfermedad no sólo la conmovió sino que removió fuertemente el recuerdo de su hermano Juan, muerto en 1984, víctima de cáncer de pulmón. Durante los dos años que su hermano sufrió, doña Pili no supo cómo ayudarlo, y desde su muerte vivía con un sentimiento de dolor y culpa por no haber sabido cómo asistir a Juan, quien era seis años menor que ella. El corazón de doña Pili estaba en deuda, y al ver a Fernando decidió orar y pedirle a Dios que le concediera el milagro de trabajar para él y poder cuidarlo, en memoria a su fallecido hermano.

El 4 de diciembre de 2014 doña Pili le hizo una comida a su sobrina, a la que asistió el administrador del fraccionamiento donde Fernando era uno de los propietarios. Encantado con su sazón, el administrador le pidió sus datos y propuso que el 12 de diciembre preparara una taquiza para celebrar a la Virgen de Guadalupe. El 13 y 14 doña Pili participó en una campaña en la Iglesia, pero al terminar habló seriamente con Dios:

—"Si de veras eres un Dios que escucha, voy a participar, pero quiero que me concedas lo que yo te estoy pidiendo." Ya no lloré, ni nada, estaba enojada y le fui a exigir: "Yo ya te pedí que me des licencia de que yo lo pueda conocer, aunque sea namás con la mano, con que yo lo agarre con la mano, ya con eso me conformo. ¿Por qué si yo te estoy cumpliendo, por qué no me das nada?" Y a mis hijos les dije "ay, ojalá y me encuentre un trabajo de cocinera", porque yo de eso había trabajado. "Ay, amá, ya estás viejita, quién te va a dar trabajo immm hasta crees!" Yo me siento de 15 años. Regresé a la Iglesia entre el 14 y 15 de diciembre de 2014 y ahí una señora me pidió que vendiera con ella sus roscas. Llegó el día de Reyes y vendimos todas. Cuando regresé a casa mi nuera me dijo que me habían estado llamando, pero a mí me urgía más ir a la Iglesia. Cuando regresé atendí la llamada. Era 15 de enero de 2015 cuando mi deseo se cumplió y conocí a Fernando.

Cuando finalmente doña Pili descubrió de quién se trataba, su fe se incrementó. Después de atender a Fernando iba todos los días al centro de Cuernavaca a la Iglesia universal a rezar.

—Dios me había concedido lo que tanto le había pedido y le puse más ganas. Le empecé a hacer un licuado que me decía una naturista y hacía todo lo que yo podía prepararle en cosas saludables para comer e incluso, antes de llegar con él, pasaba a la plaza para llevarle todo fresquecito. Lo consentía.

Mamá de dos chicos, un hombre de 26 y una mujer de 23 años, casada pero con su esposo en Estados Unidos desde varios años atrás, doña Pili empezó a cuidar de Fernando como un hijo más. Y aunque subió de peso, todos sus cuidados no lograron revertir la profunda tristeza que tenía.

—Físicamente estaba mal, mal, mal; muy delgado, muy demacrado e irreconocible. Un día en su vida era pensar, nada más, en su enfermedad; estaba solo, nadie lo visitaba. Después comenzaron a ir a verlo el actor Andrés Palacios y luego Rodrigo Cachero. La familia no estaba. Los niños sí iban, pero su esposa Ingrid no.

—Ella no fue a verlo nunca a Cuernavaca; mandaba a los niños y, en algún momento, los niños le preguntaron que por qué no iba y les dijo que tenía cosas que hacer y que ese tiempo era para que ellos estuvieran con papá —concuerda Violeta.

A Enrique le resulta extraño que la mujer de Fernando no acuda a verlo.

—A mí, en lo personal, me cayó de sorpresa y me preguntaba "¿cómo de que no va si está enfermo?, ¿manda por los niños?... es su marido... ¿por qué se va para allá solo?" Yo sabía perfectamente que no era una pareja normal por ciertas ocasiones que había convivido con ellos y cuando él me dijo que no lo visitaba en Cuernavaca me quedé sorprendido.

Otra persona que supo y cuestionó a Fernando la ausencia de Ingrid durante su reclusión en Cuernavaca fue Rodrigo Cachero.

—Cada vez lo veía peor, él decía que se iba a cuidar sin quimios ni medicamentos, que Ingrid estaba de acuerdo con eso y le dije "¿cada cuánto viene Ingrid?"

—No, no viene.

—¿Por?

—Por el trabajo de lunes a viernes.

—¡Fernando! Perdón, cuando dirijo, cuando grabo, trabajo 12 o 14 horas diarias; Ingrid va tres, tres horas diarias, y estás en Cuernavaca, no estás en Jalisco. Podría venir a verte, ¿no?

—No, no, está bien.

Desesperado por verlo sufrir, Rodrigo observa que su amigo —al que visita dos o tres veces por semana— físicamente está cada vez peor: sus labios están secos, su delgadez ya raya en los huesos, le cuesta mucho trabajo respirar, y aunque intenta caminar ya no tiene fuerzas para hacer eso ni nada más y cada día que pasa se encuentra muy solo. Fernando se está muriendo y a Rodrigo le enojan sus decisiones y la actitud de Ingrid, con quien a partir de ese momento deja de tener contacto. Tampoco hace partícipe de la crisis a la familia del conductor, sólo platica con Norberto y le pide, casi le ruega a Fernando, que reflexione y busque a su familia.

—No quise meterme en su decisión, estaban muy tercos los dos, Ingrid y Fernando, de que era lo mejor, porque además antes de que se fuera a Cuernavaca ya habían tenido varios problemas porque Fer no dormía en el mismo cuarto, Ingrid tenía que descansar, la máquina de oxígeno de Fer hacía mucho ruido, entonces Ingrid no descansaba; Fer se sentía poco atendido, poco querido; ella llegaba de trabajar, él estaba de malas por estar encerrado y sintiéndose mal, entonces empezaban las discusiones. Fer le dio varios sustos a Ingrid y ella un día se desesperó y le dijo: "Mira, si te vas a morir, que no te vean tus hijos aquí". Fer dijo "sí, tienes razón, no está padre que me vean Luciano y Paolo muriéndome, día con día, entonces me voy a ir a nuestro depa en Cuernavaca". Y efectivamente se fue, pero en lugar de mejorar se estaba muriendo. Lo que estaba pasando era que se estaban distanciando cada vez más. Fatal. Para mí fue el gran rompimiento.

De acuerdo con doña Pili, los únicos días que él estaba feliz eran sábado y domingo, cuando sus hijos iban, llegaban con la niñera y se quedaban.

—De lunes a viernes él estaba con su iPad o miraba la televisión, sentado. Lo veía llorar mucho. Llegó un momento en que ya no comía y un día se fue cuatro días a la Ciudad de México. Cuando regresó vino muy mal. "¿Don Fernando, ahora qué le pasó?", no me contestó. No hablaba. Ya estaba decaído, decaído, decaído, en cuatro días que se había ido. Empezó a estar muy mal, se puso muy grave.

El 14 de febrero Fernando recibió la visita de su entonces mánager y amigo, Paulo Lauría. Fue el único día que doña Pili observó una leve mejoría. Después decayó. A pesar de todo, la fe de esta mujer se mantuvo firme e hizo a un lado sus propios miedos.

—Le dolía mucho el estómago, me mandaba a la farmacia varias veces al día, pero nada le hacía efecto.

En su corazón Romina libra una batalla; una parte le pide que respete la decisión de Fernando, pero otra dice que no. Intenta saber o acercarse a su hermano y sus sobrinos echando mano de su hijo Matías, que adora a sus primos.

—Oye, Fer, Mati quiere ver a tus hijos...

—Bueno, háblale a Ingrid, yo estoy en Cuernavaca.

Romina no sabe qué está pasando y decide comunicarse con Ingrid.

—Ingrid, Mati quiere ver a Luki y a Paolo...

—No puedo. Yo ya no veo a tu hermano y tu hermano no les habla ni ve a sus hijos desde hace quince días.

Después de la conversación telefónica, Romina sospecha que algo no funciona bien entre la pareja, pero no puede creer que su hermano no les hable ni vea a sus chicos. Tampoco imagina el estado en que se encuentra Fernando, quien no puede hablar porque apenas logra respirar. Para intentar un acercamiento con su hermano comienza a construir una caja en la que introduce varias cosas que simbolizan su agradecimiento. Coloca un muñequito de un luchador y escribe "te amo, por lo luchón que eres y enseñarme a luchar"; en su deseo por abrazarlo, agrega una cobija con un oso panda, animal con el que Fernando siempre la compara, e introduce una crema para devolverle, a través de un masaje de pies que a él le gustaba mucho, cada momento especial que han vivido.

En Cuernavaca Rodrigo ha pasado otro día completo con Fernando. Llama a su esposa Adianez y le dice que llegará en la noche para bañar al bebé que recién ha nacido y ha hecho padre, por segunda ocasión, al director y actor. Cuando finalmente se despide de Fernando, observa que el brazo izquierdo lo pone detrás del sillón e inclina la pierna derecha.

—¿Qué haces?

—Es que si no levanto el brazo no puedo respirar.

Rodrigo baja al estacionamiento, sube a su automóvil, pero no logra irse y llama nuevamente a su mujer.

—No voy a ir. Fernando está fatal.

Rodrigo regresa con Fernando, lo acuesta, lo abraza con todas sus fuerzas y le pide a gritos "¡por favor habla con tu familia!"

Al día siguiente, después de que Rodrigo se ha ido, doña Pili regresa por tercera ocasión de la farmacia. Su angustia desaparece cuando se da cuenta de que Norberto, el padre de Fernando, finalmente llega al departamento.

—El impacto fue terrible, terrible —manifiesta Norberto embargado por una profunda tristeza—. Estaba tirado en el sillón, todavía yo lo bromeé, pobre, porque le vi la panza... no, estaba todo lleno de agua. Estás loco, eres un tarado, no tenías por qué haberte ido de tu casa, tu casa es tu casa y debes estar ahí porque estás a dos cuadras del hospital, no en medio del campo donde nadie te puede ayudar; vos vas a venir a la ciudad, me importa un rábano lo que pienses, ¡no puedes estar solo! —él ya había llamado a un médico.

Pese al estado tan deteriorado que presenta Fernando, doña Pili se muestra firme en su fe.

—Era jueves 19 de febrero. El sábado 21 se lo llevaron muy grave y con oxígeno en una ambulancia. Yo estaba segura de que no le iba a pasar nada. Cada jueves que regresaba a hacer la limpieza y entraba a la casa sabía que él iba a regresar, nunca tuve duda, porque yo me iba a rezar, a pedirle a Dios, yo sabía y estaba segura de que se iba a componer.

Romina se siente lista para llevar la caja y ver a su hermano cuando recibe una llamada. Es Maru.

—Papá está yendo a Cuernavaca por Fer, él lo llamó. Está en una crisis.

La reconciliación entre Fernando, su madre y sus hermanas se produce en la Ciudad de México, cuando éste ingresa al hospital. Su estado físico les sorprende. La delgadez es extrema, su tez roza con una apariencia amarilla y es evidente la fase de deterioro absoluto que atraviesa a pesar de sus 42 años.

—Llegué lo más pronto que pude. Respiré profundo antes de entrar... Recuerdo perfecto su imagen. Fer ya estaba en Urgencias, sentado en una cama. En el primer segundo, cuando lo vi todo intubado, me cuestioné "¿cómo te permitiste tanta ausencia?" —Romina rompe en llanto—; lo vi, mi corazón se congeló por un momento... Me acerqué a la cama, nos miramos, lloramos y recuerdo que Fer sólo se mecía casi imperceptiblemente. Gemía suavemente a través de la mascarilla e intentaba decir mil cosas que yo interpreté como gracias y perdón. Su piel estaba pegada al hueso, sus bracitos eran de este vuelo —une sus dedos índice y pulgar formando un círculo—. Había un sentimiento de incredulidad. Yo le decía: "Aquí estamos, aquí estuvimos y aquí estaremos siempre". Ya había perdido la salud, pero creo que en ese momento empezaba a perder muchas más cosas y ya comenzaban a caerle veintes de otras cosas.

—Fue un error nuestro, debimos haberlo cacheteado y decirle "me vale gorro quién seas, te estás yendo por un camino que no es". Cuando yo le hablaba o le decía qué estaba viendo en su casa, a Fer le dolía... las verdades duelen. "Somos tu familia, no te queremos hacer la guerra, al contrario, queremos apoyarte y más en el momento que estás pasando. No te quedes solo, ¡por Dios, qué vas a hacer solo!" —dice entre lágrimas y molesta Maru—, pero no lo hicimos. Me da mucha rabia, se me hace súper cruel que alguien tenga que pasar solo dolores tan intensos, me genera un poco de culpa, yo no debí haber permitido eso y debí haberlo mandado al carajo. Pero fue ahí que nos enteramos de que se había ido a vivir solo.

En el hospital le queda claro a la familia el serio distanciamiento de Fernando con su esposa. El conductor se niega a llamarle, pero es su padre el que se muestra duro y lo hace tomar el móvil.

—No, vos estás acá y le decís que estás en el hospital internado. Que ella quiera venir o no quiera venir, ésa es su decisión. De hecho la señora vino tres o cuatro días después, yo estaba con él y Fer me pidió que los dejara solos y así lo hice. En el hospital la vi, pero ya no tuve relación con ella. No me saludó y yo dejé de saludarla.

"Él, Fernando, solito se fue dando cuenta de la situación que siempre tuvo frente a sus ojos y nunca quiso ver, sin embargo ésa era la relación que prevaleció entre su mujer y nosotros."

Toda su hasta entonces familia política acude casi diariamente a verlo, llevándole al hospital su comida favorita, DVD, terapias y sus mejores deseos para su pronta recuperación. Su relación con Fernando siempre había sido muy buena, amorosa y cordial.

Ingrid acude en dos ocasiones a verlo.

—La primera vez se presentó en el hospital a llevar unos estudios que le pidieron a Fer y estaban en la casa y no se presentó más. Cuando llegó nuestra reacción fue de "hola", ella entró, nosotros salimos y ni la vimos cuando se fue. No volvimos a verla —explica Rosa Lina con cierto hartazgo.

"Yo creo que Ingrid falló en el momento de la lealtad, y me refiero a lealtad en el apoyo al papá de tus hijos y el amor infinito que le tienes a tu esposo. Fueron días y noches muy desgastantes. Yo tuve el caso de mi hermana enferma de leucemia y sí, sufre la persona con la enfermedad, también sufren los que están alrededor, pero creo que uno debería de morirse en la trinchera. Fer e Ingrid no estaban muy claros, y menos en la toma de decisiones. Ingrid no pudo contener toda esa situación y veló por su seguridad y por sus hijos. A fin de cuentas fue una decisión de madre, por eso no me gusta juzgarla".

A Maru le duele la actitud de su cuñada con su hermano. Comprende y acepta que entre ellos ya no exista una relación de pareja, pero por otro lado no entiende cómo al padre de sus hijos y a quien durante años fue su mejor amigo no lo ayude a pasar y transitar este proceso.

La situación para Maru y la familia llega al límite en el hospital cuando se presenta Coronado. Fernando apenas ha salido de cuidados intensivos y se encuentra intubado, sentado en un sillón ortopédico en terapia intermedia, sin fuerzas aún, cuando su esposa se presenta para decirle que él sabe la causa de su enfermedad, que deje de jugar y que se cure. Y es que entre la pareja se tenía la creencia de que toda enfermedad es la manifestación de un desorden emocional.

—¿En qué cabeza cabe que una persona pueda hacerse la enferma a ese grado? Conozco a mi hermano y la salud mental que él tiene, no es una persona loca o desquiciada que quiera o intente llamar la atención con cosas así, obviamente no. Es más, ella lo acompañó la primera vez que le diagnosticaron la enfermedad, entonces no puedes decir "te estás haciendo el enfermo" —reprocha molesta Maru.

Fernando abandona el hospital y se va con sus padres a vivir. Su abuelo Marcos Antonio visita México en marzo y se entera de la reciente crisis médica de su nieto y la pérdida familiar que enfrenta. Siente pena ajena y propia por los dramas que su nieto más querido sufre.

—¿Cómo se entiende que una esposa deje a su esposo en el peor momento, cuando más la necesita? Lo siento mucho por Fernando, la situación que está viviendo, los dramas que tuvo, todos juntos: el trabajo, la salud, su pareja y su matrimonio.

La prensa de espectáculos da cuenta de la recaída del conductor y de su separación de Ingrid. Por varios días montan guardia fuera del departamento para captar imágenes de Fernando e incluso una reportera se hace pasar durante 20 días por una nueva vecina para ganarse la confianza de Norberto quien, semanas después de topársela diariamente y enganchado por algo que había ocurrido en el núcleo familiar, termina por contarle todo lo que pasa entre su hijo y su nuera, quien pese a la separación continúa haciendo citas y visitando Class, el salón del amigo de su expareja, Enrique Flores, para quien su presencia resultaba incómoda.

—En el salón yo veía a otra persona. Siempre refería: "Ay, estoy pasando por una etapa muy difícil". Obviamente yo sabía y ella sabía, porque Fer era mi amigo y ella había llegado ahí por él. "Bueno, Fer se va a poner bien", le respondía. Platicábamos un poco de cábala, pero su comportamiento era distinto. Llegaba, se tomaba una bebida, comía, platicaba y platicaba con las clientas. El equipo de trabajo se sorprendía —Enrique abre los ojos y aprieta los labios.

En contraste, cuando Enrique visitaba a Fernando en casa de sus padres, otra era la historia.

—Amigo, no me veas como si no fueras a volverme a ver...

Es tan grande el impacto que la imagen de Fernando causa a Enrique que éste decide llamar a su asistente y le pide que cancele todas las citas.

—Y me quedé toda la tarde platicando con él. No sé a qué hora llegué. Yo no podía ni hablar. No podía creer lo que veían mis ojos; era otro, no podía creer que estaba ahí y así. Hablaba bajito, estaba encorvado, tenía casi 30 kilos menos, ¡no sé cuántos! No podía tocarlo por temor a lo frágil que lucía. Era una cosa impactante.

Cuando Enrique finalmente abandona la casa de los padres de Fer, sólo un deseo se instala en su mente.

—"Dios mío, déjame verlo por más tiempo. Déjame acompañarlo más tiempo." Mi socio, Antonio D'Agostino, tenía cáncer de pulmón, le quitaron un pulmón y terminó falleciendo en marzo de 2016. Era mi mentor y mi mejor amigo. Él conoció a Fer, pues salíamos a comer o a cenar. Entonces verlos a ellos dos, con sus procesos, virtualmente diferentes, me estremecía. Le pedía a Dios "déjame, señor, verlo por más tiempo". En ese momento yo escuchaba a Fer con ganas de luchar. Él ya quería luchar.

Sin Fernando, Violeta se replantea su trabajo y decide renunciar a Coronado el 15 de mayo de 2015. Le hace saber al conductor su voluntad. Éste comprende y liquida su parte a la joven que en junio comienza a laborar sólo para él.

Durante dos meses Fernando se mantiene con sus padres y entonces ellos comienzan a darse cuenta de algo que hasta entonces no habían analizado.

—El cáncer le viene por una desvalorización que él tiene de sí mismo. El cáncer es eso. Lamentablemente, millones de personas no le pudieron dar a él su propio valor, como sí se lo podían dar una o dos personas más allegadas que sí lo desvalorizaban. Yo siento que él se quedó muy solito, a expensas de... lo que pensaban, lo que decían, lo que querían, porque se quedó sin amigos y sin familia. Se los barrieron y él se dejó. Responsabilidades compartidas —dice con tristeza Rosa Lina.

Norberto guarda silencio por unos segundos, levanta la mirada al tiempo que toma aliento y explica:

—¿Qué pasó en la relación?... Evidentemente no funcionó, y que una pareja no funcione no es culpa de uno solo, siempre es culpa de los dos. Si fue 60-40 o 50-50 no lo sabemos, no sabemos tantas cosas de ellos como pareja.

"A mí me parece que mi hijo aguantó muchas cosas, y al aguantar tantas cosas, en algún momento tenía que explotar."

Para Rodrigo Cachero el cáncer de Fernando tiene varios detonadores, y habla de cada uno de ellos de forma directa.

—Fue algo mental, de alguna manera algo le estaba pesando, algo estaba cargando, algo no estaba decidiendo bien y tenía dudas. Me parece que, inconscientemente, el sentir que ya tenía todo en la vida y qué más podía hacer o desear, porque lo llamaban para todo: corta este listón, inaugura tal antro, conduce tal evento; tiene una chava guapa, madre de sus dos hijos, una casa divina, otra en Cuernavaca; sus papás viviendo aquí, amigos, amigas, la pena y la carga de culpa que hemos platicado de lo sucedido con Ivette y me parece, espero no equivocarme, que también Fer tenía una competencia inconsciente con Ingrid. Era una competencia sin razón, sin sentido, de quién hacía más, de quién ganaba más y, de pronto, por ahí también vino otro detonante que le afectó, el sentirse víctima, casi casi mártir. Ahorita ya no, pero Fer durante dos o tres años fue el mártir de la televisión. O sea, Fer era el mártir y llegué a platicar de eso con él.

—¿Y él ha reconocido que tenía una competencia con ella?

—Sí, sí, Fer te lo puede decir.

—¿Y ella?

—Ella nunca me lo dijo.

—¿Y tú le has preguntado?

—Sí. Con Ingrid, cuando salió todo esto, me siento en su casa y platicamos cerca de dos horas y me dijo: "Mira, tú eres más amigo de Fer que mío, pero también eres mi amigo y nos conoces a los dos desde hace varios años. Entonces te quiero contar mi parte de la historia". Platicamos muchísimo, hay unas cosas que comparto, hay otras que respeto, pero ella no mencionó que era una competencia. Fer sí. Fer dice que todo es en el plano involuntario e inconsciente, como suele pasar en algunas parejas, no sólo en este medio artístico, en general, donde uno va triunfando más que el otro y el otro se siente angustiado por alcanzar esa misma meta, no sé si de dinero o de fama, de éxito o de reconocimiento. Lo bueno con Fer es que todo lo que él lee y se autoanaliza lo hace consciente y entonces lo puede curar. Cuando hacemos conscientes las cosas son más fáciles de visualizar y de digerir. Yo creo que los dos estaban iguales, los dos estaban en *Venga la alegría*, los dos hacían eventos por fuera, los dos estaban en Suburbia, tenían una campaña por aquí, padres de dos hijos maravillosos; no sé en qué momento fue el quiebre de Fer a sentirse menos. No sé si en su relación personal había cierta presión de ella, no lo sé, eso no lo vi. Pero las discusiones y la convivencia día a día eran muy desgastantes.

Se le pregunta a Sandra Eloísa Gamboa si había una competencia entre ellos.

—¡Híjole!, no creo, digo, no lo sé, pero si hubo una competencia, pues qué mal, se supone que eran una pareja, pero no lo sé; no los conozco más allá, éramos compañeros de trabajo, llegamos a convivir fuera, pero que hubiera algo y que yo sintiera competencia, pues no; siempre se veía que se estaban jalando uno al otro, incluso era de "si no va él, no voy yo", era todo como pareja, hicieron muchas campañas, grandes campañas que les dejaron mucho dinero juntos, entonces yo creo que era más valioso lo que tenían juntos que por separado. Yo creo que no.

Apenas se instala en casa de sus padres, cuando los rumores de la separación entre Fernando del Solar e Ingrid Coronado aparecen en las revistas y programas de espectáculos.

Pero el escándalo se magnifica cuando la revista *TV Notas* publica a principios de julio de 2015 que en el rompimiento la enfermedad de Fernando ha influido notablemente, pero no ha sido la única causa. Hay rumores de una supuesta relación sentimental entre Ingrid y Poncho de Anda, su compañero de conducción y quien en 2014 se incorporó a *Venga la alegría*.

—Yo te puedo decir que nunca los vi, ambos eran compañeros, cruzábamos a diario pasillos, ellos estaban en camerinos, pero yo nunca los vi. ¿Que tenían una amistad?, sí, sí tenían una amistad, pero nunca un acercamiento, y luego ya viene la parte oficial de la ruptura en la relación con Fernando —expresa Sandra Gamboa.

Por primera vez Ingrid invita a sus compañeros de cuadro y parte de la producción de *Venga la alegría* a un convivio en su casa. A la reunión asiste Sandra Gamboa, quien repara en la ausencia de Fernando justamente cuando éste llega, pero únicamente a visitar a sus hijos.

—Nosotros estábamos en el jardín, él llegó, jugó un ratito con los niños y se fue; realmente no hubo contacto y hasta ese momento nosotros no sabíamos, bien a bien, que Fer ya no estaba viviendo ahí. Después de esa comida nos enteramos de que ya no estaban viviendo juntos.

En realidad habían pasado diez días desde que Fernando había salido del hospital, cuando se presentó en su casa para pasar el día con sus hijos. La noche anterior, vía WhatsApp, había sido notificado que no podría pasar el día con los chicos en la casa. Al preguntar por qué, supo que esa tarde se llevaría a cabo una reunión para la producción del programa organizada por su aún esposa. El único lugar donde Fernando podía convivir con sus hijos era la casa, ya que no contaba con fuerzas para desplazarse a otros lugares y no podía llevarlos con sus padres por petición de Ingrid. Sin embargo, Fernando decidió presentarse. Mientras los meseros iban y venían con pizzas y el grupo celebraba al compás de la música, Fernando observaba; conocía a todas las personas, habían sido sus compañeros, pero él ya no era parte de eso y tampoco tenía nada que festejar.

Ver su casa, cada rincón del lugar que amó, también lo entristeció. Aquello ya no era su hogar ni tampoco ésa era ya su producción. Salió del lugar, subió a su automóvil y se puso a llorar.

—Esto ya se terminó —se dijo a sí mismo.

Ingrid y De Anda se presentan en el programa *Ventaneando* de TV Azteca. La pareja desmiente los rumores de una relación más allá de lo profesional. Lo hacen, dicen, para defender la integridad de la esposa e hijos de Poncho y la de su compañera, Ingrid. Pero las declaraciones no logran reducir las críticas que se intensifican cuando Ingrid confirma su separación de Fernando. Una insólita campaña es lanzada desde las redes sociales en su contra.

Luciano, el primogénito de Fernando, cumple años el 19 de diciembre, pero debido a la cercanía de las fechas navideñas, la fiesta es organizada por su madre en marzo; sólo está invitada Romina y su hijo Matías.

—Es que Luki está tan triste que le voy a hacer su fiesta para que se ponga feliz —le escribió Ingrid a Romina.

Aunque contrariada por la reciente salida del hospital de Fernando, Romina decide ir para hacerle saber a Luki el gran amor que le tienen su padre y su familia, pues nadie más de los Cacciamani asistirá. La experiencia le causa más sinsabores que alegrías.

—Hacía mucho tiempo que no iba a la casa y fue muy duro porque en toda la conversación del cumpleaños era como si Fer ya hubiera muerto. Me sentí fatal. Cuando me despedí nadie me dijo "saludos a Fer". No me cabía en mi cabeza. No es el yerno, el cuñado; Fer es el papá de Luciano y de Paolo, había algunos que sí reconocían esa parte, pero los otros hablaban como si ya hubiera muerto. Así lo sentí yo. Fue raro. Para mí fue muy incómodo estar ahí. Salí confundida.

Ésa fue la última vez que Romina vio a Ingrid. No volvió a invitarla.

En septiembre de 2015, con motivo del primer año de Julieta, la primogénita de Maru, el abuelo Marcos Antonio está de vuelta en México. Aun cuando han pasado seis meses de la última visita, observa cómo ahora su nieto luce muy decaído y se mantiene abrigado y con bufandas. No le gusta ese estado, pero guarda silencio.

Sin embargo, en cuestión de meses la situación empeora y la polémica con su aún esposa se reactiva públicamente cuando en octubre de 2015 Ingrid aparece en el concierto de "La Academia" de *Venga la alegría*, aclara que no interpretará el tema planeado y en su lugar cantará "Bendigo cada instante", una canción compuesta por ella misma y con la que rompe el silencio de las causas de su separación.

—Todo este tiempo, como ustedes saben, ha habido unos asuntos en mi vida y me han estado pidiendo, tanto el público como todos los medios de comunicación, que yo hable, que yo diga qué es lo que he sentido todo este tiempo. Y es por eso que quiero aprovechar esta oportunidad, quiero romper el silencio, quiero decir lo que siento. Y es por eso que compuse esta canción y me encantaría compartirla con todos ustedes, espero que les guste mucho... Y también quiero agregar que, por supuesto, esta canción va dedicada a ti Fer, con todo mi amor.

Bendigo cada instante
Ingrid Coronado Fritz

Si he callado tanto tiempo,
es porque lo sé y entiendo,
el dolor no se cura con dolor.

Si voy a romper el silencio
es para sanar lo que siento,
me lo pide el corazón.

Yo no puse distancia entre los dos
ésa fue tu decisión...

CORO
Te amé,
nadie te ha cuidado tanto como yo
sabe el Universo que dijiste adiós
dijiste adiós.

La actuación de Ingrid concluye con su caída en el escenario. De inmediato se pone de pie y responde a las preguntas de Matilde Obregón, jurado del concurso y periodista de espectáculos.[32]

—Con la piel chinita te recibo, qué bonita canción. ¿Se la compones a Fernando del Solar?

—Sí, por supuesto, es para él, con todo el amor del que soy capaz.

—Te amé, te cuidé y sólo lo sabe Dios... ¡qué significativas palabras, Ingrid!

—Es que es así. Tengo a Dios de testigo que es el hombre que más he amado en el mundo, en la vida; él sabe el enorme amor que le tuve siempre, cada momento, cada instante y yo con eso me quedo, con lo más lindo que ha sido y que, hoy por hoy, me da la oportunidad de poderme presentar con una canción mía, con una composición mía desde el fondo de mi corazón en donde puedo agradecer el haber estado con una persona tan maravillosa como él y el poder bendecir cada uno de los instantes de amor que viví.

"Yo acepto la culpa y acepto la responsabilidad de no haber hablado, en su momento yo dejé un vacío de información que fue llenado con chismes, con cosas que no eran ciertas y que no eran

---

verdaderas; no tenía la capacidad de hablar en ese momento, yo estaba en un momento emocional muy difícil y tenía mucho miedo.

—Ingrid Coronado, ¿por qué se separan Fernando del Solar y tú?

—Eso no lo sé, no lo sé, Matilde; como dije en mi canción, la distancia entre los dos no la puse yo. Yo a Fernando, a ti, Fernando, te he amado cada momento, cada instante; tenemos unos hijos que son maravillosos y no sabría decirte. Lo que sí es que, hoy por hoy, me gustaría tener una amistad, una amistad con él, ¿por qué?, porque tenemos unos hijos que son lo que más amamos los dos y yo creo que lo mejor para ellos es eso, que sus padres tengan una muy buena relación, que tengamos cercanía y que podamos hacer lo mejor para ellos.

—¿Te gustaría regresar con Fernando del Solar, Ingrid?

—No, Mati, ya no. Éste ha sido casi año y medio que ha sido muy duro y que yo creo que en todo este tiempo ya hemos tomado caminos distintos, cada quien, pero como digo en mi canción, le deseo lo mejor, espero que encuentre lo mejor de la vida porque sé que para él va a ser lo mejor y que tenemos unos hijos increíbles y que para todos yo creo que lo ideal es que él esté bien. Que si yo puedo hacer algo para que él esté bien, siempre lo haré.

—Una pregunta muy fuerte, pero la tengo que hacer, es mi obligación como periodista. Dinos aquí, en *Venga la alegría*, ¿les afectó lo de la infidelidad a Fernando y a ti, todo lo que se dijo?, que no hay fotos, no hay videos, que siempre es un run run, que siempre hay personas que ni firman las notas, pero finalmente es un run run que después se convierte en rumor y los rumores se convierten en cosas reales.

—Eso le afecta a cualquier pareja, más a una pareja que ya tiene una separación, y aunque ésa no fue la razón de la separación, por supuesto que sí se complica mucho. Yo hablé con él en su momento, así como también hablé con los medios y les dije que no era cierto, Poncho también lo hizo, y yo sí quiero aprovechar este momento para agradecerle a Lina, la esposa de Poncho, que se ha portado como una verdadera reina. Debe de ser muy difícil que hagan escándalo sobre tu esposo y de algo tan delicado. Y ella, desde el primer momento que yo le llamé para decirle qué es lo que estaba pasando, se ha portado increíble, y lo bueno es que esta historia ha hecho que la amistad entre Poncho, Lina, sus hijos y yo se haga muy estrecha y han sido pilares fundamentales en que yo esté bien y salga adelante, y eso tiene un valor increíble.

Le preguntamos a Sandra Eloísa Gamboa cómo es que, siendo tan hermético el programa para hablar de la separación de sus conductores, un momento así, fuera de tiempo, sucedió.

—Nos informaron que ese día iba a cantar una canción, nunca nos entregaron la letra; sé que hubo una autorización por parte del productor y por parte de un ejecutivo; se sabía que había hecho una canción donde iba a hablar de su relación con Fernando, eso es lo que nosotros supimos días previos, pero no sabíamos lo que decía la letra, no sabíamos cómo iba a reaccionar el público o Fernando. Siempre lo manejamos como que ella iba a decir su verdad, y que iba a ser parte de su confesión hacia el público, pero nada más.

—¿Y se pidió autorización a alguien?

—Sí, sí se habló con un ejecutivo, fue con Memo Alegret (director de Talento de TV Azteca), para que se pudiera pasar, porque sí era un tema delicado. Ingrid iba a hablar del tema de Fernando que, hasta ese día, se había mantenido hermético.

Efectivamente, el 9 de octubre de 2015 y antes de cantar el tema, en sus redes sociales la presentadora posteó una fotografía borrosa de la familia Cacciamani Regalado con el texto: "No se pierdan @VengaLaAlegria el corazón me pide hablar y les voy a presentar algo muy especial #LaAcademiaDeVLA2015".

Posteriormente posteó la letra de la canción y horas después del programa Fernando escribió en su twitter: "Si hay algo que odio en esta vida... Es la mentira".

—Y ese día me acuerdo que ella pedía retuits con sus mismos compañeros, algunos lo hicieron y muchos no; es muy respetable, pero en esa parte tú no les puedes imponer nada, aunque seas conductor estelar, y pues era muy difícil, sobre todo porque todos los compañeros habían sido compañeros de ambos, y sobre todo de Fernando, porque Fer vivió más tiempo con nosotros que la misma Ingrid. Entonces, sí era bien complicado ponerte del lado de uno o de otro, de hecho creo que nadie lo hizo, o bueno, al menos de mi parte yo no. Creo que los problemas de pareja se arreglan en pareja —detalla la excoordinadora de producción de *Venga la alegría*.

La salud de Fernando llega al límite y justo en navidades se desencadena la tercera y peor crisis del conductor que se coloca entre la vida y la muerte.

<< Mi trabajo lo había perdido, mi relación sentimental
estaba destruida, mi salud no tenía ni idea de
cómo iba a librarla y mi fe estaba hecha pedazos.

FERNANDO DEL SOLAR >>

Episodio XII

ETAPA III. EL DOLOR

Cuando estás cansado de negarlo, agotado de estar enojado con el mundo y ya no te quedan fuerzas para pelear... todas tus esperanzas y todo lo que creías se derrumba. Te arruinas, bajas los brazos, dejas de resistirte a la situación y te rindes completamente. Es cuando te abandonas al dolor.

Cuando salgo del hospital tras mi segunda recaída, me voy a casa de mis papás a recuperarme. Ya no podía regresar a casa porque no quería que mis hijos vieran que las cosas con su mamá estaban mal, no era bueno discutir, estaba débil, no era bueno para nadie y yo necesitaba, en ese momento, cuidados extremos. Tengo la fortuna de que mis papás viven aquí en México y por eso me fui con ellos.

De hecho, como ya comenté en el episodio anterior, mientras estaba en casa de mis papás ella me envió un correo pidiéndome el convenio de divorcio. Me pedía que no le escribiera ni la llamara y esperaba mi confirmación vía WhatsApp. Sin embargo, le respondí:

Gracias por los mejores 7 años de mi vida.

Gracias por los peores 7 años de mi vida. De esto se trata el amor ¿no?

Nunca fui un juego de nadie, nunca se trató de ganar o perder, se trataba de mí. De Fer, de alguien que alguna vez fue tu mejor amigo, de tu esposo, del padre de tus hijos.

Soy yo, ¡¡¡Fer!!! ¿Por qué tanto enojo?

Hoy decides acabar todo de un plumazo, ¿qué pasó, qué nos pasó?

Te AMO por lo que eres, por lo que me diste, por la increíble madre de mis hijos.

Si tu deseo es alejarme de tu vida, me voy.

Finalmente quiero que seas feliz, que seamos felices.

Si quieres que los chicos no vean a mis papás, está bien, lo acepto... Pero no me los restrinjas ¡¡por favor!!

Deja que pueda disfrutarlos fines completos en Cuerna, no me alejes de ellos.

Soy un papá que sí quiere estar...

Hoy tengo que pensar en mi salud, no tengo cabeza para un convenio. ¿Qué es eso?, ¿contar qué es lo mío y qué es lo tuyo? ¿Desde cuándo nos importó eso? ¿Tengo que hacerlo para poder ver más a mis hijos?

Ingrid por favor, soy yo, ¡ACUÉRDATE!

Lo que tenemos, no se da a la vuelta de la esquina.

Más allá de nuestras diferencias, yo te sigo amando, creo que podemos arreglarlo...

NO te rindas ¡¡por favor!!

Tenemos una familia increíble.

Fer.

Sí, yo quería regresar, la verdad; sentí que el problema lo podíamos solucionar. Yo estaba convencido de que mi relación era para toda la vida. Me estaba muriendo y ella era la mujer de mi vida. Estaba convencido de eso. Pero la respuesta fue no.

Estuve dos meses viviendo en casa de mis padres, tenía puesto el oxigenador todo el día, venían a visitarme mis amigos, el papá de Ingrid, Marco Coronado, y su esposa, Daniela Graci. Y salía a caminar por las tardes, despacio, intentando volver a recuperar condición y fortalecer un poco mis músculos. Nuevamente inicié las quimioterapias. El nuevo ciclo empezó el 24 de marzo de 2015 y continuó, ese mismo año, el 14 de abril, el 5 y 26 de mayo y el 6 de agosto, bajo la atención del doctor Pedro de Jesús Sobrevilla Calvo.

Yo me sentía cada vez mejor, pensaba que iba mejorando e incluso me sentí con la fuerza de mudarme. Renté un departamento muy cerca del Hospital Ángeles del Pedregal, estaba cerca de mis hijos y ahí, junto a mi entonces representante Paulo Lauría —quien se convirtió en mi *roomie*, también porque aceptó compartir la renta y gastos de la renta—, doña Pili, Violeta García y, por supuesto, el apoyo de mi familia, intenté volver a empezar... todo iba reacomodándose poco a poco hasta que el doctor me anunció:

—Ya le aplicamos todas las opciones que teníamos para el tratamiento de su enfermedad y el efecto no es el esperado, sus células cada día se hacen más resistentes a las quimioterapias. Necesitamos cambiarle a un nuevo tipo de protocolo que se llama inmunoterapia,[33] esta generación de medicina es experimental, no está aprobada aún en México y no la podemos ingresar al país. Este tratamiento no lo puede cubrir su seguro porque no está aprobado por la Cofepris.[34]

—¿Cómo?

—No, no lo podemos traer a México.

Mis únicas opciones avaladas por la ciencia eran el autotrasplante de médula y este nuevo tratamiento, la inmunoterapia, cuyo costo por aplicación es de alrededor de 233 000 pesos, aproximadamente 12 000 dólares, la cual tenía que ponerme cada tres semanas, ¡una locura! Yo no lo podía mantener ni pagar. Y el seguro —como no estaba aprobado por las leyes mexicanas— no lo podía importar. Entonces dejé de aplicarme quimioterapias, me negué a hacerme el autotrasplante de médula y regresé a darme todas las terapias alternativas que encontré.

---

33 La inmunoterapia, también denominada terapia biológica, es un tipo de tratamiento del cáncer diseñado para estimular las defensas naturales del cuerpo con el fin de combatir esa enfermedad.
34 La Comisión Federal para la Protección contra Riesgos Sanitarios se encarga de aprobar el uso de medicamentos.

Me vine abajo. Me abandoné al dolor. Fondo total.

El dolor es la etapa del duelo más fuerte, más dura, porque tocas fondo. Estás y te sientes más solo que nunca. No te queda nada más que estar contigo mismo, escucharte y hacer un viaje hacia adentro.

Fue lo más rudo que me ha tocado vivir en mi vida. Yo ya había buscado todas mis opciones dentro de la medicina tradicional, me había aferrado a ellas y no habían hecho el efecto deseado. No quería someterme a un autotransplante porque sólo me daban 46% de posibilidades de salir avante y yo sentía que me podía morir durante la intervención, ya no tenía fuerzas. Algo en mi interior me lo decía, mi cuerpo lo sabía. Estaba desahuciado. No estaba lúcido; mi cabeza era un rompecabezas donde no encajaba ninguna ficha.

En la soledad de mis noches pasaba del ruego a la exigencia, al enojo y a dudar de su existencia. Mi planteamiento era: "Si eres mi Padre, eres amor, eres misericordia, de qué se trata todo este dolor, tristeza, angustia y desolación".

Estaba totalmente desilusionado de Dios.

Y en este proceso, cuando se apaga la luz de tu cuarto y ya no está la familia o los amigos para contenerte, apoyarte, cuando no sabes cómo va a estar ni qué tan larga será esa noche, el dolor te sobrepasa y es insoportable; no puedes caminar, no quieres comer, no puedes respirar y te ahogas; no puedes dormir y estás a solas con tu almohada, te invade la soledad, el miedo, te cuestionas todo, entonces piensas: "¿Qué me detiene para aventarme de esta terraza?, ¿qué me detiene para acabar con mi vida, con todo lo que me está pasando?" Esto no es vida, todo es dolor, y en ese momento te planteas si vale la pena seguir o no así.

Sí, pensé en suicidarme. Claro que pasó por mi cabeza. ¡Claro que me lo planteé! Quizá soy un poco cobarde para hacerlo, pero cuando me informaron que el tratamiento ya no había surtido efecto y no había nada que hacer, más que someterme a un autotransplante de médula, sí me pregunté una y otra vez "¿vale la pena vivir así?" Estaba en fase terminal. Yo ya había caído en una depresión total, estaba destruido, mi vida estaba destruida y no veía por dónde ni cómo podía salir de todo esto. Era una loza muy pesada, me sentía asfixiado...

La situación emocional de la separación me estaba consumiendo. Ya se había terminado. Cuando me mudé a este departamento y llegaron a mi buzón los correos del convenio de divorcio me quedó claro que ya se había terminado todo.

En las revistas salía todo tipo de cosas que no me ayudaban a sanar. De un trato respetuoso y discreto por parte de los medios de comunicación, éstos pasaron a la irreverencia y a la falta de respeto. La noticia más cruel fue en Facebook. Alguien aseguró que había muerto e incluso se publicaron fotos de una persona que estaba en terapia intensiva —que no era yo— con barbita de candado y todo, que estaba muerta. Luego salieron cosas en Twitter. Medios de comunicación serios no lo replicaron, pero mucha gente comenzó a preguntar, a llamar a mi familia e incluso en un programa de radio Mariano Osorio —quien estaba pasando por una situación parecida, muy difícil, al lado de su señora y a quien considero un comunicador muy influyente y que respeto mucho— dio las condolencias al aire a mi familia, en radio a nivel nacional, cuando yo todavía estaba vivo. Hoy, a la distancia y desde otro lugar, pudimos platicarlo con Mariano, me ofreció disculpas y lo considero un gran amigo con quien puedo platicar a profundidad de estos temas porque es una persona que tiene gran sensibilidad.

Pero en muchas ocasiones no ha habido el mínimo cuidado con la información, y eso es muy desagradable, muy escandaloso e insensible para mi familia y para mí. En los hospitales sorprendieron muchas veces a algunos medios de comunicación tratando de meterse a ¡terapia intensiva! Ha habido de todo. No puedo generalizar, porque hay medios que han sido muy respetuosos y otros no. Hay comunicadores muy serios como Pati Chapoy, Mara Patricia Castañeda, Daniel Bisogno, Gustavo Adolfo Infante, Mónica Castañeda, la revista *Hola* y reporteros del periódico *El Universal*, ellos se han comunicado conmigo antes de dar una nota o me han hecho entrevistas sobre mi enfermedad en un tono serio, y a ellos los respeto mucho. Mis

verdaderos amigos, las personalidades o los productores que conozco se han comunicado conmigo pero se han mantenido al margen,
discretos y, de alguna forma, imparciales, porque yo tampoco deseo
que tomen una postura o partido por tal o cual, eso no me importa.
Yo no busco tener la razón, simplemente deseo que me respeten.

Pero mi enfermedad transformó mi relación con la prensa. Antes
aparecía cada tanto; ahora, a raíz del cáncer y la separación, hay
mucho morbo alrededor, mucho amarillismo, mucho de todo. Hoy
aparezco en casi todas las portadas, todas las semanas, e iróni-
camente hoy —que no salgo en un programa— soy más famoso que
cuando estaba al aire en una emisión. Y el 80% de lo que se publica
son sólo rumores, especulaciones. La mayoría de las veces nunca
hablan para verificar o para confirmar la veracidad de la nota; publican muchas veces de manera irresponsable y, aunque aprendí
a convivir con eso, en este momento, en esta faceta que yo estaba
atravesando en 2015, cada cosa que salía publicada y explotaba en
un escándalo, me afectaba mucho emocionalmente, y cada nota que
leía, físicamente, me quitaba la respiración, me ponía peor, tenía recaídas, se me llenaban los pulmones de agua y tenía que ir al doctor
o al hospital a que me drenaran, a que me punzaran la pleura, que
está pegadita al pulmón, para sacarme el líquido que no me dejaba
respirar. Me iba muy mal. Cada quince días yo acudía al hospital, hasta que me pusieron un catéter provisional. Era un desastre. Sentía
que no valía ya la pena vivir así ni luchar. Me sentía fatal.

Pensaba continuamente en mis hijos, pero nada me consolaba,
estaba en un círculo vicioso, donde todo estaba mal y cada vez os-
curecía más.

Admito que me abandoné al dolor. Hay que ponerle muchos hue-
vos para permitir que el dolor te atraviese y que te haga pedazos;
considero que hay que tocar fondo —al menos en mi caso— para
poder salir, y éste era, sin duda, mi gran fondo. Estaba totalmente
abatido y tenía motivos muy poderosos: había perdido mi salud, a
mi pareja, mi fe y mi confianza, y además estaba a punto de darme
cuenta de que ya había perdido mi trabajo.

Después de *La Academia* reaparecí en la pantalla chica de Azteca 13 en 2014. Durante mi segundo año enfermo surgió la posibilidad de hacer *Gánale al chef*, un programa *prime time* que se emitió los domingos durante 13 semanas. Y como ya les conté, hacerlo me provocó una recaída que casi me cuesta la vida. Participé unos cuantos fines en *Venga el domingo*. La verdad es que era mi propia exigencia impulsada por este deseo de "voy a salir, voy a tratar otra vez, si tropiezo vuelvo a levantarme", de meterme en un engranaje en el cual ¡ya no funcionaba!

Las veces que trabajé me fue como en feria, no pude hacerlo a gusto, relajado, me obligué a hacer cosas, y una de esas cosas fueron estos programas. Por eso es que hoy digo abiertamente que una de las causas de mi enfermedad es haber pasado por encima de mí mismo. Cosas que yo sabía que no tenía que hacer y las hacía igual por necio. Mi enfermedad, como yo la interpreto, entre tantas cosas, y como uno de los factores determinantes, tiene que ver con eso, con pasar por encima de mí y no saber cómo poner límites.

Y en ese sentido voy a ser muy claro con mi situación en TV Azteca. Cuando me enfermé no hablé ni planteé mis necesidades al dueño del corporativo, Ricardo Benjamín Salinas Pliego. Sí lo hablé con mis jefes, que en ese momento eran el director de Entretenimiento, Roberto Romagnoli; Guillermo Alegret, director de Talento, y lo hablé con el entonces director general de TV Azteca, Mario San Román, y en su momento ellos me dijeron: "Tienes todo nuestro apoyo". Sí, yo tenía un contrato de exclusividad vigente en ese momento. Me sentía cobijado por mis jefes.

De los 18 años que estuve en TV Azteca, habrán sido cuatro los años que me firmaron con una exclusividad, ésta era de dos años y era renovable. Y de esos cuatro estuve año y medio enfermo, aunque hice *La Academia*, *Gánale al chef*, *Venga el domingo*, algunos programas especiales y campañas con ciertas marcas... durante los periodos que no trabajaba por los fuertes dolores o tratamientos, la empresa me seguía cubriendo el sueldo, y por ese motivo tengo un agradecimiento sincero y leal. Pero desgraciadamente, cuando se terminó mi contrato en marzo de 2015, se acabó. Desde esa fecha yo no percibí más ingresos de TV Azteca.

Como decimos los que trabajamos en Azteca, tenía muy puesta la camiseta. Crecimos juntos, Azteca creció y yo crecí con ellos, me sentí parte de la familia; de sus raíces, salí de las fuerzas básicas del Cefac y era la prueba viviente de que el sistema y desarrollo de artistas funcionaba perfecto. Me sentía afortunado y feliz con las oportunidades que se me habían dado y las había aprovechado al máximo. Era un referente de la televisión y de TV Azteca.

Un mes antes de que se terminara el contrato comí con el director de Talento, Guillermo Alegret, y le pedí:

—Por favor échenme la mano; sé que va a terminar mi contrato, yo no puedo comprometerme a trabajar, porque no sé cuándo me vayan a dar de alta ni cómo quedaré después de cada tratamiento; además, me estoy separando de mi esposa y mi vida es un caos. Por favor ayúdenme manteniendo mi exclusividad y les prometo que cuando esté listo regreso con todo. Tienen un talento[35] para siempre y mi total lealtad y agradecimiento. Pero por favor ayúdenme.

La respuesta fue que él no podía tomar ese tipo de decisiones, que lo hablaría con su jefe y me daría una respuesta pronto, pero que él estaba convencido de que no habría ningún problema.

Para mí ya habían explotado los problemas de la separación, necesitaba mudarme a otro espacio —no quería vivir en casa de mis padres—, estaba con un montón de gastos, preocupaciones médicas, tenía que volver a amueblar mi departamento, comprar la recámara de los niños para cuando se quedaran, toda su ropa, en fin, me sentía agobiado y necesitaba comprar todo, otra vez. Como le pasaría a cualquier persona que se divorcia, pero con el agravante de que tenía una enfermedad que podía estallar nuevamente en cualquier momento... así que proyectar a futuro se me hacía imposible. Cabe aclarar que en todo este tiempo y hasta el día de hoy siempre me he hecho responsable de mis hijos. Nadie me ha pagado nada.

---

35 En el argot televisivo significa figura pública que atrae audiencias y anunciantes.

Cuando volví a preguntarle a Guillermo Alegret en qué quedó todo, me llamó a su oficina, dentro de las instalaciones de Azteca en el Ajusco, y su respuesta fue, en pocas palabras, más o menos:

"No, el canal está en crisis;[36] lo único que te puedo ofrecer es reducirte la exclusividad a la mitad por los próximos tres meses y luego vemos", ese luego vemos para mí fue un baldazo de agua fría, "¿luego vemos?", sentía que el subtexto era, "si no te mueres en los próximos meses, luego vemos". Lo único que yo quería era un poco de apapacho por parte de la que yo consideraba mi familia.

A cambio él me solicitaba que me presentara en el programa *Ventaneando* junto con Ingrid para aclarar nuestra situación al aire y así acabar con todas las especulaciones. Para mí en ese momento era una locura, yo estaba hecho pedazos por la separación, no podía verla porque estaba muy dolido, no podía enfrentarla, me sentía desarmado, frágil, no estaba listo para enfrentar la situación a nivel nacional y en vivo. Era un riesgo. Atentaba contra mi salud y no estaba dispuesto a hacerlo. No podía hacerlo. Siempre he intentado ser lo más honesto al aire, con el público, y pararme ahí y decir que estaba todo bien y que la separación se estaba dando en buenos términos y bla, bla, bla, simplemente no lo sentía, no podía hacerlo, porque no era así. Eso no era verdad.

Él tenía sus argumentos y yo los míos, ni bien ni mal... así eran las cosas. Me levanté y salí de esa oficina desilusionado y muy triste. Cuando uno está mal todo su entorno se pone mal, nada me salía bien. Lo único que me faltaba es que me orinara un perro. Listo, no se pudo, se acabó, punto final. Así terminaron mis 18 años en TV Azteca.

No hablé con Mario, ni con Ricardo. No sé. No sabía qué hacer, me sentía perdido. Le había dedicado 18 años a la empresa que traía tatuada en la sangre, tú sabes cómo somos los aztecos, ¿no?, gente que hacemos todo y damos todo por la empresa. Yo crecí con la empresa, Azteca cumplía años y yo cumplía con Azteca, que hace

---

36 http://www.elfinanciero.com.mx/empresas/tv-azteca-pierde-senal-con-fuga-de-anunciantes.html. El 28 de mayo de 2015 *El Financiero* abordó la situación que atravesaba la empresa a través del artículo "TV Azteca 'pierde señal' con fuga de anunciantes" donde mencionaba la pérdida de más del 40% de su valor en ese año, debido a la disminución de televidentes e ingresos por publicidad ante la creciente penetración de canales de paga de Grupo Televisa y plataformas *online* como Netflix.

poco acaba de cumplir más de veinte años, imagínense. Yo nací con Azteca y estoy agradecidísimo con las oportunidades que me dieron, pero esta respuesta se me hizo muy fría. Me sentí como un número más, como lo que somos todos al final en una empresa, ¿no?, o así lo sentí yo. Para mí estaba claro que no hacía falta ir más lejos ni nada. Mientras duró el contrato me sentí apoyado, y ahora que estaba por acabar y era cuando más los necesitaba, ¿ya no? Está bien. Así lo pensé. Así lo sentí y nunca escuché otra versión, ni quise darle más vueltas al asunto, mi prioridad era ponerme sano. Tan tan.

Pasó el tiempo y me hablaron para proponerme hacer un programa, pero ya sin exclusividad. En octubre de 2015 TV Azteca me ofreció *Sí se puede*, el primer programa que se hacía entre Telemundo, la cadena de televisión estadounidense que transmite en español, y Azteca. Habíamos arreglado todo, yo iba a regresar y estaba contento porque iba a empezar a hacer ese programa, pero otra vez recaí y volví al hospital. Se me volvió a llenar el pulmón de agua, me drenaron y me disculpé. En un acto de honestidad, les dije "no puedo hacerlo, perdón, sé que falta una semana, perdón, me están drenando el agua". Incluso el productor fue a mi casa para hablar conmigo y ver en qué condiciones me encontraba, me entendió.

Perdóname, no lo puedo hacer, no es Chuchita, ni Perenganita, ni Televisa, ni nadie, qué más quisiera yo que regresar, pero no lo puedo hacer. No puedo cargar con la responsabilidad del programa en estas condiciones. Punto.

Dejé el proyecto una semana antes de que comenzaran las grabaciones porque físicamente no lo podía hacer y cancelé con Azteca. Yo ya no tenía exclusividad en ese momento y algunas personas lo malinterpretaron. Supusieron que mi cancelación obedecía a que yo me quería ir a Televisa y se enojaron conmigo. Aquí entre tú y yo, la realidad es que lo único que sé es que mientras me decían "tú nos estás dejando porque te vas a Televisa" yo estaba en un hospital, me estaban drenando agua, no podía hacer el programa de ninguna manera, ni pararme y decir "¡hey, espérenme!" Físicamente, por razones de salud, seguía deshecho, y todo lo que ocurría hacía que me fuera cada vez más al fondo. Finalmente el programa lo hizo Rafa Araneda.

¿Qué le diría hoy a Ricardo Salinas Pliego?

Yo no sé si el señor Salinas lo supo o no. No tengo ni idea. Pero yo no podría reclamar nada, porque nunca lo hablé con él, personalmente nunca me senté a platicarlo; lo que yo puedo hablar y decir —y que lo describe de manera impresionante— fue que yo, a finales de 2015, después de haber seguido múltiples tratamientos, de ir con miles de doctores y no encontrar una solución, me atreví a escribirle un mail. Ya TV Azteca no me pagaba, no tenía exclusividad, y le escribí un mail diciéndole que en 18 años que yo llevaba en la empresa nunca le había pedido un favor, pero sabía que si alguien tenía acceso a los mejores doctores del mundo era él; le conté un poco de la enfermedad que traía y lo que había pasado en breves líneas y le dije que lo que le pedía, de favor, era si me podía contactar con sus médicos, orientarme por dónde ir, quiénes son los mejores en este país o en el mundo. A donde sea, yo voy.

A la media hora me respondió:

—Fernando, me da mucha pena, mucha tristeza leer esto, pero sí tengo un doctor, un buenazo, es el doctor Rafael Padilla que está en el ABC y ya mismo te contacto con él para que te vea.

A los cinco minutos su secretaria me estaba hablando, ya me habían sacado cita. Yo solicité su ayuda y llegó inmediatamente.

Fui con el doctor Padilla, quien es un médico oncólogo de mucho prestigio, me revisó y muy honestamente me dijo:

—Yo no soy el especialista en tu tipo de cáncer, pero te mando con uno de mis amigos, uno de los mejores del mundo —tomó el teléfono en ese instante y lo llamó, estaba dando una conferencia en Houston y salió para atender la llamada del doctor Padilla.

"Necesito que me atiendas con urgencia a Fernando, cuando llegues. ¿Cuándo llegas?, el lunes. El lunes lo atiendes."

"Ok. Veo cómo le hago lugar, pero lo atiendo el lunes."

Y hubo una maravillosa cadena de ayuda. Cuando el especialista me atendió me dijo:

—Lo único que podemos hacer por ti es un autotransplante de médula —lo mismo que ya me habían dicho. Esto fue en noviembre de 2015.

En lo que yo pensaba si accedía finalmente a hacerme el autotransplante, que sí, que no, que si los riesgos y no sé qué, se presenta mi tercera crisis. La más grave y definitiva.

Pero para Ricardo no tengo más que palabras de agradecimiento. El único favor que le he pedido, personalmente, me lo respondió en media hora y al tiro, elegantemente, como lo haría un amigo, así que no tengo más que darle las gracias. En su empresa crecí, profesional y emocionalmente. Nunca había hablado de la exclusividad porque me parecía que no hacía falta llegar a Ricardo, que había gente de su confianza a la que delegaba y con la cual yo podía hablar. Intenté hablarlo, no se dio con esa gente; bueno, está bien, no tenía ni la fuerza, ni la claridad para hablar de dinero en esos momentos y ya no volví a tocar el tema.

Al principio de mi salida de TV Azteca todo fueron rumores, y no puedo saber qué cosas se hablaron ahí dentro, ni qué decisiones tomaron con respecto a mi caso. Muchas de esas personas ya no están en la empresa. Lo que sí entiendo, y los hechos hablan por sí mismos, es que decidieron tomar partido por la persona que sí les estaba generando, porque era el activo en ese momento y que sigue trabajando ahí, lo cual es una bendición. Me parece que no era necesario tomar partido, los dos habíamos dedicado nuestra vida a la misma empresa y siento que las cosas podrían haberse solucionado de otra manera. Nunca me buscaron para conocer mi versión o platicar. Así como nunca pedí explicaciones cuando me contrataron, cuando dejaron de contratarme tampoco... Aunque me hubiera gustado otro final. Yo me sentía muy identificado con Azteca, la gente también me lo hacía saber. Pero así pasaron las cosas y fue como yo las viví desde este lado. Todo se acomoda y las cosas terminan por caer por su propio peso, cada quien sabe qué parte le tocó jugar y es un aprendizaje más. En ese momento Azteca era todo lo que había anhelado como profesional. Por eso me dolió tanto.

Frustrado, llegué a pensar que lo que estaba mal era mi diagnóstico inicial, es decir que la biopsia que me habían practicado en su momento estaba mal hecha y que tal vez el tipo de cáncer por el que me estaban tratando no era el correcto. Algo así como que me estaban dando aspirinas para el dolor de cabeza, cuando a mí lo que me dolía era la panza; por eso creía que me estaban dando una quimioterapia equivocada y por eso no mejoraba...

Entonces decidí irme el 10 de noviembre de 2015 a Cuba, donde nadie me conocía, y empezar de cero otra vez.

Volé al hospital Hermanos Ameijeiras ubicado en La Habana, y ahí, en el pabellón de extranjeros, me instalé durante diez días. Me hicieron nuevamente una biopsia, y mientras esperaba el resultado me practicaron un raspado de médula —que es la cosa más dolorosa físicamente a la que me he sometido—, me pasaron a un cuartito de 4 × 4, con mosaicos verdes, una camilla y cuatro doctores bajo la supervisión de Calixto Hernández Cruz, jefe de Servicio de Hematología. Una doctora me tomó la mano y me dio a morder un pedazo de madera, me pusieron un poco de Xylocaina externa y con una broca me hicieron un hoyito en la piel a la altura de la espalda baja, llegaron hasta la médula ósea y rasparon el hueso a pelo.

¡Nooooooooooo!

Mordí la madera, lloré de dolor, un escalofrío se apoderó de todo mi cuerpo, haz de cuenta que la sensación era de estar en nervio vivo, literal; sudé lo que no te imaginas y en mi conciencia sentí lo más cercano a morir en vida. Pasé unos cuantos días haciéndome estudios. Sólo comía arroz, pollo y frijoles que, por cierto, casi nunca me los comía, porque ya no me pasaba la comida, y decir comer es algo figurativo, los alimentos me sabían a cartón; perdí muchísimo peso. Me bañaba con agua fría, la cama de la habitación estaba rota y el aire acondicionado a veces funcionaba y otras no, por lo que había noches que dormía con suéter y otras hacía un calorón. Finalmente me dieron el diagnóstico, era el mismo que me habían dado en México. Me ofrecieron unos tratamientos y protocolos durísimos y decidí regresar el 20 de noviembre a México bajo mi responsabilidad; en Cuba no conocía a nadie, la cabeza y el estado anímico en estos casos es de suma importancia y yo quería estar cerca de los míos, de mis hijos e intentar estar emocionalmente un poco más contenido.

Aquí seguí buscando tratamientos alternativos... Me recomendaban esto, lo otro y decidí irme el 15 de diciembre de 2015 a Monterrey con un osteópata, a unas cabañas en medio de la nada a seguir un tratamiento milagroso, fui cuatro días, me acompañó mi madre y ahí estuvimos; me daban terapias seis veces por día, desayunaba, comía y cenaba, terapias y más terapias.

No pasó nada.

El 19 de diciembre regresé de Monterrey, no podía respirar. Mi madre se quedó conmigo en casa el 20 y el 21, pero cada día la cosa simplemente se iba poniendo peor.

—Por favor...

—No, mamá, no quiero más médicos.

—Por favor, mi miedo es que esta noche te pase algo, ¿y yo qué hago?, ¿cómo te atiendo?, ¿llamo a la ambulancia?, ¿qué hago? ¡Por favor!

El 21 de diciembre todo colapsó... Ese día estaba en mi departamento, mi hermana Maru se trasladó con nosotros. Otra vez no podía respirar, otra vez todo mal.

—Fer, ¡por favor vámonos al hospital!

—Ok, vamos al hospital. Decidan ustedes por mí porque yo ya no puedo pensar —fue mi respuesta; ya no llegaba oxígeno a mi cerebro, todo era una locura. Reaccionaba en cámara lenta. No podía estar acostado porque me faltaba el aire ni sentado porque el dolor era insoportable.

Mi hermana llamó a la ambulancia y cuando subieron los camilleros a mi recámara yo no tenía fuerzas ni para bajar las escaleras. Me ataron a una especie de camilla y la pusieron de pie, tipo Hannibal Lecter; no me podía sentar y mucho menos acostar. Me pusieron una mascarilla de oxígeno en la nariz. Al parar la camilla pude entrar al elevador y me bajaron hasta la planta baja del edificio donde nos esperaba la ambulancia. Me subieron, encendieron la sirena y en minutos llegué al hospital.

—Doctor, ¿esta noche me regreso a mi casa?

—No, tú te quedas aquí —ahí vamos otra vez, pensé.

No me acuerdo de nada más. Perdí la conciencia. Me indujeron al coma.

Cuando desperté era 31 de diciembre de 2015.

* * *

"Me voy a Urgencias, ya no aguanto. Estoy muy mal..."

Es el mensaje de texto que recibe Violeta, a punto de llegar a su casa. Fernando se lo ha enviado a su teléfono celular. Hace sólo unas horas que la joven ha salido del departamento del conductor sin imaginar la gravedad de lo que está ocurriendo y en respuesta le manda la imagen de un lobo, animal que admira el presentador por su fortaleza.

"Él te va a cuidar", le escribe.

"Está bellísimo", le contesta Fernando y la pantalla indica que ha quedado fuera de línea.

Violeta no magnifica la gravedad de Fernando. La llamada de Maru la pone en alerta; necesita que regrese al departamento de Fernando y, lo más pronto posible, lleve al hospital los últimos estudios médicos.

Fernando ingresa directo a terapia intensiva pasadas las siete de la noche; los médicos piensan que la sensación de ahogo obedece a la existencia de agua nuevamente en los pulmones. Intentan drenarlo, pero esta vez no pueden y se dan cuenta de que la situación se ha complicado:

—Le vamos a practicar una biopsia, porque de tantas veces que se le ha hecho este procedimiento la aguja ya no entra en el pulmón. ¿Otorga el permiso? —le preguntan los doctores a Rosa Lina.

—Sí, por supuesto. ¡Quiero que respire!

El neumólogo de Urgencias llama de inmediato al hematólogo, el doctor Pedro de Jesús Sobrevilla:

—Este hombre se está muriendo, pero verdaderamente muriéndose.

El equipo médico realiza la biopsia, pero se da cuenta de que no hay agua; la enfermedad ha progresado mucho y el tumor se ha expandido tanto, que ocupa casi todo el pulmón y lo está apretando mortalmente contra las costillas, impidiendo su dilatación, lo que no permite la respiración. Es literalmente una bola inmensa en el tórax. Si lo extraen es casi seguro que ocurra la muerte.

—Lo vimos tan mal en la terapia intensiva que el internista me decía: "Mejor ya no le hagamos nada", porque estaba intubado, inconsciente. Las tomografías revelaban un gran abultamiento en el tórax, por dentro, un abultamiento inmenso, con líquido en la pleura. Lo único que se hizo fue intubarlo y tomarle una biopsia, pero nada más. Ya estaba desahuciado en ese momento, realmente estaba muriéndose, estaba, como nosotros decimos, caquéctico, que quiere decir en los huesos, con una pérdida de peso impresionante, el abdomen abajo, o sea con todo para morirse. Recuerdo que uno de los doctores que lo vio antes me dijo en el pasillo: "Yo creo que ahora sí ya no hay nada que hacerle". Y de hecho ésa era mi opinión, ya no hacerle nada, era un paciente terminal y había que dejarlo por la paz —recuerda el doctor Sobrevilla Calvo.

En la sala de operaciones se resuelve la única alternativa posible para protegerlo y mantenerlo con vida hasta que la familia decida qué hacer con él, le aplican la sedación profunda. Fernando es trasladado nuevamente a terapia intensiva, donde lo mantienen bajo observación minuciosa.

—Mi hermano se va a morir...

Las palabras son de Maru a Violeta. La joven ha llegado al hospital y tras entregarle los estudios se impresiona. La hermana de Fernando está deshecha, se desahoga y rompe a llorar.

—Nada de lo que estás pensando va a suceder... —responde Violeta.

—Lo metieron a cirugía y el médico nos dice que ya no, ya no hay más. Te voy a pedir algo que no quiero... Necesito que busques o te informes de agencias funerarias porque no sabemos lo que va a suceder.

Para Maru el peor de sus miedos se estaba materializando. Nunca había visto a su hermano vivir un ataque de pánico... La imagen le aterrorizó: le faltaba el aire, inhalaba con muy pocas fuerzas, el silencio y la falta de reacciones por parte de Fernando le resultaban sobrecogedores; tampoco le había tocado ingresarlo de urgencia al hospital y firmar la responsiva médica para practicarle todo lo que fuera necesario con las consecuencias que esto pudiera tener. Y esto incluía también conocer el estado real de su seguro médico en caso de muerte, su testamento y hacerse cargo de los trámites de su última voluntad.

—Con el dolor de mi alma empecé a ver esas cosas. No quieres que ese momento llegue, pero como hermana mayor tomé esa responsabilidad. Me puse a ver los papeles de su testamento para saber legalmente qué debíamos hacer, si debíamos llamarle a Ingrid, a los niños; me empecé a informar con abogados qué tenía que hacer y fue horrible, porque fue una responsabilidad que me puse yo sola, pues si le preguntaba a mi mamá, la mataba de tristeza ahí mismo.

Tras fundirse en un abrazo, Maru se adentra en el ascensor y Violeta abandona el hospital. Retorna al departamento de Fernando y, con todo su pesar, comienza la búsqueda de agencias funerarias de la manera más discreta. No está sola. En otra habitación, doña Pili permanece en oración toda la noche, sentada en su cama. En una mano sostiene un rosario y en la otra su teléfono móvil. Antes de partir, Fernando le indicó que lo tuviera consigo.

"Pero tráigalo en la mano porque yo le voy a llamar para ver qué vamos a hacer", fueron las palabras que todavía alcanzó a decirle mientras le colocaban la mascarilla de oxígeno y descendía las escaleras ayudado por los paramédicos.

Cuarenta y ocho horas atrás doña Pili había regresado de Cuernavaca al departamento en la Ciudad de México. Ella, que nunca en su vida se había atrevido a tomar un autobús sola, debió superar muchos de sus miedos para cumplir la promesa hecha a Dios de cuidar de Fernando. El silencio del departamento le hizo suponer que él aún no había regresado de su último viaje porque la puerta de la habitación estaba cerrada y parecía no haber nadie en la casa. Pero al cabo de unas horas la inquietud la hizo subir y asomarse. Entonces descubrió al conductor en la cama y con calentura. Sin saber qué hacer, doña Pili sólo atinó a ponerle alcohol en las plantas de los pies para bajarle la temperatura hasta que llegó Rosa Lina. La necedad de Fernando lo llevó a permanecer un día más así, hasta que su condición física resultó insoportable para su madre y hermana y decidieron trasladarlo al hospital.

Ahí ha pasado ya más de una hora del ingreso de Fernando en Urgencias. En la unidad hospitalaria, en un pequeño cuartito, sentadas en un sillón pequeñito, Rosa Lina y Maru aguardan el resultado de la biopsia; Norberto y Romina están en camino al hospital. De repente apareció Marcos Salinas, un maestro de cábala, que se dirigió a Rosa.

—Mi guía espiritual me dijo que yo tenía que venir a hablar contigo y con tu hijo. ¿Puedo?, ¿me das permiso?...

—Sí, está dormido.

—No importa.

Año y medio atrás, Rosa Lina había empezado su voluntariado en el Centro de Kabbalah. La líder del grupo de voluntarios, Paola Hernández, la vio tan mal que se acercó a preguntarle qué le ocurría.

—Es mi hijo —respondió Rosa Lina, sin profundizar ni mencionar su identidad.

—Tengo otro grupo de cábala, ¿quieres hablar con mi maestro?

—Lo que sea, lo que sea que me ayude a sobrellevar esto.

Antes de ir a Cuba con Fernando, el maestro Marcos Salinas, le dijo a Rosa Lina que necesitaba hablar con su hijo. Pero ese viaje y agravamiento de Fernando imposibilitaron que Rosa volviera a verlo y que lo recibiera el conductor. Sin embargo, ese 21 de diciembre, enviado por su guía espiritual (un rabino fallecido hacía bastantes años), Marcos llegó hasta ella y al salir de terapia intensiva, con lá-grimas en los ojos, le manifestó en la sala de espera a Rosa Lina y Maru:

—¡Yo no puedo creer que éste sea tu hijo! Cuando yo lo vi hace dos o tres años en la portada de una revista me dije: "Hay que re-zar mucho por este muchacho". Pero de ahí en más yo nunca supe quién era. Cuando entré y lo vi, entendí. Con razón me mandaron aquí. Rosa no comprende nada de lo que le dice ese hombre, pero Marcos continúa y le asegura:

—Él me dijo que quiere vivir...

—¿Cómo te va a decir que quiere vivir si está dormido?

—Rosa, pude hablar con él, ¡me dijo que quiere vivir! Ya no está enojado con Dios. Nos comunicamos a otro nivel energético, a través de una meditación trascendental, no con palabras.

—Bueno, está bien —respondió Rosa Lina más a fuerza que con-vencida ante el joven profesor a quien, sin embargo, se aferra con desesperación, tratando de no perder la fe y creer en ese Dios que estaba decidiendo el destino de Fernando.

Entonces Marcos les advierte a la madre y a la hermana de Fer-nando:

—A partir de este momento no crean todo lo que les digan, no crean todo lo que ven, no crean todo lo que escuchen; solamente crean en Dios porque él tiene la última palabra.

—Está bien —respondieron al mismo tiempo la madre y la her-mana, quienes no cuestionan ni reparan en las palabras del maestro que discretamente se despide, pues en ese momento llega el doctor Sobrevilla Calvo acompañado de Norberto.

—No hay nada que hacer. Es terminal.

—¿Cómo terminal?... ¿Cuánto tiempo? —contesta Rosa.

—Es cuestión de horas... ¿Me dan el permiso para extubarlo?

—¡No!, ¿cómo extubarlo?

—Sí, si fuera mi hijo yo lo desconectaría. No hay nada que poda-mos hacer.

—¿Está sufriendo?...

—No. Está en coma, no sufre.

—Entonces no lo desconecten, déjenlo así. Hagamos un último esfuerzo porque va a ocurrir un milagro. Denme cinco, seis días. Pero por favor denle todo lo que necesite y no le retiren nada porque piensen que es terminal.

—Está bien. ¿Está segura?

—Sí —respondió Rosa Lina, cuya serenidad contrasta con la cólera de Norberto, quien reacciona queriendo lanzarse contra el médico por la frialdad absoluta con que les había comunicado el grave estado de Fernando.

—Me puse muy mal. Las esperanzas se fueron al diablo, se me vino el mundo abajo por lo que había dicho el médico: "No hay nada que hacer, lo lamento"; ¡sí!, quería matar al médico, te juro que si alguien no me para ¡lo mato! —afirma Norberto, quien no acepta el fuerte revés que la vida le está dando a Fernando. Ocho meses sin recaídas eran para el padre un síntoma de recuperación; en realidad durante ese tiempo y sin chequeos de por medio el cáncer había progresado. Finalmente el médico le hace entender que el linfoma de Hodgkin puede crecer de tamaño, en una semana, cinco veces más.

—Hasta ese momento Fernando sumaba tres distintos protocolos médicos y estaba para morirse —recuerda el doctor Sobrevilla Calvo.

Norberto tampoco sabe lo que minutos antes les había dicho el maestro de cábala a su mujer y a su hija, pero el temor de ver la muerte de Fernando cercana lo hace aferrarse a esas palabras: "No crean todo lo que les digan, no crean todo lo que ven, no crean todo lo qué escuchen; solamente crean en Dios". Y juntos elevan sus oraciones al cielo y aguardan un milagro.

Finalmente ha llegado Romina al hospital; la menor de la familia había viajado a Cuautla, Morelos, para iniciar sus vacaciones en compañía de su esposo Óscar y su pequeño hijo Matías. Apenas había llegado, cuando la llamada de Maru la urgió a retornar. Pronto sus padres y su hermana la ponen al tanto de la gravedad de Fernando y juntos acuerdan respetar la decisión tomada por Rosa Lina de no desconectarlo. Lo mantendrían sedado y su cerebro dormido para darle tiempo al cuerpo de recuperarse, a pesar del fuerte impacto que les provoca ver así a su querido hijo y hermano.

No han pasado 24 horas cuando los médicos Sobrevilla Calvo, el neumólogo Jaime Morales y la cirujana Francina Bolaños se reúnen con Rosa Lina.

—¿En algún momento hablaron con él sobre mantenerlo con vida y por cuánto tiempo?

—No, nunca.

—Van a ver que será un milagro... va a suceder un milagro.

—Pues será un milagro, un verdadero milagro que salga adelante —responde el doctor Sobrevilla Calvo, quien decide aplicarle a Fernando un medicamento que hasta entonces no había recibido y una nueva quimioterapia a través de pastillas.

—Y ahí lo dejaron. Y todos los días, en terapia intensiva, el médico neumólogo Jaime Morales me llamaba para darme los dos partes diarios. Me decía: "Tiene todo el soporte, todo el soporte, pero sigue igual. No hay mucho que hacer, no se hagan ilusiones, vayan pensando en la posibilidad de... pero tiene todo el soporte". ¡Yo odiaba a este médico, lo odié tanto! —expresa molesta con todas sus fuerzas Rosa Lina—. ¿Qué me querés decir?, ¿para qué me llama?, ¿para decirme exactamente lo mismo?

Rosa Lina permanece día y noche sentada fuera de terapia intensiva, en la sala de espera. Si su hijo despierta, quiere que él sepa que ella está detrás de esa puerta. Sólo abandona la silla para entrar a verlo por periodos de veinte minutos, tomar un baño, probar alguno que otro alimento e ir a la capilla del hospital para orar.

Norberto va y viene de casa al hospital. Hace algunas cosas y sobrelleva el día a día de manera mecánica, su mente no puede razonar, pero su corazón está convencido de que Fernando va a salir avante. Recibe a sus yernos y consuegros; intenta atender a los amigos y compañeros de su hijo que de inmediato se presentan en el hospital. Raúl Osorio, Raquel Bigorra y su esposo, el productor Alejandro Gavira. A todos les pide que eviten que salga a la luz lo que está pasando con Fernando. Durante poco más de una semana la noticia permanece oculta.

Cuando todos se han ido, Rosa Lina se acomoda en su silla fuera de terapia intensiva y evoca el último viaje que hizo con su hijo a Monterrey, en busca de otro tratamiento milagroso, impartido por un osteópata:

—Creo que Dios lo hizo ir ahí para que se diera cuenta de cómo era la realidad, porque en ese lugar todas las personas estaban desahuciadas, todas, pero todas estaban con sus parejas, menos Fernando. Todas las parejas se cuidaban y se apoyaban entre ellas. Nos contaban cómo les habían dicho que ya no había nada que hacer en diferentes hospitales y también relataban cómo iban a luchar para vencer los diferentes problemas terminales de salud. Todos los que estábamos ahí pensábamos que el osteópata de Monterrey era un hacedor de milagros y todas las parejas se apoyaban, en cambio Fernando me decía: "¿Cómo es posible? Están todos acá y la única que no está es mi mujer". Eso fue lo que lo hizo darse cuenta de la realidad; todas esas personas desahuciadas estaban con sus parejas hasta el final y él estaba con su mamá.

En la relación con Ingrid la cuerda se ha tensado demasiado y al final se ha roto de forma definitiva. Es Violeta quien la llama para informarle que Fernando no podrá hacerse cargo de Luciano y Paolo en las vacaciones navideñas del 24 al 31 de diciembre, como habían acordado semanas atrás. Pero Ingrid no responde y Violeta decide comunicarse con Emiliano: "Necesito hablar con tu mamá, por favor avísale". Segundos después la conductora se pone en contacto.

—Los niños no van a poder estar con él. Tú tienes planes, ¿quieres que los recoja, que se los lleve a los papás de Fernando?

—No, me los quedo yo. ¿Está en el hospital?, gracias por avisar.

Los padres de Fernando —que nunca se habían metido con la expareja de su hijo— cierran filas; deciden cuidar y proteger a Fernando, de todo y contra todo. Y es que, en este punto tan vulnerable y frágil de Fernando, cuya vida está debatiéndose con la muerte en su punto más crítico, su familia teme por las decisiones y acciones que su aún esposa pueda tomar:

—Es doloroso decirlo porque... yo tenía mucho temor de que ella se apareciera en el hospital y, como obviamente era la esposa, tenía legalmente mucho más poder que nosotros, los papás; "llegué a pensar de aquí nos hace sacar y ella se queda", quién sabe lo que será de la vida de mi hijo.

—¿Usted pensaba que sus expectativas eran quedar viuda?

—Me duele decirlo, me duele pensarlo, pero su actitud podría suponer eso —responde Rosa Lina, y agrega que la respuesta tal vez pueda encontrarse en las declaraciones que dio en una entrevista al periódico *El Universal*:[37] "Ya no hay nada más que hacer por él, voy a ocuparme de mí y de mis hijos". ¿Qué significa eso? ¿Por qué? O sea, ¿quién determina que no hay nada más que hacer?, si a mí me lo dijeron y con todo mi corazón apachurrado me aferré a un milagro. Creo que el amor hace que todo sea posible. Hicimos una lista de personas autorizadas para entrar a visitarlo. Fue para evitar que gente de la prensa se colara en terapia intensiva, era una locura. Ella y su familia no estaban incluidas, pero legalmente era su esposa y no había ninguna razón o motivo por el que pudiéramos evitar que fuera. Lo único que solicitamos es que, en caso de visita, por favor nos avisaran y evitaran que entrara sola. Él no quería verla, ésa era su voluntad e intentábamos cumplirla —señala Rosa Lina.

—Creo que la otra parte no hizo las cosas correctamente, como se tenían que hacer. Él se dio cuenta realmente de quién es la gente que quería estar cerca de él, quién lo quería ayudar y quién no. Ésa es la verdad. Yo puedo pelearme con mi señora, pero creo que aunque estuviera separado de ella y tuviera un problema, la ayudaría y ella haría lo mismo —manifiesta abiertamente Norberto.

Un día, al salir de visitar a su hermano, la recepcionista en turno de terapia intensiva llama a Maru y Romina para notificarles que un doctor, perteneciente al mismo hospital, llamó pidiendo información

---

37 http://archivo.eluniversal.com.mx/espectaculos/2015/impreso/-8220ya-hicimos-lo-que-se-podia-por-del-solar-8221-137004.html.

sobre el estado del presentador. Les asegura que no le proporcionó ningún dato, pero les advierte que si el médico acude, puede perfectamente pasar al área en cualquier momento y verlo directamente. Las hermanas se sorprenden al saber su nombre, se trata del ginecólogo de su excuñada y lo conocen porque ella, en algún momento, se los recomendó.

Cuando la noticia del estado y la crisis de uno de los conductores más carismáticos de la televisión mexicana ya ha trascendido a los medios de comunicación, los periodistas acuden diariamente en busca de declaraciones y la gente en el hospital comienza a acercarse a la familia, especialmente a la madre de Fernando, para ofrecerle su respeto, apoyo y consuelo; le regalan Biblias y cadenas de oración que se multiplican entre familiares, amigos, compañeros, seguidores y público.

—Una noche, serían las diez y media, vienen una señora, un señor y un niño y me dicen: "¿Usted es la mamá de Fernando del Solar? No se espante, nosotros somos cristianos y le queremos decir que esta noche, a las 12, nos vamos a poner en oración, una cadena de oración mundial para rezar por Fernando. La queríamos invitar, si quiere unirse..."

"Sí, por supuesto —dije. En ese momento el niño me tomó de la mano, un nene de diez u once años, y me dice: "Señora la oscuridad es grande, pero Dios es más grande; tenga confianza, no pierda la fe". ¡Cuánto amor! Qué enseñanza me acababa de dar esa criatura, y donde esté esa familia les agradezco tanto y pido por ellos siempre, que Dios los bendiga. Fer todavía conserva esa Biblia y tiene una dedicatoria que dice: "Confíen en Dios en todo momento, ya que ÉL nunca se apartará de ustedes. Atte. Familia Nava Miss". No tengo noción de los días, pero muchísima gente se acercó a decirme: "Dios está con ustedes, Fernando es una persona llena de luz, estamos rezando por él".

"¡Gente que no lo conocía!, gente que tampoco lo estaba viendo, gente que se apersonaba en el hospital específicamente para decir "estoy con ustedes, estamos rezando por él", no, no, no, una cosa maravillosa —recuerda conmovida hasta las lágrimas Rosa Lina, para quien cada día resultaba doloroso entrar a terapia intensiva y ver a su hijo, con sus ojos cerrados, su cuerpo sumamente hinchado y conectado a infinidad de aparatos, de los que sobresalía el tubo de la traqueostomía[38] que para entonces ya le habían practicado y el tubo del oxígeno comenzaba a lastimar, cada vez más, los labios permanentemente secos de Fernando.

La ciencia y la medicina daban nulas esperanzas de vida. Cada familiar y amigo que pasaba unos minutos a visitar a Fernando, al salir del cuarto renovaba la fe de todos, al compartirla con los demás: "Creo que movió un dedo", "mientras yo le hablaba pestañeó", "apretó mi mano", y así se vivieron días, dentro de una exhaustiva montaña rusa e interminables momentos de desazón cuando llegaban los médicos y daban el parte médico.

—Yo entraba con mi corazón estremecido, pues no sabía con qué me iba a encontrar del otro lado de la puerta —cuenta devastada la madre de Fernando, cuya espera transcurre lenta y pesadamente. Hasta que un día algo cambia... recibe una leve esperanza médica:

"'Mire, yo no le quiero dar ilusiones, pero hubo una leve, muy chiquititita, muy chiquitita mejoría, pero tiene todo el soporte, todo el soporte, tiene mucha medicación y toda la ayuda para mantenerse con vida', ¡qué sé yo todo lo que tenía! —exclama Rosa Lina—. Yo veía ese atril de donde se cuelgan el suero y demás medicinas. Normalmente se ponen cuatro medicamentos, pero él tenía como 12, colgando ahí, en ese soporte de acero... Yo pensaba 'si no lo mata esto, lo mata toda esta medicina que le están suministrando'.

"Pero todos los días yo me aferraba a esas palabras: 'No creas en todo lo que te digan, cree en Dios, cree en Dios, cree en Dios'.

"Todos los días iban, tres veces, estos grupos de Cábala a rezar conmigo. Agradecí tanto a esos compañeros que, sin conocer a mi hijo, iban a diario para ¡apoyarnos!"

---

38 Es un procedimiento quirúrgico para crear una abertura a través del cuello dentro de la tráquea. Generalmente se coloca un tubo o cánula a través de esta abertura para suministrar una vía aérea y retirar secreciones de los pulmones.

Desde España el abuelo Marcos Antonio se comunica para saber cómo están las cosas en México. No puede creer lo que Norberto le cuenta vía telefónica:

—¿Cómo desahuciado?, escúchame, ¿qué estás diciendo?

Norberto se oía desesperado.

—Me imaginé cómo estaría mi hija. ¡Esto no puede ser, no puede ser! Empezamos a pedir a Dios y a la Virgen Santísima por la salud del nene.

Y desde un pueblo lejano llamado Ondara el abuelo decide hacer una promesa de por vida. En casa enciende la vela color rojo que día tras día ofrenda a su fallecida Victoria y le ruega a La Pascui que permanezca al lado de su nieto e ilumine su camino.

En México Delfina, la fiel Delfis, comienza a soñar recurrentemente con su chamaco. Pero las imágenes que mira le asustan:

—Fernando volaba, volaba, pero yo despertaba llorando porque en el sueño, al momento de volar, él se me perdía y ya no lo veía. No quería ni contar el sueño de tan feo que era. Finalmente se los dije a mis hijas cuando una noche después volví a soñarlo de la misma forma. Yo estaba en San Juan del Río, Querétaro, marcaba a la casa de la señora Rosita y nadie me contestaba. Y cuando regresé y fui a casa de Romi ella me dijo: "La cosa está muy mal con Fer". Yo no podía ir al hospital por la promesa que había hecho ante la Virgen y Dios, que volvería a verlo cuando estuviera sano.

Mientras, Fernando sigue en coma inducido...

Sus padres y sus hermanas se turnan para cuidarlo y en las visitas le hablan suave al oído. Recuerdan momentos alegres de su vida juntos, le leen pasajes espirituales, le ponen la música que le gusta, lo acarician, lo besan, le mesan el cabello, le agradecen el aprendizaje, pero sobre todo le piden que si ha llegado el momento de separarse y el deseo es abandonar tanto dolor y angustia, lo haga tranquilo.

Comprenden y aceptan incondicionalmente cualquiera que sea su voluntad, así como le aseguran que cuidarán de sus hijos y apoyarán su crianza y crecimiento.

—Yo lo abrazaba como podía en medio de tantos cables y todas las cosas que tenía conectadas; le abría los ojos y no podía creer, no me entraba en la cabeza que nunca volvería a ver su mirada en mis ojos. Pero si bien iba a extrañarlo, comprendía que si era su momento de partir, estaba bien. Yo estaba peleada con Dios, pero todo el proceso de la enfermedad de Fernando me hizo buscar la reconciliación con Él. Por eso, cuando entraba, le agradecía el maestro que siempre fue conmigo, y ahora que no hablaba y tenía sus ojos cerrados, seguía enseñándome y dándome un crecimiento personal muy grande. Le cantaba y le decía todo el tiempo: "Oye, me encantaría que te quedaras, pero si no te quedas, si no puedes, si ya terminaste todo aquí, está bien; vete, amamos a tus hijos y aquí todo está bien; si regresas decídelo tú con Dios, no nos dejes eso a nosotros, y si decides quedarte, pues que sea con plena conciencia" —relata con suma dulzura y tranquilidad Romina, instructora también certificada internacionalmente en masaje infantil, cuyos conocimientos puso en práctica con su hermano, al que le cantaba mantras mientras masajeaba sus brazos y sus piernas, aun cuando la regañaban las enfermeras porque no le podía quitar las medias compresoras. Romina untaba el cuerpo de Fernando con aceites de aromaterapia y le hablaba con cariño, le leía libros de cábala, fragmentos sobre renacer o de la vida después de la muerte e incluso sobre la reencarnación de un hada que había perdido su esencia.

A diferencia de Romina, Rodrigo Cachero no puede ocultar el sentimiento adverso que se apoderó de su corazón. La crisis de Fernando lo tomó fuera de México, pero una vez en la ciudad se presenta en el hospital y rompe a llorar cuando se reencuentra y se abraza con Norberto.

Desde el primer día la familia permite que entre a verlo, pero lo aniquila la imagen que observa. Su amigo tan fuerte, tan carismático, tan angelado, luce espantoso, conectado por todos lados. La escena sólo le hace imaginar lo peor.

—Ahí sí pensé que se me iba mi amigo. Todo lo bueno que había vivido a su lado, en este viaje tan largo de años, pensé que se me iba.

"Aquí estoy, bostero (así les dicen en Argentina a los aficionados al equipo de futbol Boca Juniors; él le va a ese club y me hizo sumarme y siempre me decía "Bostero, Rodrigo Cachero, mi fiel compañero), aquí estoy (le decía, échale ganas; tiempo después entendería que el "échale ganas" no suma), aquí están tus papás, tus hermanas; tus hijos están bien y, ahí sí, le hablé a Ingrid, porque ella no fue. Me mandaba grabaciones de los niños, audios, fotos y yo se los ponía a Fer porque me parecía que los niños le iban a dar fuerza. Y cuando pudo abrir los ojos le ponía fotos y videos, y sonreía. Fueron días muy difíciles, pero también milagrosos.

—Cabrón, te estoy esperando. Tenemos que pasar año nuevo, tenemos que brindar, tenemos que ir al concierto de Coldplay, tenemos que hacer y lo vamos a hacer, no me puedes dejar solo —eran las palabras que Enrique le decía a Fernando durante las dos ocasiones que ingresó a verlo. Le resultaba increíble que apenas en noviembre habían asistido juntos al concierto del grupo Los auténticos decadentes, trasnocharon, gozaron y lo había visto bien y fuerte. Sin embargo, ese 21 de diciembre Enrique supo la grave condición que enfrentaba por el propio Fernando que, momentos antes de someterse a la cirugía que lo induciría al coma, le reveló su crisis y hospitalización. Enrique no dejó de ir al hospital e incluso lo visitaba hasta dos veces diarias. Se acercaba a los padres, los esperaba para conocer los avances y, si le autorizaban, pasaba a ver a Fer o sólo esperaba un rato en la sala y se retiraba sin molestar.

"Sé muy bien que no pierden el sentido del oído y entonces hablaba con él, oraba con él, como si estuviera aquí", asegura el diseñador de cortes, quien también dedicaba su meditación —mañana, tarde y noche— a su amigo y lo visualizaba en una burbuja color azul para enviarle vibraciones de sanación.

Es 24 de diciembre. La Nochebuena transcurre con emociones encontradas para los familiares, amigos y colaboradores más cercanos de Fernando. Rosa Lina y Norberto permanecen a su lado, hablándole y diciéndole lo mucho que lo quieren, unos amigos les llevan un poco de ponche caliente, a modo de consuelo para pasar la noche; Maru y Romina acompañan a sus esposos y familias políticas, pero alrededor de la mesa sus pensamientos elevan un deseo al cielo y piden que ocurra un milagro para su hermano; antes de ir con los suyos, Violeta lleva al hospital el árbol de Navidad que con una hoja de papel ha elaborado con fotografías de los seres más queridos del conductor; a su vez, antes de celebrar el nacimiento de Cristo, Enrique y Rodrigo pasan un momento a la Unidad Hospitalaria y aguardan en los pasillos cualquier noticia que indique la mínima mejoría en su amigo, mientras que en Cuernavaca doña Pili no ha dejado de ir a la iglesia, día tras día ha rezado esperanzada en que sus oraciones alcancen a Fernando, pero también ha dado con Froylán Zamora, un hombre muy espiritual que cura con las manos, al que le pide que canalice su energía a una persona que está muy grave y cuya identidad no puede revelar.

Así transcurren las horas entre rezos, peticiones y oraciones. Se acerca el último día del año, en poco más de 48 horas otro llegará; han pasado ocho días desde que Fernando está sedado y es entonces que las plegarias, los ruegos y las cadenas de oración, finalmente, surten efecto. El milagro por el que tanto suplicó a Dios la madre, la familia, los amigos, los colaboradores y muchas personas desde el anonimato, ocurre. Sus padres finalmente escuchan al médico anunciarles:

—Hoy al anochecer lo vamos a empezar a despertar, no sabemos cuánto tiempo tarde en terminar de recuperar la conciencia.

La alegría cunde entre los Cacciamani Servidio. Aunque les explican que el proceso para despertarlo por completo será lento y puede tardar 10 minutos, 24 horas, una semana o 10 días y quién sabe en qué condiciones regresará a la conciencia, pues puede empezar con un pequeño movimiento en un dedo o apretar una mano y, en el mejor de los escenarios, habrá discapacidades en la comunicación, la memoria, movilidad e independencia.

Pero también les advierten que, en el peor de los casos, puede permanecer en un estado de bajo despertar con poca conciencia de lo que le rodea, ciclos de alerta, y puede ocurrir también que, tras retirarle los sedantes, quede en un estado vegetativo. La situación es angustiante, pero es un riesgo que se debe correr. A la familia le basta saber que existe una mínima posibilidad, que Fernando está de vuelta. Sin embargo, el miedo invade a Romina, quien teme que ocurra lo que a su hermano tanto le atemoriza.

—Recuerdo que unos días antes de irme de vacaciones y de que ocurriera esta crisis fuimos a comer juntos a un restaurante argentino, y justo ahí vio a una persona muy enferma; me dijo que tenía mucho miedo de quedar como esos adultos mayores, imposibilitados de moverse, postrados en una silla de ruedas y dependientes de alguien más. Entonces mi mayor miedo era "¿y si Fernando realmente no quería que lo volviéramos a conectar?, ¿él hubiese querido que lo desconectáramos?, ¿si despierta y pregunta 'por qué me dejaron vivir así'?, ¿qué hicieron?' " Esto me generaba una terrible angustia.

A diferencia de las películas, las personas que han sido inducidas a un coma no suelen despertar repentinamente, sino que tienden a ir recuperando, poco a poco, las funciones del cerebro. La reducción de la sedación es el paso previo para dar inicio al despertar de un paciente en las condiciones que presentaba ese diciembre de 2015 Fernando.

—De dos a tres horas comenzó a abrir los ojos, pero los cerraba de nuevo; no podía hablar, no tenía fuerza en ninguna parte del cuerpo. Recuerdo que se quería rascar, se llevaba el antebrazo al rostro y con la mano derecha tomaba la izquierda y se rascaba con un dedo.

—¿Los reconocía?

—Cuando podía tener dos minutos los ojos abiertos sí, sí nos reconoció.

"Tienen una medicación que los induce al coma y no la retiran completa, se la tienen que ir quitando de a poquito y, a medida que se la van quitando, va retomando la conciencia", explica Rosa Lina.

A las tres de la mañana las enfermeras comienzan a buscar con urgencia a la madre de Fernando, quien no sabe si quiere llegar o no a la habitación. Su corazón se estremece:

—No sé cómo llegué a su habitación; que me llamaran a esa hora de la madrugada y con urgencia no era nada alentador, ¡esperaba lo peor! Y cuando entro me dice la enfermera que estaba ahí: "¡Quería hablar con usted, pero ya se volvió a dormir!" Ay, bendito sea Dios, bendito sea Dios. "Despertó y con señas nos dio a entender que la llamáramos." Salieron corriendo y en los segundos que tardaron en recorrer el pasillo y avisarme se durmió. ¡Qué susto!

Han transcurrido veinte horas desde que inició el proceso para regresar a Fernando y el conductor finalmente despierta por completo. No puede hablar, en cuanto cierra sus ojos vuelve a dormir, pero en diez días ha superado la crisis más grave y, lo más importante, ha retornado la esperanza.

—"Escúchame: si querías que pasáramos un año nuevo diferente nos hubieras dicho y lo hubiéramos hecho, pero te veniste a internar acá" —le dice Norberto con los ojos al borde de las lágrimas a su hijo cuando abrió los suyos y una leve sonrisa asomó en su rostro—. Él me miraba y me decía con los ojos que no podía ser: "Escúchame, te internamos el 21 y es 31, tú despertaste el 31. Me miraba como diciendo ¿estás seguro?"... No lo podía creer.

Finalmente es 31 de diciembre; Romina y Maru han llevado papitas, viandas y bebidas. En la sala de espera del Hospital Ángeles del Pedregal es medianoche; los Cacciamani Servidio por fin sonríen y alzan sus vasos para brindar y despedir ese año 2015 devastador y doloroso, pero nuevamente unidos. En los hogares se escuchan las doce campanadas y fuera de éstos los ruidos de festejos y fuegos artificiales, mientras que en los pasillos de terapia intensiva la familia del conductor come papas en lugar de uvas y repite un mismo y único deseo: "¡Salud para Fernando!" Con la alegría al tope, dan gracias por iniciar el 2016 con la tribu completa que, además, tiene un doble motivo para celebrar, el cumpleaños de Maru.

—Yo cumplo el 1° de enero y mi regalo fue que despertara, fue un gran, gran regalo.

Una *selfie* capta la dicha que los embarga y se la comparten a Fernando, quien del otro lado, en su habitación, la recibe vía WhatsApp en su teléfono móvil y, a su manera, brinda por el milagro que *El Jefe* le ha concedido y con ello la oportunidad de un nuevo comienzo.

—Científicamente hay fenómenos que ocurren de baja frecuencia, que decimos que se le puede dar medicamento a pesar de tener todo eso y pueden reaccionar. No es un milagro científicamente. Empezó a mejorar con la nueva quimioterapia. Respondió y parcialmente seguía con su abultamiento, pero con eso logramos extubar, es decir, se le quitó el tubo, pasó a la otra terapia, o sea mejoró, despertó, etcétera, y aunque tenía mucho tumor, seguía con muchísimo tumor, recuerdo que le cambié el tratamiento, le di uno que ya le había dado y mejoró —explica el doctor Sobrevilla Calvo.

Sin embargo, la familia de Fernando no necesita los argumentos de la ciencia; sabe y está convencida perfectamente de que el renacer de Fernando es producto de un milagro que sólo es posible a través de la fe. No imaginan que, ciertamente, Fernando sostuvo un extraordinario encuentro divino con *El Jefe* que les contará muchas semanas después.

« Fer, no te has dado cuenta...
Te he dado más vida que a muchos...
DIOS »

Episodio XIII

Un café con Dios

Etapa IV. La aceptación

¿Hay otra vida después de ésta, te encuentras con algo más de lo que ya conoces o simplemente te mueres y todo termina?

Desde mi diagnóstico y durante mis dos crisis médicas comencé a profundizar en el tema de la muerte; a pesar de mis lecturas, pláticas y sensaciones, comencé a temerle cada vez más, mi condición física mostraba que estaba cerca del final contra mi voluntad espiritual y esa noche del 21 de diciembre de 2015 los latidos de mi corazón se aceleraron tanto, sintiendo un dolor tan agudo en el pecho, que todo se salió de control. No sabía lo que estaba pasando, pero sentía que no era nada bueno, como si mi vida estuviera a punto de terminar.

Cuando llegué al hospital el miedo se profundizó, no había nada que hacer, mi sensación fue de un agotamiento extremo. Acepté mi situación y me entregué.

Me sedaron. Mi último recuerdo fue la luz del quirófano que se hizo más tenue cuando mis párpados comenzaron a cerrarse y me invadió un sueño muy profundo.

Previamente había elaborado mi testamento y puse en orden mis responsabilidades administrativas, financieras y jurídicas nombrando como albaceas de mis bienes y voluntades a mis padres y hermanas.

Los puse en conocimiento de esto y dejé por escrito expresamente cómo deseaba que cuidaran de mis hijos, desde la escuela, hasta la universidad, así como la manera en quería que se repartieran mis cosas, cuando fuesen mayores de edad. En caso de faltarles.

Aunque firmé unos papeles de voluntad anticipada o última voluntad, nunca hablé con mi familia de la posibilidad de un coma, ni cuánto tiempo querría permanecer con soporte vital. Jamás se cruzó por mi cabeza que eso me sucedería, ni que la decisión de ese evento desafortunado para ellos caería en las manos de mi madre.

Dicen que el único sentido que funciona cuando estás en coma es el del oído y las personas, aunque no pueden expresarse, escuchan y sienten todo lo que les rodea, pero ¿realmente tienen sensibilidad?, ¿escuchan?, ¿están conscientes?, ¿se mantienen dormidos o acaso se trasladan a otro plano?, ¿a dónde y qué pasa ahí?...

Las respuestas son parte de los misterios del coma.

En mi caso, fue un coma inducido.[39] En ese estado recuerdo algunas cosas de manera aislada. ¿A qué me refiero? Estar en coma es como si tuvieras una cámara de video encendida en *play* y *rec*, pero en pausa; es como si el cerebro quedara en *stand by*, es decir, puedes escuchar todo, pero no retienes nada. Reaccionas y sientes, aunque en la cabeza no hay una memoria que sea capaz de ordenar todo de manera lógica. Por eso es tan importante en esos momentos hablar con la persona, decirle cuánto la amas, soltarla, resolver los conflictos, perdonar, platicárselos al oído, ponerle la música que le gusta, intentar tranquilizarla y, amorosamente, hacerle sentir que uno está ahí, acompañándola y que acepta la decisión que tome, sea cual sea.

Mezclado con eso, y quizá por el efecto de tantas drogas que había en mi cuerpo para mantenerlo con vida, tenía alucinaciones... Yo sentía que me les caía a los enfermeros, también escuchaba llorar a un bebé y vi a un pony y varias formas caleidoscópicas. Me sentía

---

39 El coma inducido es un estado de inconsciencia profunda provocada por la administración de fármacos barbitúricos. Su objetivo principal es "desconectar" el cerebro y reducir el consumo de sangre, glucosa y oxígeno que necesita mientras se realizan todo tipo de intervenciones.

con mucha ligereza, flotaba, subía, bajaba y volaba; colores muy vivos iban y venían en un principio, sin orden, de manera aleatoria.

Y en ese estado yo viví lo que se denomina una epifanía:[40] hablé con Dios, con lo que uno cree que está ahí, fuera de nosotros, y que no podemos explicar.

Cada quien tiene una configuración de Dios muy personal, para mí todas son honorables y todas las respeto.

Pero yo, en coma inducido y en ese estado de vulnerabilidad... experimenté el paso hacia la muerte, es decir, ese momento en el que tu ser abandona el cuerpo y abre la puerta hacia lo que conocemos o creemos que es el cielo o la muerte. Muchos tanatólogos o personas que han regresado hablan de un túnel blanco; yo no lo viví así, mi entrada a la muerte no fue en un túnel ni ahí me estaba esperando un ser querido. Lo mío fue distinto, fue muy enriquecedor, me dio muchísima tranquilidad y yo lo viví así.

Lo que a continuación te explico es algo que, científicamente, no lo puedo comprobar. Sin embargo, yo no puedo negar que eso pasó y que me marcó para todo lo que resta de mi vida y de lo cual estoy muy agradecido porque siento que logró enfocarme y encontrar mi misión. Encontré un Fernando más centrado que sabe hacia dónde quiere ir.

Mi revelación divina se hizo consciente cuando desperté totalmente y, al paso de los días y meses, se manifestó en pensamientos concretos y pude aterrizar la experiencia. Es como cuando sueñas, pero al regresar de ese sueño intentas explicar imágenes con palabras y tratas de explicar algo que en realidad fueron sensaciones y se encuentran en niveles inconscientes, lejos de esta lógica y en una percepción emocional aumentada, porque no está pasando bajo las leyes de esta realidad.

Mi sensación es que yo estaba sentado tomándome un café expreso —me gusta mucho— y a mi derecha sentía una luz inconmensurable, enorme, muy brillante, gigantesca, que no terminaba jamás. Mi primera reacción fue preguntarme "¿qué es esto?"

---

40 Aparición, manifestación o fenómeno. En el sentido religioso es una revelación divina.

Cuando me atreví a ver esa luz empecé a adentrarme en ella, comencé a sentirme muy a gusto. No me dolía nada, podía respirar, me sentía liviano, me sentía contenido, cálido, era como si esa luz me abrazara, me apapachara. Me sentía perfectamente. Era un lugar donde tuve una de las sensaciones más hermosas, la sensación de haber regresado a casa.

"¡Al fin estoy en casa!, qué lugar tan fregón, tan increíble", fueron las palabras con que describí en mi mente esa noción.

Me sentía pleno, completo, no había miedo y de hecho perdí ese temor porque estar en presencia de Dios, o como quieras llamarlo, me dio muchísima paz y tranquilidad. Ahí no hay dolor, no pesas, estás en casa, estás lleno, no te hace falta nada; no hay enganches, no hay necesidad, no hay ansiedad, NO HAY CULPAS NI CASTIGOS, todo eso no existe. Te vuelves parte de la luz. Es como si esa chispa divina que somos y que tenemos de Dios, esa imagen y semejanza, regresa a él y ahí, esta chispita de energía que eres, es como si retornara a su origen, a su creador perfecto, intacto, totalmente grande... es muy difícil explicarlo con palabras porque son sensaciones de plenitud, de felicidad total, de gozo, de retorno al Origen. De sentirte parte del todo.

Y si ése es el lugar al que voy a ir, al que todos vamos a ir cuando muramos, te digo que es un lugar maravilloso, increíble.

Cuando llegué allá dije: "Listo, aquí me quedo". Y comencé a platicar de manera honesta y reveladora con *El Jefe*.

—Papá, ¿por qué?, ¿por qué estoy pasando por todo esto?, ¿para qué? Soy un buen tipo, no le he hecho mal a nadie, he tratado de hacer las cosas bien, he cometido muchos errores, sí, claro, como todos, pero no soy malo. ¿Acaso no me quieres?

Hoy reconozco que estaba muy enojado porque no lo entendía, le estaba reclamando y también sentía cómo en ese momento, que yo llamo plática con *El Jefe*, lloraba mi alma.

Y en este diálogo, esto es lo que recuerdo claramente que Él me decía:

—Fer... ¿es que no te has dado cuenta? Eres una de las personas que más quiero.

—¿Cómo una de las que más quieres? Perdí mi salud, perdí a mi esposa, perdí mi trabajo y perdí mi fe. Ya no creo en Ti. Si yo que soy papá escucho que uno de mis hijos tose, siento que me falta el aire. ¿Cómo me puedes querer si permites que me pasen estas cosas? Es una broma, ¿verdad?

—Fer, ¿no te has dado cuenta de que te he dado más vida que a muchos...?

—¿Cómo de que más vida que a muchos?, ¿qué es eso de darme vida?

—A esta vida sólo venimos a aprender y compartir... Y cuando digo que te he dado más vida me refiero a aprendizaje. ¿O me vas a decir que eres el mismo de hace cuatro años para acá?

—¡No! En absoluto.

—Aprender y compartir.

En ese momento no comprendí eso de aprender y compartir, lo entendí tiempo después.

—Bueno, entonces me quedo aquí, ¿no? Este lugar está padrísimo, yo de aquí no me voy.

Imagínense, yo estaba en un lugar increíble, cálido, luminoso, en plenitud y después de todo lo que había pasado: los dolores, el temor, la angustia, los problemas de respiración, las noches sin dormir, el querer aventarme por el balcón. Bueno, pues pensé, me quedo aquí, ¿no?

—No, todavía no es tu tiempo —me dijo serena y contundentemente.

—Ok, yo regreso, pero con dos condiciones —¡y que me pongo a negociar con *El Jefe!*, ¡sí, así como lo lees!—. No quiero que me vuelva a doler y no quiero volver a sufrir. ¿Estamos?

No me contestó, pero yo digo que el que calla, otorga —o así lo entiendo yo—, porque desperté del coma el 31 de diciembre de 2015.

Y éste fue el increíble diálogo que mantuve con Dios, ¿durante cuánto tiempo? ¡Quién sabe! Él se maneja en la eternidad. Repito, y quiero ser muy respetuoso con esto, fueron sensaciones y ésta es mi interpretación de aquellas impresiones.

Regresé después de diez días de estar en coma inducido... inconsciencia profunda, regresé a la vida o a esta conciencia o a esta realidad. ¿Cómo tuve una experiencia tan rica, cuando la parte humana de mi cerebro estaba tan devastada? No lo sé.

Pero hoy pienso y entiendo esa frase de "te he dado más vida que a muchos". Si venimos a este lugar a aprender y a compartir lo que uno aprende, entonces el haber tenido todas estas crisis y el haber estado muerto, porque antes de esta crisis tuve un paro cardiorrespiratorio, no tuve signos vitales —que fue mi segundo trance médico tras mi deterioro en Cuernavaca—, y el haber transitado las pérdidas que me han ocurrido, es como si ellas hubieran sucedido para enseñarme muchísimo. Por ello, ahora entiendo que el significado de "te he dado más vida que a muchos" es que en esta existencia terrenal, como Fernando Martín Cacciamani Servidio, he vivido diez vidas, ése es el efecto. ¿Por qué?, porque he aprendido mucho y eso está buenísimo, buenísimo.

Tal vez algunos me tiren de a loco y tal vez lo esté un poco. Lo que quiero es que me visualices colocando mi mano derecha en mi corazón y escuches con tus ojos cerrados estas palabras: mi experiencia, lo que yo sentí en ese momento y que pude contactar, no me lo quita nadie, nadie. Podrán decir y opinar lo que quieran, lo respeto, pero yo fui quien estuvo ahí, lo viví y no lo puedo negar.

Todo ese enojo que tenía con el Creador ya no está... Perdí el miedo a la muerte, pero no quiero morir. Para nada. ¿Para qué me apuro? Todos vamos a ir ahí, seguro, todos vamos a morir, pero no hay necesidad de apurarse, ¿qué sentido tiene? ¡Ninguno! Al contrario, quiero seguir aprendiendo, tengo mucho que aprender en mi desarrollo humano, tengo mucho por hacer; así que si esto se trataba de aprender y compartir, pues lo comprendí y para eso regresé.

Estar vivo hoy, especialmente en la época navideña, me pone muy sensible, pero realmente estoy muy agradecido con Dios y con la vida por estar aquí y porque quiero estar aquí.

Me encanta estar vivo y me encanta lo que hago.

Recobré la conciencia el 31 de diciembre de 2015. Me sentía con mucho sueño y pesadez; cuando abrí los ojos veía cómo todo pasaba en cámara lenta, me costaba estar despierto y me volvía a dormir. Despertaba, veía a mi mamá y me dormía, veía un rato a mi papá y me dormía, recuerdo vagamente a mis hermanas y me dormía; según Rodrigo Cachero, asegura haber tenido una plática conmigo donde asentía con la cabeza y estaba atento, pero no la recuerdo. En pocas palabras mi cuerpo se iba reactivando, regresando de un gran letargo y se encendía poco a poco. El riesgo era mucho. Cuando uno vuelve de un coma no hay seguridad de que todo vaya a funcionar bien. El peligro de algún efecto secundario en cualquier órgano, riñones, vejiga, corazón, a causa de tantos medicamentos o inclusive algún coágulo en el cerebro, hacían pensar que retornar a la realidad sería complicado. Lo fue.

Primeramente me costó mucho reintegrarme al día a día. Las ideas se perdían, perdía el tren de pensamiento, olvidaba lo que quería decir o empezaba a querer pedir algo y, a mitad de la frase, ya no me acordaba de nada. ¿Y si quedaba así?, me preguntaba. "¿Si mi cabeza ya no funciona como antes? Te recuerdo que como tenía hecha una traqueostomía y mis cuerdas vocales estaban punteadas, no podía hablar. Entonces trataba de comunicarme con signos y movimientos de manos e intentaba que leyeran mis labios. Pero todo era inútil, tenía que repetir diez veces lo mismo, no me entendían, y cuando me estaban entendiendo ya no me acordaba de lo que quería decir... me sentía frustrado.

Para poder comunicarme más fácil comencé a tratar de escribir, pero me costaba mucho apretar el lápiz, no tenía fuerzas, y cuando lograba hacerlo la sensación era de que no recordaba la forma de las letras. Era como si en mi cabeza quisiera escribir una "A", y cuando lo hacía en el papel mi mano hacía una "U"; estaba como desconectado con la motricidad de mi cuerpo. Imagina los fantasmas en mi cabeza, postrado en terapia intensiva en la cama del hospital, sin poder comunicarme. Tenía una sonda para ir al baño y me hacía encima, me bañaban, me daban de comer y mis músculos estaban atrofiados. Pesaba 60 kilogramos, era piel y hueso. Era como un bebé, había vuelto a nacer, necesitaba de todos los cuidados y de ninguna manera podía valerme por mí mismo. ¡Pero estaba vivo!

Todo era posible y a uno de mis amigos se le ocurrió hacer una tabla con el abecedario y me iba comunicando letra por letra, señalándolas con mi mano. De a poco lograba permanecer despierto por más horas y recobrando mi lucidez. Todo se empezaba a reconectar. Recuerdo que un día en el hospital decidí no volver a dormir porque me había invadido el miedo, pensaba que si me dormía no iba a volver a despertar. Estuve como 72 horas despierto. Venían los doctores a tranquilizarme hasta que llegó un psiquiatra y me explicó lo que les sucedía a las personas que estaban en coma, de sus alucinaciones, que era normal y que iba a pasar. Me daban cada vez más pastillas para dormir, hasta que lo logré, pude estabilizar mi sueño.

A todo esto, tenía una especie de ventiladores conectados a mis pulmones que me ayudaban a respirar. No podía hacerlo solo.

En este inter comenzaron los ejercicios físicos de rehabilitación. Venían a mi cuarto a las 5 am a hacerme placas; a las 6 am, ejercicios de rehabilitación; me daban de comer, visitas, otra vez ejercicios, pláticas con doctores. Un día se infectó mi sonda y tuvieron que hacerme una cirugía y mil y una complicaciones más durante mi vuelve a la vida.

Yo quería salir de ahí a como diera lugar. Sonaban alarmas por todos lados. Al estar en terapia intensiva escuchaba cómo en la madrugada llegaban personas accidentadas, había gritos y las operaban de urgencia; enfermeros corriendo de un lado a otro y más alarmas, sonidos de ambulancias. En fin, para cualquier persona que ha estado en ese lugar es muy fuerte. Cualquier cable que se desconectara de mi cuerpo o sustancia que se agotara, ¡pum!, sonaba la alarma. A veces quería llamar a las enfermeras, y como el botón de emergencias me quedaba lejos y no lo alcanzaba, me desconectaba algún cable del pecho para que vinieran. Eran días que se hacían larguísimos. Las visitas eran muy restringidas y a veces los pensamientos creaban realidades desagradables.

Yo veía a los doctores sorprendidos con mi recuperación, con mi regreso, y no sabían muy bien qué decirme. Lo único que yo les insistía era en querer salir de ahí. Estaba seguro de que en mi casa me iba a recuperar más rápido, lejos del hospital y de la pesadez que se vive en terapia intensiva.

El ansiado día llegó con la promesa de tener enfermeros 24 horas y todos los aparatos, medicinas y cuidados en mi casa. Salí del hospital.

Casi no podía caminar, me llevaron en silla de ruedas a la ambulancia y de ahí a mi casa. Cuando los camilleros me subieron a mi cuarto y me recostaron en mi cama lloré de la emoción. Otra vez estaba en casa.

El Jefe era mi aliado y no le tenía miedo a morir.

El día que pude volver a caminar decidí ver a mis hijos. Me sentía listo, después de más de dos meses. Sentado en mi sillón, cuando cruzaron la puerta de entrada, me invadió el amor más puro y genuino, el amor a un hijo. Esa emoción iluminaba mi casa, no se puede describir, sólo se puede sentir y ahí, sin más, corrieron a abrazarme... fue un abrazo, un chispazo que por momentos me conectó con el amor de *El Jefe*, con la totalidad. Lloré y nos abrazamos eternamente. Hacía mucho que no lloraba de felicidad. Ahí estaban mis dos fieras, ahí los olía, los apretaba, los sentía otra vez pegados a mi corazón. Siempre habían estado ahí. Se rieron, me dijeron que estaba muy flaco y fueron ellos, fueron torbellino. Fueron, son y serán amor incondicional, siempre.

Ahora sí estaba listo para lo que sea. El amor se sentía en cada rincón de la casa. Estábamos juntos otra vez.

* * *

La capacidad de análisis y valoración de Fernando tras despertar del coma avanza, pero no es de hoy para mañana. La desorientación, fatiga y somnolencia desaparecen; se restablecen en su cuerpo los ritmos de sueño y vigilia comunes. En un principio su recuperación es normal, pero tanto él como su familia se arman de paciencia para comunicarse. Permanece con la traqueostomía y Rodrigo Cachero elabora un intento de alfabeto con letras para que pueda comunicarse; sin embargo es Enrique Flores quien, familiarizado con ese instrumento que emplea su socio y amigo D'Agostino —internado también en el mismo hospital por esas fechas—, termina agregando números y palabras específicas para darle funcionalidad al diseño que elabora Maru. El hospital brinda la herramienta correcta y Fernando comienza, poco a poco, a expresar lo que piensa y desea.

En una ocasión ingresan a verlo juntas sus hermanas; Romina le pone el CD con el mantra que le cantaba durante sus días de coma y empieza a masajear sus pies. Le pregunta a Fernando si recuerda la canción y en respuesta las lágrimas brotan incontrolables en sus ojos. Romina comprueba que su hermano permaneció todo ese tiempo consciente y agradece que no exista ningún daño en su memoria o en su cerebro.

Una semana después ya ha recuperado su optimismo y sentido del humor e incluso bromea. Tras la revisión médica, pide pasta y un poco de vino tinto para comer aunque eso, obviamente, era imposible; Enrique, que ha visto la escena entre Fer y el equipo médico, sale de la habitación con la seguridad de que su amigo va a estar bien.

Han pasado doce días desde que despertó; desea que lo den el alta, pero los médicos exigen la asistencia de dos enfermeros varones las 24 horas por siete días, mínimo durante un mes, además de un cuidador familiar permanente que pueda ayudar con cualquier complicación de la traqueostomía y con aparatos como silla de ruedas, muletas, andadoras, etcétera, para su movilidad y desplazamiento. Cuando la familia comprueba que en casa ya cuenta con la lista médica y personal solicitado, el hospital accede a que abandone sus instalaciones. Para llevar a cabo la salida sin que la prensa lo capte, la familia se apoya en dos amigos, Enrique y Gustavo. El grupo se divide y logran sacarlo con absoluta discreción.

Violeta ha notificado a doña Pili de la salida de Fernando y le pide que regrese a la Ciudad de México.

—No llores cuando lo veas, no debes llorar. Se va a recuperar —le advierte la asistente a la colaboradora doméstica que recibió con un nudo en la garganta a Fernando.

—Yo quería llorar... Estaba muy delgado, no hablaba, pero qué maravillas que hace Dios aunque uno no lo crea. Lo subieron, lo acostaron y lo primero que me dijo don Fernando fue: "Gracias, doña Pili, por todas las oraciones que hizo por mí... algo llega". No se me olvida.

En el departamento la rehabilitación inicia desde que Fer regresa y es colocado en su cama. A pesar de que su peso es de 60 kilogramos, levantarse es algo imposible, no tiene fuerza ni puede sostenerse; lo logra con la ayuda de los dos enfermeros que lo cargan, así como con la gimnasia que le practican en las piernas y los brazos tres veces por semana.

—Tengo una visión de él —recuerda Rosa Lina—, a un lado de su cama, cuando lo paró el enfermero. Él sólo temblaba, no se podía quedar de pie. Sus brazos eran delgados, muy delgados. Pasó más de un mes con los dos enfermeros que tenía ahí y se intercambiaban en dos turnos. Ellos le hacían las terapias de movilidad, motricidad y todo tipo de curaciones a la traqueostomía que le impedía hablar correctamente, pero le permitía respirar.

Sólo quince días después de estar en su departamento, la cosa se complica. Tras llevar a cabo la limpieza del tubo de la traqueostomía el orificio se tapó, los enfermeros no podían recolocarlo y el peligro de ahogarse se presentó. La doctora Francina Bolaños, responsable del procedimiento, acudió urgentemente al departamento, le pidió que cerrara los ojos y pensara en algo bonito. Cuando Fer cerró los ojos la extrajo de un jalón, ¡clac!, y en su lugar colocó una venda.

—Cuando ésta se caiga ya estará cicatrizado; vas a quedar genial —aseguró la cirujana ante la mirada incrédula de Rosa Lina, quien efectivamente unos días después observó cómo la venda cayó y en el agujero no quedó más que una pequeña cicatriz que con el paso del tiempo comenzó a borrarse.

Fernando también recuperó su voz y pudo empezar a hablar claramente poco después. Caminar fue quizá lo más duro de su rehabilitación; de su cama al baño sólo hay tres metros, pero desplazarse hasta ahí sólo podía lograrlo con la ayuda de los enfermeros; tenía que bañarse sentado en una silla y con ayuda; finalmente pudo salir del departamento y bajar para dar sus primeros pasos hasta finales de febrero.

—Él puso mucho de su parte; fue impresionante la terapia que le hicieron, pero colaboró muchísimo en ponerse bien —asegura su madre, quien permaneció los primeros meses a su lado y fue la primera en saber de la manifestación divina de Fernando durante el coma con Dios.

—¡Pero es absolutamente creíble! Marcos, mi maestro de cábala, que se presentó sin más en el hospital, lo vio sedado e inconsciente y cuando no podía hablar, en la sala de cuidados intensivos. Salió y me dijo: "Pude hablar con él y me dijo que quiere vivir, que ya no está enojado con Dios, no con palabras, pero sí nos comunicamos en otro nivel energético, a través de una meditación trascendental". ¿Por qué este hombre dijo estas cosas si no se conocían, no le había contado nada de Fer, porque nunca le dije que mi hijo era Fernando del Solar y tampoco le conté nada de cómo estaba en ese preciso momento? Sin embargo, Marcos había estado rezando y pidiendo a Dios por él, porque sentía una gran conexión. Claro que lo creo y por supuesto que es un milagro. Diosito decidió que tenía que quedarse porque todavía tiene cosas por hacer y Él tiene la última palabra.

Norberto también está convencido del prodigio que ocurrió:

—Lógicamente es inentendible; para los doctores pasó algo raro, para los Cacciamani sucedió un milagro, estos fenómenos sí existen y Dios quiso que no se fuera, ésa es la verdad. Y volvió por algo; no sé si por uno o por diez años, pero volvió para hacer lo que tiene que hacer.

Doña Pili apoya la idea, quien nunca dudó de la recuperación de su jefe, pero tras superar la última crisis está convencida de que lo que sucedió con Fernando es un milagro de Dios.

—De que él va a sanar, no lo dudo, así será. Todo ha sido un milagro. Vea usted que yo, siendo de Cuernavaca, cómo iba a poder acercarme a él. Y sin embargo Dios lo hizo posible. Él quería una persona que de veras lo cuidara, más allá de lo material, que lo hiciera de corazón. Y Dios me concedió llegar a su lado para cuidarlo, no para sacarle provecho, porque él es realmente una buena persona.

Para Violeta el milagro queda guardado en su calendario y decide celebrárselo cada día 31, fecha en la que Fernando regresó del coma y abrazó la vida. Es por eso que mes tras mes Violeta obsequia a Fernando un alfajor —famoso dulce argentino— para festejar que está vivo.

—Y siempre, mes con mes, me pregunta por qué. Yo no sé si se le olvida, pero le respondo: "Este día te bautizaron, acuérdate; este día comenzaste a ser otra persona, feliz cumpleaños".

Aunque su peor crisis médica y el coma generan notas en casi todos los programas y medios de comunicación, *Venga la alegría*, la emisión para la que trabajó más de seis años, permanece en silencio. Su postura contrasta con el matutino *Hoy* que, pese a emitirse en Televisa y en el canal de la competencia, su cuadro de conductores le expresa a Fernando sus mejores deseos de recuperación.

—No sé si estaban protegiendo a Ingrid porque al final del día la que estaba a cuadro y dando la cara pues era ella, y si al público le interesa la opinión de alguien, pues era la de ella, debido a que se trataba de su exesposo; no sé por qué tomaron la decisión de guardar silencio, sólo sé que varios días después hicieron un programa especial dedicado a él —comenta Sandra Eloísa Gamboa, quien concluyó el 3 de diciembre de 2015 sus labores en la empresa tras quince años de trabajo.

Alguien más guarda silencio ante la situación de Fernando. Es Ivette Hernández, su exnovia y prometida, quien recibe un mensaje de texto por parte del conductor tras recuperarse del coma y recobrar la conciencia. Le pide que hablen. Necesita decirle lo que nunca se aclaró y ofrecerle disculpas por la forma como ocurrieron las cosas entre ellos después del rompimiento. Las palomitas en color azul de WhatsApp indican que el mensaje fue leído, pero nunca respondió.

Alejandra Prado, otra de sus parejas más amadas, es quien se pone en contacto con el conductor. Varios años después de la ruptura la pareja coincidió en un gimnasio. Ahí Fernando conoció a una de las dos hijas que tuvo la actriz. Pero el segundo encuentro sucedió en TV Azteca, durante una fiesta de la empresa. Fernando estaba con Ingrid y ya tenía cáncer. No respondió al saludo de Alejandra, quien se acercó y tocó su hombro; en respuesta, el presentador se volteó y rechazó su gesto. Pero el agravamiento lo llevó a contactarla vía redes sociales y reencontrarse en Ciudad de México.

En marzo Fernando y doña Pili realizan el primer viaje a Cuernavaca. Ahí le confiesa que desde su hospitalización buscó a Froylán Zamora, el hombre que cura con la energía, y le pidió que le canalizara su fuerza a distancia. Doña Pili insiste en que lo vea y experimente su tratamiento. Fernando acepta y comienza a recibir la terapia de Tapping. Se trata de una nueva técnica para liberar emociones que se realiza de una manera muy sencilla, su premisa es que todos los problemas —físicos, económicos, emocionales, etcétera— tienen un desequilibrio energético dentro de la persona que los sufre y su objetivo es eliminar esa inestabilidad.

La relación entre Fernando y sus hijos se normaliza. Intenta disfrutarlos al máximo y hacer una vida de lo más común con sus *fieras*, como los llama cariñosamente.

El contacto entre Luciano y Paolo con sus abuelos paternos también se retoma, al igual que con sus tías y primos, Matías y Julieta.

En mayo René Mey envía a sus voluntarios para que le den terapias a Fernando. Mey es un líder espiritual, sanador, vidente y humanista. De origen francés, reside en México; creó una fundación bajo su mismo nombre, dedicada a impulsar la meditación, talleres y voluntariado basado en la paz y el amor al otro. Sus mensajes han sido escuchados por millones de personas que han visto la película *Más allá de la luz* (2010), basada en su vida, y es autor de la terapia de regeneración celular que se imparte gratuitamente en cinco centros humanitarios en la Ciudad de México. Asimismo ha sido invitado por los gobernantes de Ciudad Juárez y Guerrero a meditar para reducir la violencia que azota a esas ciudades. En Madagascar instaló un centro de salud gratuito que diariamente atiende a 200 pacientes y declaró el 29 de septiembre como el Día de la Buena Acción.

Fernando conoció a René en 2014, dos años antes de su última recaída. Desesperado, viajó a Cancún con ayuda de la presentadora Inés Gómez Mont y su primer esposo, en un vuelo privado, para reunirse con este hombre de paz. Se quedó a dormir en su casa y permaneció ahí dos días. René le enseñó a meditar y a comer; hablaron de la vida, de su labor humanitaria, de los casos con los que se había enfrentado y compartieron comidas y cenas con toda su familia. El conductor observó cómo sanaba a decenas de visitantes. Sin embargo, el mismo día antes de partir Fernando le dijo:

—René, todo está muy bien, pero favor isáname!

René puso las manos en su pecho y en su espalda. Le dijo que no podía ayudarlo.

—¿Por qué? —explotó Fernando lleno de enojo—, ¿por qué a mí no?

René lo miró fijamente a los ojos, la mirada fue larga y compasiva.

—No es el tiempo.

Fernando regresó frustrado, enormemente enojado y desesperanzado.

"Es un charlatán más", pensó.

Vivió la tercera y peor crisis. Pero tras su salida del hospital y rehabilitación a principios de 2016, René lo llamó por teléfono. Habían pasado dos años de su único encuentro.

—Fernando, ¿puedo mandarte a mis terapeutas?

—Mándame a quien quieras, pero por favor iayúdame! —le contestó.

El presentador comenzó a recibir a los terapeutas de todas partes de la ciudad y recibía hasta tres terapias por día. Cada vez que terminaban les preguntaba cuánto les debía y ellos siempre contestaban: "iNADA!, ésta es una terapia de amor incondicional. No se cobra, se regala".

—¿Cómo?

—¡Sí! Cuando una persona realiza un acto de amor incondicional el universo se lo regresa multiplicado.

—¿Puedo aprender a dar terapias?

—Sí.

—¿Cuánto cuesta?

—Es gratis.

Fernando entendió lo que René necesitaba para ayudarlo definitivamente: aceptar su condición, amar a sus células, perdonar y perdonarse de manera plena, dejar de culpar y juzgar, dejar de preocuparse y ocuparse en dar a otros lo que había aprendido. Tomó los talleres junto a toda su familia, empezó a dar la terapia de amor y regeneración celular y se incorporó al voluntariado que la asociación realiza desde hace seis años en el Centro Médico Siglo XXI con pacientes y familiares de oncología.

En mayo un cambio más se concreta. Paulo Lauría deja de ser mánager y *roomie* de Fernando. Enrique, que se ha separado de su esposa desde principios de año, acepta la propuesta de Fernando y se muda con él.

—Los primeros dos meses no me cobró ni un peso. A pesar de que llevaba dos años sin generar dinero —subraya Enrique, quien comienza a observar que cada vez que Fernando regresa de la quimioterapia comienza a limpiar algo en la casa, revisa la alacena, el tocador, los baños, y retira los artículos a punto de caducar o que ya no usan, y lo hace inconscientemente. Es como una respuesta a la limpieza que hace de sus células, pero en casa. Limpia interna y externamente.

También se da cuenta de que el uso del tiempo para el conductor cobra un sentido muy diferente al del resto de las personas.

—Es un buen maestro, un amigo que comparte y te enseña a compartir y a sentir. Una gran aportación que me ha hecho es aprender a vivir como uno quiere vivir, no como quieren otros o te dictan que vivas.

Uno de los mayores cambios que Rodrigo observa después del coma que atravesó Fernando es que ha dejado de defender y justificar su situación marital; reconoce las decisiones tomadas por su exmujer y, en este examen de conciencia, acepta que ya no hay solución posible. La relación ha terminado, no sólo por parte de ella; a él también se le acabó el amor.

—Se dio cuenta de que ella no soportaba ver su declive, hizo un clic —se lleva el dedo índice a la cabeza— y desconectó el corazón. A Fernando le dolió, pero tocó fondo y se dio cuenta de que ya no tiene por qué echar culpas. Comprendió que ya no van pa' ningún lado y el amor también se le acabó. No hay culpables.

El rompimiento se concreta cuando firman ante un juez el divorcio y se estipula el régimen de visitas y otras obligaciones con sus hijos, las cuales Fernando cumple puntualmente.

La pensión alimenticia definitiva y otras cuestiones aún están por determinarse por la jueza de lo familiar, quien será la autoridad que establezca los términos de la separación de bienes, basada en un convenio final, que se encuentra aún en manos de los abogados.

La pareja es requerida a presentarse por la jueza de lo familiar que lleva su caso con una psicóloga designada y tomar sesiones de terapia de pareja para que puedan arreglar la separación de bienes de forma cordial y pacífica. Fernando asiste a las sesiones, pero al término de la tercera desiste de continuar. El enojo de su expareja es tan grande que no hay forma de dialogar, avanzar y acordar.

—Él te dice que la relación es cordial, porque es muy noble y es un caballero, pero no; su relación ahora es muy mala, se llevan muy mal y a la fecha yo creo que ni siquiera se tienen cariño. Es triste que dos personas que se amaron alguna vez no lleguen a un acuerdo, sobre todo porque son muy buenos papás los dos y me parece que Luciano y Paolo son los que menos tienen que pagar todo esto —asegura Cachero en julio de 2017, fecha de la última revisión de este texto.

El actor y director también nota su valentía ante la salida laboral de TV Azteca.

—Al principio se portaron muy bien. Siguió con las puertas abiertas y todos los comentarios, en todos los programas, eran buenos para él. Ahorita ya casi ni hablan, pero bueno. Como empresa piensas ¿hasta cuándo vas a pagar una exclusividad a alguien que ya no te está generando? Pero se les olvida la importancia de Fer en el canal y la gratitud que él tiene con la empresa. Sin embargo, eso ayudó a Fer para ser más fuerte aún. Ya no depende de nadie. Depende de sí mismo y esto es lo que le ha dado la fuerza para hacerse más valiente ante la vida.

En TV Azteca hay cambios, un nuevo equipo es designado en la dirección general y en el Canal 13. Fernando tiene muchas ganas de regresar a trabajar y habla personalmente con los ejecutivos para informarles que está listo y aclarar cualquier duda que se pudiera haber generado con tantas cosas que se han dicho en los medios. Hace una cita personalmente a principios de diciembre de 2016 con el nuevo CEO de TV Azteca, Benjamín Salinas, para ponerse a la orden y platicar si es que hubo algún malentendido y comenzar de cero con las nuevas directivas. Le dan cita para el 5 de enero de 2017, pero su secretaria cancela y promete reagendarla. Nunca sucedió.

En tanto, la gerencia de nuevos proyectos de Azteca 13 se comunica con el presentador para ofrecerle un nuevo programa. Fernando escucha la propuesta de muy buena gana, pero su decisión queda supeditada a la reunión que tenga con el CEO de la empresa; como ésta nunca se lleva a cabo, no se concreta su contratación.

En cambio, la idea de contar y escribir su historia en un libro y una conferencia testimonial se puntualizan. Ambos proyectos toman forma en julio y se ponen en marcha a través de la firma de un contrato con esta editorial y sesiones semanales en las que el conductor se abre de capa. Cada relato resulta una catarsis; Fernando inicia con un peso de 74 kilogramos y durante el proceso va recuperando la fortaleza, se enfoca en estar y sentirse bien y logra andar en bicicleta, retorna al gimnasio, comienza a salir, se deja ver y concede entrevistas e incluso, invitado por su amigo y excompañero Raúl Osorio, se aventura a viajar a Holbox, Quintana Roo, con su pequeño

Paolo. Después de un año de no subirse a un avión, la experiencia resulta tan gratificante que acepta irse de paseo, un mes después, a Cozumel con sus amigos Pável, Alfis y Enrique.

De regreso a Ciudad de México, la Global Quality Foundation reconoce su trayectoria y le entrega el premio Élite, al que asiste en compañía de su hermana Maru. Los medios de comunicación se sorprenden al verlo: luce radiante y feliz.

Son las 10 de la mañana del jueves 28 de julio de 2016 y pese a las torrenciales lluvias que han azotado la metrópoli amanece soleado. Fernando aguarda en su departamento a sus compañeros de la Fundación René Mey, con quienes lleva a cabo un voluntariado que inició hace sólo dos meses en el Centro Médico Siglo XXI visitando a los pacientes del área de Oncología.

Fernando espera en su recámara. Han pasado sólo dos días de la más reciente quimioterapia que le han aplicado, pero se siente con ánimo. El brillo de sus ojos se acentúa debido al bronceado de su piel gracias al par de días que pasó en el Caribe mexicano. Regresó energizado.

La camisa de mezclilla color azul cielo a juego con un pantalón de bolsillos, la música reggae de fondo y la vista arbolada que ofrece la blanca y amplia terraza de la que pende una hamaca desde un séptimo piso, remite a un ambiente de playa.

Sentado en el antecomedor ovalado de madera en color chocolate que se encuentra en la amplia habitación, Fernando revisa los resultados de la más reciente PET/TAC que se ha practicado; distribuye las placas sobre la amplia mesa, hogar de múltiples cuarzos y piedras de tonalidades blancas y azules, una decena de frascos de medicina alópata, suplementos alimenticios y orgánicos, vitaminas y pastillas de propóleo, así como su clásica matera y la biografía de Pep Guardiola, *Otra manera de ganar* de Guillem Balagué, regalo de su primera visita a la editorial Penguin Ramdon House, cuyo texto devora.

A un costado, sobre la mesita de cabecera, destaca un sencillo portarretratos con cuatro fotografías donde aparecen sus pequeños Luciano y Paolo en sus brazos y Fer disfrazado de payaso. Dos libros más: *La enfermedad como símbolo* y *Futbol: el juego infinito* de Jorge Valdano.

Fernando se levanta. Han llegado Arlette y Pedro, sus compañeros de causa; Arleth de inmediato inicia tres terapias de regeneración celular sobre Fernando, quien se acuesta boca abajo en su cama *king size*. En la cabecera resalta el mantra *"KliĐ Krsnaya Govindaya Gopijana – Vallabhaya Svaha"*[41] Sri Brahma...

Debajo se observa una estrella dorada de seis picos con unas letras hebreas en su centro sobre un fondo negro.

Los dedos índice y medio de Arlette recorren la columna vertebral del presentador dando constantemente toquecitos para activar la energía y distribuirla alrededor de todo el cuerpo. Las manos se posan sobre las caderas y la espalda, suben a la nuca, a los brazos y las manos de Fernando. Descienden a sus piernas, pies y cada uno de sus dedos. Fer se voltea, permanece acostado, pero Arlette realiza un nuevo recorrido con su mano derecha que se posa unos segundos en cada uno de los siete chakras. Al cabo de cinco minutos, Fer se pone de pie. Arlette coloca su mano derecha en la frente, mientras su mano izquierda, en absoluto silencio, recorre la columna; atrae la energía a los antebrazos y junta sus manos con Fer para posicionar la energía de ambos durante un minuto. De la muñeca derecha cuelgan dos pulseras y de la izquierda una más en color rojo. En su dedo medio porta un anillo Atlante de plata. En su otra mano, otro anillo con una cruz. Nada más.

Arlette se inclina y se posiciona a un lado de las piernas de Fernando; sin tocarlas, sube y baja sus manos, como si se tratara de una columna invisible de energía que tiene como objetivo resguardarlo.

Antes de que se ponga los tenis, Arlette coloca dentro un poco de polvo de azufre:

—Es para evitar que absorba algo negativo. Lo que vamos a ver y donde vamos a estar —el hospital— está lleno de personas con miedo, incertidumbre y dolor, pero también de seres que ya no forman

---

41 Mantra de poder. Vibraciones de palabras, letras y múltiples combinaciones de sonidos, que despierta los poderes latentes en el ser humano. En este caso en particular se asocia a la protección de malas energías.

parte de este plano físico y no saben que han muerto. Hay que pro-teger la energía de Fernando, pues —baja la voz— dada su condición está especialmente sensible y expuesto a absorber lo anterior.

Y es que en la penúltima visita, realizada a principios de julio de 2016 como voluntario por parte de la Fundación de René Mey para dar terapias de regeneración celular en el Centro Médico Siglo XXI, Fernando sufrió un ataque de pánico.

—Vi a una mujer que estaba en terapia intensiva, comencé a pla-ticar con ella, y al instante espejeó todos mis temores. En ese mo-mento hizo que me preguntara: "¿Quién me asegura que yo no voy a estar otra vez postrado en una cama?" No pude contenerme. To-dos mis demonios volvieron a soltarse y me sentí asfixiado. Todo se removió. Sólo quería salir de ahí; pero hacia donde volteara veía más enfermos, más doctores, más enfermedad y me apaniqué; a veces me pasa eso, pero creo que la única manera de superarlo es enfrentándolo.

Antes de salir de casa Fernando muestra los resultados de la PET/TAC a Arlette y Pedro. Desde el día que recogió el sobre lo mantu-vo cerrado durante dos semanas, aguardó nervioso su cita para el tratamiento y así poder mostrárselo, en privado, a su médico. Una vez en el cubículo del hospital, sólo su madre Rosa y su amigo por 17 años, Gustavo Sánchez, escucharon el diagnóstico. La noticia no complació sus expectativas y en un principio cayó como un balde de agua fría:

—El nuevo tratamiento no funcionó —dijo el doctor. El tumor no desapareció ni se redujo.

El silencio invadió el cubículo tres de Oncología del Hospital Ánge-les. Por dentro Fer está triste. Siente la decepción del dolor. Piensa, recapitula. Como si ajustase la lente de unos prismáticos, corrigien-do el foco hasta lograr el punto de visión exacto y nítido, retrocede en su memoria. Es un ejercicio acostumbrado. Lo ha hecho y depu-rado para abrirse paso entre la cascada apabullante de estudios que guarda su mapa mental y de repente el error salta:

—Doctor, está comparando el PET/TAC con mis resultados de 2015; hágalo con los estudios que me practiqué en febrero de 2016.

El doctor sale a su consultorio, la madre de Fernando lo sigue y regresa; el médico también retorna al cubículo presuroso.

—Efectivamente, el tumor se redujo, corrige el médico tras comparar los resultados y confirmar que algo muy positivo está sucediendo. La paz vuelve al cuerpo de Fernando, su madre y su amigo.

—Claro, el doctor comparó el resultado con las placas tomadas en diciembre de 2015, cuando mis ganglios estaban activos de cáncer, pero medianamente controlados, pero olvidó el PET/TAC practicado en febrero de 2016, donde tuve mi última crisis y estaba invadido por todo el cuerpo... ¡Ahora sí! Comparando los dos últimos resultados, el tumor que se observaba ¡se redujo significativamente! —sonríe—, está dando resultado todo lo que hago —comparte eufórico la noticia con Arlette y Pedro, a quienes les pide que tomen una foto de los estudios para que se la envíen a René y éste, a su vez, le mande su vibración de intención antes de salir de casa.

Fernando llega al hospital. Se coloca su chaleco de la Fundación René Mey y Arlette le pone su última protección: una fragancia mezcla de romero, lavanda y otras cosas para limpiar y proteger su aura.

Fernando atraviesa los pasillos del hospital, cruza la puerta del área de Oncología.

—Hola, hola...

Sonriente se acerca a saludar, una a una, a las enfermeras que, al igual que los 26 pacientes que reciben sus quimioterapias, se sorprenden al descubrir quién los visita.

Manuel, un hombre de 79 años, le expresa con absoluta seguridad:

—¡Hey!, esta Navidad va a ser diferente; escúchame bien, vas a pasar una Navidad muy diferente. De mí te vas a acordar.

Fernando se acerca y comienza a platicar con Manuel, enfermo de cáncer en el estómago, y mientras muestra orgulloso su cirugía, cuenta contento que sólo espera el nacimiento de su primer nieto, acontecimiento que sucederá en noviembre de 2016 para cumplir su mayor anhelo.

—Me nació del alma decirle a Fernando lo que le dije. No me pregunte por qué, pero al verlo sólo me nació decírselo. Él merece 40 años más de vida, está muy joven. Vas a ver que esta Navidad él la pasará diferente. Ya le toca disfrutar. Y espero que me llame el 24 de diciembre para confirmar lo que le estoy diciendo.

—Gracias, don Manuel —responde Fernando, y comienza su recorrido con el resto de las personas que desde las seis de la mañana arribaron al Centro Médico, donde esperan tres horas para someterse a sus quimioterapias que durarán otras tres o cinco horas.

Hay jóvenes de 22, 26 y 28 años diagnosticados con cáncer testicular y sarcoma de Ewing; mujeres de 30, 33, 35 y 37 años enfermas de linfoma y linfoma de Hodgkin, cáncer en el colon y estómago; así como damas de 50 a 63 que realizan tratamientos preventivos de cáncer de mama.

Todos han llegado de madrugada y han esperado pacientemente sus turnos para aplicarse las quimioterapias correspondientes. La visita de Fernando los motiva; algunos preguntan si realmente es el conductor y le agradecen que esa mañana los acompañe. Todos permiten que se acerque y le cuentan sus historias. Un relato llama la atención. Se trata de una joven mujer que recientemente ha dado a luz a su primer hijo. Los análisis no sólo le revelaron su gestación, sino la existencia de un tumor en el colon que derivó en cáncer de estómago. Su niño se ha convertido en el mayor motor para vencer el padecimiento que la hace identificarse con Fernando.

—Él, como yo, es muy joven y tiene hijos; me imagino cómo se siente porque vivo lo mismo, pero me sorprende que además viene a hablar con nosotros. Es un gesto que se agradece y te impulsa a superar la enfermedad.

Después de dos horas de convivencia, Fernando sale y atraviesa la sala de consulta y espera de Oncología. Está llena de gente. Al verlo, pacientes, familiares y personal del hospital dejan lo que están haciendo y van hacia él. Lo abrazan, le piden una foto, le cuentan su padecimiento, lo bendicen. Fernando estrecha manos, sonríe, recibe palmadas en la espalda, besa en la mejilla a las damas que lloran, las abraza y las consuela.

—Yo llevo más de cuatro años luchando y míreme, aquí sigo. Cuando dejé de preocuparme y comencé a ocuparme, me sentí mejor; si decides quedarte hazlo por ti, no por tus hijos, ni por tu esposo o por tu familia, sólo hazlo por ti; suéltalo, fluye, el enojo no sirve; en lugar del porqué, pregúntate para qué estás viviendo esto —les dice a cada una de las personas y se toma su tiempo para escucharlas.

Han transcurrido casi cuatro horas, es momento de partir del hospital. Fernando regresará junto a sus compañeros Arlette y Pedro la próxima semana para continuar con una labor que nutre su alma y lo lleva a ocuparse en compartir lo aprendido con otras personas. Pero ahora es tiempo de descansar para prepararse y hacer, una vez más, las maletas.

El 30 de agosto Fernando y su equipo, en el que se encuentra su hermana Maru, viaja a Chetumal, Quintana Roo. Ofrece su primera conferencia de prensa, visita el Centro Oncológico, platica con padres de hijos enfermos de cáncer, se reúne con alumnos de secundaria y preparatoria y, después de admirar la belleza de la bahía de Bacalar y nadar en sus aguas transparentes y cálidas, se prepara y ensaya para reaparecer ante un público que puntualmente asiste a verlo el 1º de septiembre en el Teatro Constituyentes del 74. Tras recibir la bendición sacerdotal, Fernando sale al escenario y debuta como conferenciante con su historia titulada "Arriba los corazones". Más de 500 personas escuchan y presencian atentas el revelador, divertido y conmovedor relato que por primera vez hace el presentador de su proceso y sanación, que culmina con un público de pie que repetidamente aplaude y ovaciona a Fernando que no cabe de emoción por lograr esa noche retornar a un escenario y llevar el mensaje que prometió a *El Jefe*, tras regresar del coma: compartir su aprendizaje como misión de vida. La conferencia organizada por la Fundación Civil Siiniko'b, a cargo de la maestra Mercedes Pérez y sus patrocinadores, cumple el objetivo: reunir los fondos económicos para su campaña anual "Mochilas Felices", con la que abastecen de útiles escolares ese septiembre a 1500 niños de escasos recursos de esa entidad. Y con lo recaudado también logran comprar un puerto catéter para que una niña reciba su tratamiento y a la que visita, antes de irse, personalmente Fernando. Todo el equipo recibe 10 000 pesos y la enorme satisfacción de apoyar esta causa social.

En los meses posteriores la conferencia se presenta gratuitamente en la Semana de la Salud en el Centro Médico Siglo XXI, también lo hace a beneficio de comedores infantiles en "Proyecto Dei", lugar donde labora Maru, y viaja a Ixtapan de la Sal, donde un corporativo gasero comparte con sus mujeres el mensaje por una cantidad simbólica. A finales de noviembre logra su mayor número de asistentes en Moroleón, Guanajuato, al reunir a casi 700 personas que, en la explanada de la Presidencia Municipal, escuchan emocionadas a Fernando como parte de su visita organizada por el Instituto para las Mujeres. Es tal el furor que su relato provoca que la policía interviene para sacarlo por los pasillos que comunican el lugar con la extinta penitenciaría local.

De regreso a México, el abuelo Marcos Antonio aprovecha su visita para ir a la Basílica de Guadalupe y cumplir la promesa que elevó en Alicante, España, si su nieto vivía. Al templo más importante de la fe católica también asiste Delfina, quien tras dar gracias a la Morenita del Tepeyac levanta su manda y en diciembre se reúne con su querido chamaco, al que abraza y llena de bendiciones.

Después de seis meses emocionantes, las fiestas navideñas llegan, y con ellas nuevos proyectos tocan su puerta para regresar a la pantalla. Se decidirá por una serie de comedia en televisión y una película independiente. El cáncer suma un año más de aprendizajes en la vida del presentador, pero sin duda han pasado los momentos más difíciles de la enfermedad. No ha habido en todo el año una hospitalización o crisis y eso lo mantiene tranquilo, feliz y estable.

Y es que sin lugar a dudas 2016 ha resultado un año inolvidable para Fernando y el mejor en su recuperación física, mental y espiritual. Los noticieros más importantes a nivel nacional dan a conocer la lista de personalidades que ese año han sido objeto de artículos, crónicas o búsqueda con mayor empatía en redes sociales. El conductor se ubica en el séptimo lugar de búsqueda en Google, antecedido por el mandatario estadounidense Donald Trump, la actriz Kate del Castillo, el narcotraficante Joaquín *el Chapo* Guzmán, la actriz Margot Robbie, la candidata demócrata y aspirante presidencial Hillary Clinton y el actor Sean Penn y precedido por la primera dama de Estados Unidos, Melanie Trump, la actriz francesa Marion Cotillard y el actor inglés Tom Hiddleston.

El 31 de diciembre, rodeado de sus padres, hijos y hermanas, Fernando festeja el primer año de su nueva vida y al brindar una frase les nace del alma: "¡Arriba los corazones!"

« Detrás de cada maldición,
hay una bendición.
FERNANDO DEL SOLAR »

Episodio **XIV**

Amarte sana
=
amar te sana

Etapa V. El aprendizaje

Antes del cáncer, los pilares que regían y sostenían mi vida eran el éxito, la fama, la posición social, el dinero, mi casa, el carro y sobre todo tener más y más cosas materiales, para las cuales estaba empeñando mi vida. Me sentía intocable porque creía haber alcanzado todo lo que me había propuesto, pero eso era sólo la cáscara, eran valores sin sustancia. Ésos eran los principios a los cuales me rendía. Hoy entiendo que estaban totalmente trastocados y eran mentirosos. Creía que tener era saber planificar, era poder dejar mejor posicionados a mis hijos; hoy pienso que es mejor que mis hijos tengan un papá con tiempo para disfrutar de ellos, que un papá preocupado por dejarles algo. ¡Ojo! No estoy peleado con la abundancia y me gusta vivir bien, pero no se me va la vida en ello.

A partir de la enfermedad, todo en lo que creía se hizo pedazos, porque podía tener todo el dinero del mundo y no había medicina, por muy cara que fuera, que pudiera salvarme, lo cual me llevó a replantear y cuestionar estos valores que yo asumía como únicos y verdaderos. Y preguntarme, una y otra vez, ¿qué es lo realmente importante?

Una de las pistas a estas preguntas me ayudó a resolverlas René Mey cuando envió a sus voluntarios a darme terapia y, más tarde, cuando yo empecé a dar terapia en el Hospital Siglo XXI. ¿A qué me refiero?

Cuando uno pasa por un proceso de pérdida, el que sea, enfermedad, separación, ser querido, trabajo, toda la vida gira en torno a eso, es decir, a mí me dolía el dedo gordo del pie y sentía que había hecho metástasis y que me iba a morir, me dolía la cabeza y me iba a morir; estaba encerrado en un sentimiento de fatalidad y mi total atención estaba centrada en mis pérdidas y mis desgracias, estaba atrapado en un laberinto sin salida. Cuando por primera vez levanté la cabeza y comencé a ayudar a los demás, a ir al hospital a ayudar, a platicar con enfermos, con familiares, a compartir, a dar tiempo, a dar, dar y dar, mi vida cambió por completo, dejé de estar preocupado por mí y empecé a ocuparme de los demás. Sólo con hacer ese movimiento, mi salud comenzó a mejorar notablemente y logré salir de mi depresión y mi atención empezó a estar en el otro.

¿Te acuerdas de lo que me dijo *El Jefe* en su momento: "Aquí venimos a aprender y compartir..."? ¡Exacto! Cuando comencé a compartir mi aprendizaje, mi vida cambió, encontré el sentido que tanto había estado buscando. Comencé a dar y, cuanto más daba, más regresaba. Es un principio universal que conocen muy bien los cabalistas.

También comencé a cuestionarme qué era eso del amor.

El amor eran las cosquillas en el estómago, era estar enamorado, era decir: "¡Qué buenota está tal o cual!" O qué significaba eso de que el amor es el motor de la vida, sí, sí, ¿pero qué era eso? Intentaba ir un paso más allá.

El que se ama no se lastima, no se hace daño, no se traiciona.

El amor es algo tan difícil de explicar desde la razón, que ninguna explicación me satisfacía; pero la primera pista la tenía frente a mis narices estaba en mis hijos... esas fieras. Desde que supe de su concepción, mi amor estaba puesto de manera incondicional y no habían hecho absolutamente nada para que los amara.

¿Qué significaba eso?

Entendí que uno no tiene que hacer nada para ser amado, no tiene que hacer cosas para ser aceptado; mis hijos no hacían nada por congraciarse conmigo, son anárquicos, genuinos, son auténticamente ellos. Y mi amor siempre estará ahí. Los amo incondicionalmente.

¿Cuántas veces hacemos cosas para ser aceptados por los demás, para que los demás nos amen, y que van en contra nuestra?

Ése era un buen inicio para amarme y hacer las paces conmigo... primero que nada debía aceptarme, valorarme, perdonarme, apapacharme y respetarme, era una buena manera de empezar a darme amor a mí mismo. Lo demás se los dejo de tarea, porque apenas me estoy adentrando en esto.

Aunque la mejor definición de amor me llegó hace unos días y resuena mucho conmigo.

A.M.O.R. = Amplitud

Lo anterior me lleva a pensar que el amor es un estado de vibración, es por eso que me era tan difícil de explicar racionalmente y puedo comprobarlo de la siguiente manera:

Cuando uno vibra alto, desde el dar, crear, perdonar, abrazar, besar, apapachar, reír, las cosas buenas o de alta vibración comienzan a pegarse, es decir, uno vibra alto, vibra en amor y vienen puras cosas de alta frecuencia. Son buenas para mí, buenas para todos los que me rodean, tienen un efecto contagioso y multiplicador.

Si uno vibra bajo, en enfermedad, miedo, enojo, tristeza, depresión, etcétera, se pega todo lo de baja vibración. Cuando a uno le va mal, parecería que es una cadena que no para, hasta uno dice: "Hoy lo único que me falta es que me orine un perro", y ¡zas!, eso sucede o se te poncha una llanta o cualquier otra fatalidad es atraída a tu persona.

Por eso hoy creo y estoy convencido de que cuando uno vibra en AMOR las cosas buenas suceden y se encadena lo que llamo magia y todo es posible, yo soy la prueba de eso. Es más, te desafío... no me creas a mí, hazlo, ponlo en práctica a tu alrededor. Cambias tú y tu entorno cambia. Sonríe, da la mano, abraza, di cuánto amas y el universo responde. Empieza con cosas pequeñas y sutiles. ¡Ya verás!

Hoy mi vida se rige por la aceptación de mi realidad, de aceptarme completamente, con virtudes y defectos; reconocer que no soy perfecto me ayuda a estar bien conmigo mismo; el dar, el aprender a recibir y el conocimiento que me está dejando toda esta experiencia es increíble, porque finalmente me di cuenta de que nadie tiene la vida comprada, para nada, y lo que a mí me sucedió le puede pasar a cualquiera. Aunque no todos tenemos que tocar el mismo fondo para reaccionar.

Entonces la mejor manera que encontré para vivir es en el aquí y ahora. Totalmente presente. Sin traer toda la pesada carga de mi pasado, ni el malestar de las expectativas del futuro. Si todos lográramos vivir tan sólo en el presente todo sería más fácil. Aunque no te voy a engañar y decir que vivo de manera zen y que nunca me engancho y que no me enojo, ¡no!, pero lo que sí puedo decir es que cuando paso por estos procesos me aíslo un rato, respiro, medito un poco y vuelvo a mi centro. Intento ser consciente de cada cosa que me pasa, de cada disgusto, y asumo que todo es aprendizaje.

"Un guerrero nunca se equivoca", dice don Juan en sus enseñanzas descritas por Carlos Castaneda. Lo que significa que cualquier cosa que pase en tu vida no es accidental... por más que parezca, es decir, todo viene a mostrarte y enseñar algo. Cuando tú aprendes esa lección, tan tan. Mientras te resistas, tardarás más tiempo en enfrentar tu proceso de duelo.

También entendí que juzgar a *El Jefe* por cuarenta años de existencia —en mi caso— es una locura, es como querer saber si el libro de tu vida es bueno o malo leyendo tan sólo un capítulo. Quiero decir que el Creador fue, es y será, se maneja en la eternidad y nosotros no alcanzamos a dimensionar eso, nuestro cuerpo existe dentro del tiempo y el espacio, pero nuestra alma no, es decir, el cuerpo se acaba, pero la chispa divina o nuestra imagen y semejanza no. Eso es algo difícil de entender, ¿no?

Un proverbio hindú dice: "Al final, todo va a estar bien, y si todavía no está bien... es porque no es el final". Confía, cree en que esto es posible. Y esto es muy importante cuando atravesamos una pérdida.

Hay cinco pérdidas que son consideradas las más fuertes y le dan una sacudida a nuestra vida; a partir de ellas se derivan todas las demás que puedas imaginarte:

1. Pérdida de la salud. (Enfermedades terminales.)
2. Pérdida de un ser querido. (Familiares y amigos cercanos.)
3. Pérdida de una relación. (Divorcio, separación, enemistad.)
4. Pérdida de trabajo. (Despido, recorte o incapacidad.)
5. Pérdida de la fe. (En ti, en la humanidad, en los valores, en Dios.)

Cada una de ellas nos cambia, nos empuja más allá de nuestros límites y nos devasta, sí, pero también si uno se atreve a llegar al fondo de las cosas, nos reconstruye y nos permite experimentar —muchas veces resurgiendo de entre las cenizas— un proceso de renacimiento, donde lo más valioso que nos otorga es el aprendizaje. Ésa es la quinta etapa del duelo.

Lo que quiero decirte es que cuando una bomba o una de estas pérdidas cae en tu vida te sientes morir, vulnerable, superado emocionalmente, lleno de miedo e incertidumbre. No sabes por dónde empezar ni cómo va a terminar. Entras en un estado de completo CAOS.

Si yo te dijera que dentro de todo este proceso caótico hay un ORDEN y que está comprobado científicamente que vas a pasar por cinco etapas, si es que te atreves... ¿qué me dirías?

Las etapas ya las hemos recorrido en este libro:

1. Negación   =   Esto no me está pasando a mí.
2. Enojo   =   Ira, todos tienen la culpa.
3. Dolor   =   Tocar fondo, depresión, suicidio.
4. Aceptación   =   Asumir la realidad.
5. Aprendizaje   =   Asimilar la lección de la vida.

Yo ingresé en esta quinta y última etapa, "aprendizaje", en julio de 2016, cuando comencé a elaborar este libro. Hacerlo ha sido una catarsis y me ha dado la oportunidad de comprobar qué tanto he aprendido de estas pérdidas y de estos duelos a los que me ha llevado a enfrentarme la vida.

Aprendí a aterrizar conciencia, a darme cuenta de lo que quiero y lo que no quiero nunca más; a poner límites y a enfocarme con toda mi voluntad y certeza en mi recuperación.

El 1º de enero de 2016 yo tenía 25 kilogramos menos —pesaba 60 kilos, que para una estatura de 1.83 metros es realmente poco—, respiraba asistido por un condensador de oxígeno, a través de una máscara que cubría mi nariz; tenía hecha una traqueostomía, por lo que no podía hablar ni comer; mis brazos estaban arponeados y mis venas canalizadas con un montón de medicina; me hacía pipí y evacuaba encima; no podía valerme por mí mismo; los enfermeros me bañaban, me cambiaban, me cargaban y me sostenían. Ni siquiera podía escribir y mis pensamientos andaban extraviados, intentando regresar a la realidad del día a día, mientras mi organismo iba eliminando poco a poco todas las drogas que había ingerido mi cuerpo para mantenerme con vida.

Escribo estas líneas en junio de 2017: estoy sentado frente a mi iPad, platico, camino, respiro sin oxígeno, peso 84 kilogramos, luzco muy bien —modestia aparte, jeje— y me siento a todo dar. Y todo esto pasó en menos de un año, pero además ¡no tuve una recaída física! Cada vez voy mejor y eso para mí está genial. Estoy muy agradecido con *El Jefe* y con la vida... cada instante es una oportunidad.

Emocionalmente sí me he quebrado muchas veces, cuando me empieza a doler algo, tengo algún problema de respiración y dudo de que mi recuperación sea franca, se activan mis miedos y me pongo nuevamente en alerta; en ese momento me obligo a cerrar los ojos y hago un recorrido por todo mi cuerpo; sí, me he tropezado con mis sentimientos, con mis memorias y con otros tantos miedos recurrentes, pero ya aprendí a no preocuparme y no les permito a esos pensamientos que se instalen por mucho tiempo ni me quiten la paz de saberme vivo y disfrutar cada instante. Yo sé perfectamente lo que pasó, lo que sucedió y cómo me sentí, y puedo contar mi historia y mi experiencia.

Hoy, y como siempre ha sucedido y sucederá, cada quien es libre de decir y opinar lo que quiera —y a todos los respeto—, pero el hecho de que me afecte o no es mi completa responsabilidad. Los demás pueden hacer y deshacer a su antojo, pero cuando tú estás seguro de lo que quieres, eres y haces, no te mueve nada, no te pega, no pasa nada, y de eso se trata la vida, de estar aterrizado, plantado, en conciencia; de aprender a saber de qué estás hecho, de aprender a plantarte con los pies en esta tierra y que digan lo que digan tú estés tranquilo contigo. Y vaya que me ha costado unos cuantos trancazos entender esto, ¡pffff! Unos más duros que otros, pero cada golpe me ha ayudado a darme cuenta de lo que estoy hecho, de lo que soy capaz, del ser humano que soy y de la enorme capacidad de amar que tengo, no sólo a mis hijos, sino a mis seres queridos y amigos.

Ahora te reto a que vayas un paso más adelante, porque estamos de acuerdo en que amar a tu familia y amigos es relativamente fá-cil... pero ¿qué tal amar a aquella persona que no conoces, al que te limpia el parabrisas, al que se cae en la calle y le ayudas a levantarse o a ese enemigo que se ha empeñado en sacar todo lo peor de ti? ¡*Atenti*! No estoy pidiendo que seas un mártir, ¡no se trata de eso!, sino aprender a soltar, a perdonar, a vibrar alto, los pensamientos de furia, enojo, rencor, miedo, son de baja vibración. Y en ese momento caes en la trampa. Vive y transita esos pensamientos, pero deshazte de ellos tan pronto como seas consciente.

Con todo lo que he pasado llegué a dudar de mí, imagínate llegar a dudar de lo que uno es, de lo que uno es capaz de hacer, del potencial que uno tiene por lo que dicen los demás, pfff... ¡No lo permitas!, nadie puede decirte lo que eres o lo que no eres, porque tú ya lo sabes.

Una de las lecciones más valiosas que me ha dado este proceso es descubrir quién soy, cómo soy y aprender a amarme tal cual soy.

Me encuentro al final de esta lección —y seguramente faltan muchas más—; cuando logré sobreponerme de esto me di cuenta de que lo que veía en un principio como una maldición era una bendición, y como diría don Juan: "Detrás de un gran dolor se esconde un gran poder", y como diría la cábala: "detrás de todo gran sufrimiento está la luz".

No le deseo a nadie que pase por todo este dolor, pero si va a ser así hay que entrarle con todo. No te voy a decir "¡ay, qué padre!, ¡qué chingón!", no, pero recuerda que el proceso lo vas a transitar igual, tú decides de qué manera:

¿Te vas a hacer la víctima y el pobrecito de mí? (Así estuve casi cuatro años.)

¿O le vas a entrar con todo y aceptar tu realidad? ¿¡Con actitud y entereza!?

Es tu vida, tienes libre albedrío, tú decides si hacerte responsable o culpar a tu mala suerte. En mi caso, definitivamente tenía que pasar por todo esto para aprender, hay algunos que somos muy necios y necesitamos tocar fondo.

Aprendí a vivir con menos, a viajar más liviano, siempre he sido muy bien administrado y, gracias a Dios, hoy vivo muy bien, a mi manera y con nuevos principios, con una esfera de conciencia más ocupada en ser que en tener, o sea, mi ocupación es estar bien de salud. El tema del dinero me asusta, ¿a quién no le asusta que sus cuentas estén bajando?, pero hoy por hoy puedo vivir y mi ocupación es otra. Tiene que ver con escuchar y seleccionar los proyectos que me hagan sentir contento. Si me generan estrés o angustia los deshecho, no me los permito. No hago nada por compromiso. También cuido al máximo que no interfieran con el tiempo que dedico y disfruto de mis hijos. Ellos están conmigo dos días por semana y dos fines de cada mes. Nos vamos al cine, de campamento, a Cuernavaca, y cuando ha sido necesario por las grabaciones, como ocurrió con mi participación en la comedia *Mula de tres*, me acompañan a las locaciones y se han ido dando cuenta de mis actividades profesionales.

Cuido mucho mi alimentación, mi descanso, mis lecturas y mis palabras porque aprendí el poder que éstas tienen en mis pensamientos. Recuerda siempre que la palabra es creación y basta que estén alineados mente, palabra y emoción para que cualquier cosa que desees se manifieste. Si hay interferencia o duda, no funciona.

Cada vez que puedo acudo como voluntario al Centro Médico Siglo XXI y he formado un grupo que cada jueves se reúne para platicar de experiencias de lo imposible, energía y desarrollo humano. Esto es algo que me llena y me mantiene con los pies en la tierra, pues recuerdo cada aprendizaje e intento llevarlo a mi cotidianidad.

En cuanto a mi familia, pasamos juntos el proceso; crecimos todos como clan, los niños, mis papás, mis hermanas, mis amigos y yo, así como aquellos que decidieron formar parte del entorno, que se la quiso jugar conmigo y agarrar el viaje, porque esta enfermedad mueve todo, el engranaje se mueve, y cuando un miembro se empieza a mover de ese lugar todo el sistema colapsa. Entonces todas las piezas de esa maquinaria llamada relaciones humanas se empiezan a reacomodar, pieza por pieza, engrane por engrane, y en ese reajuste está el aprendizaje de cada quien. Es un trabajo personal que es mucho más fácil en grupo, porque podemos apoyarnos mutuamente, reflejarnos y platicar de las mismas inquietudes.

De Ingrid aprendí que es la mujer que más he amado en su momento, no tengo ninguna duda. Pero hoy ya no la amo.

Estuve muy enojado, podría decirte que la odié, que no la podía ni ver, me produjo resentimiento; todas esas emociones sí las viví, sí sucedieron, es parte de la aceptación, del enojo, el haberme sentido traicionado, desvalorado, no apoyado y muchas cosas que puedo decir ahora, pero ya pasé por eso. Hoy estoy muy agradecido con ella por mis hijos, así como por los buenos momentos que pasamos juntos, y lo voy a poner en este contexto, los mejores y los peores momentos de mi vida, hasta hoy, están vinculados a ella.

Lo que tenía que aprender con ella ya lo aprendí, y continúo aprendiendo, pero desde otro aspecto que no tiene nada que ver con la relación de pareja, sino con darme mi lugar. Hoy, repito, ya no la amo, y no, no volvería para nada a su lado. Capítulo cerrado.

Pero sé que a estas alturas te estarás preguntando, "¿y después de todo ya estás sano?, ¿ya no tienes cáncer?"

Si mi bienestar implica un papel o diagnóstico médico que diga que no tengo nada y que me han dado de alta, aún no lo puedo decir, porque ese papelito no existe. Actualmente ingreso al hospital una vez por mes, de entrada por salida, para que me apliquen un tratamiento relativamente nuevo, llamado inmunoterapia, aprobado finalmente por la Cofepris hace menos de un año. Como su nombre lo indica, ayuda a estimular mi sistema inmunológico y que sean mis propias células o sistema inmune el que se encargue de las células malas de mi organismo. En pocas palabras, sigo en tratamiento y me encuentro estable, controlado y con la esperanza de que en cualquier momento pueda pasar la página llamada enfermedad. Te comparto que ninguno de los tres médicos que me han tratado durante estos más de cinco años me ha dado de alta.

Algunas publicaciones han asegurado que ya no tengo nada e incluso que nunca estuve enfermo. Hay otros tantos charlatanes que aseguran haberme curado. Ojalá hubiera sido así, qué más quisiera que poder decirte que estoy curado, sería para mi una bendición —para mi seguro también— y ojalá que también pudiera expresarles a esos doctores: "Tienen toda la razón".

Pero hoy, científicamente, no estoy curado.

Lo que sí te puedo compartir es que he sanado desde otro lugar, aquel que tiene que ver con el aprendizaje a nivel espiritual. Cabalísticamente, a niveles de corrección de alma, estoy haciendo ese trabajo, esa chamba que antes no la veía importante, antes estaba muy enfocado en mi superficie. Hoy, a raíz de las pérdidas a las que me he enfrentado, he aprendido a escucharme más, a verme a mí mismo, a hacerme cargo y ahí voy, pero repito, el diagnóstico a nivel científico, médico, de un hospital, todavía no lo tengo y espero tenerlo pronto. A mi cabeza le hace falta, me hace mucha falta saber que estoy curado, tener un papelito con la firma de un doctor.

Hoy no le tengo miedo a la muerte y he aprendido a aceptar que todo es posible. En aras de ayudarme, por medio de las redes sociales o la gente con la que me voy cruzando, me han dicho: "Es que yo me curé así o conozco a un primo o el tío que se curó con esto, o el amigo de un amigo", y empiezan a darme sus recetas, unas van desde lo más lógico hasta lo más inverosímil como chupar una piedra, comer hierbas y, ¿sabes qué?, yo les creo a todas las personas que me lo dicen. ¿Por qué no?, ¿quién soy yo para decir que eso es imposible?

Con el tiempo entendí que el que se cura es uno. Así como cuando uno se rompe una pierna y va al hospital, el doctor se la acomoda y entablilla, pero el que hace el trabajo de soldar el hueso, regenerar los tejidos, ies uno! Los doctores son grandes herramientas y con muchos de ellos estoy muy agradecido, pero quien se cura eres tú. Tú decides las armas que usas para sanar y en lo que quieres creer.

Por eso si tú sanaste caminando por la arena, meditando o haciendo yoga, iclaro que te creo! O si sanaste con una quimioterapia, por supuesto que te creo y claro que es posible, pero a mí todo esto me ayudó y me enseñó a abrir mi cabeza, a ser mucho más permisivo con todas esas cosas que en un principio decía "esto es una locura, esto es muy raro, no, cómo crees, cómo voy a creer en esto".

Hoy, en vez de descartar cosas, me gusta incorporar conocimientos, sumar. He probado muchas cosas, muchísimas para luchar contra esto que llamamos enfermedad; en cada batalla adquiero más experiencia, y ese aprendizaje es el que uso para la siguiente batalla.

Está comprobado científicamente que somos conscientes, cuando mucho, del 5% de las cosas que suceden a nuestro alrededor en un día, tan sólo el 5%. El otro 95% de las cosas ¿en dónde suceden?, ¿dónde pasan?, ¿cómo de que no soy consciente? Simplemente pregúntate, todas las funciones que está realizando tu cuerpo en este momento sin que te des cuenta —respirar, oxigenar tus células, bombear sangre a través de tus venas, procesar la comida, reciclarla, etcétera—, ahí es donde estamos en pañales y apenas estamos comenzando a despertar, es ahí donde sucede la magia, en el ámbito de lo no consciente.

Entonces, si alguien habla de ángeles, de reencarnaciones, de muertos, de espíritus, ¿por qué no creerle? Todo es posible porque lo crees, cree en todo lo que te haga sentir mejor, hazte caso y sana desde tu interior respetándote, pero por sobre todas las cosas amándote. No cedas el poder a lo externo, el poder está en ti. Tú decides. Cree y confía. Por ello cierro este último episodio con la frase que encierra mi aprendizaje: AMARTE SANA, a ti mismo, AMAR TE SANA, al prójimo.

*   *   *

El comienzo de 2017 termina con los rumores: Fernando regresa a la pantalla chica y debuta por la puerta grande de Televisa tras ser contratado para protagonizar, junto a Raúl Araiza y Ulises de la Torre, la serie *Mula de tres*. Las grabaciones arrancan en febrero y el programa forma parte de la nueva barra cómica de Las Estrellas.

Su ingreso a la empresa causa revuelo cuando el conductor aparece el 15 de febrero en *Hoy*. El video alcanza más de dos millones y medio de *views*, la noticia se publica en todos los medios nacionales y en sus redes sociales recibe cientos de mensajes de felicitación por parte de sus amigos, familiares y compañeros incluso de TV Azteca. El impacto es tal que los productores de Televisa, Reynaldo López y Nino Canún Rojas, entablan pláticas para proponerle su ingreso permanente en sus emisiones *Hoy* y *Cuéntamelo ya!* Del Solar agradece, pero ya tiene otros planes.

Marzo lo sorprende con el claquetazo en Puebla de *La familia de mi ex*, película de comedia bajo la producción de Rodrigo Vidal en la que protagoniza junto a Ana Patricia Rojo y el comediante Tony Balardi. El clic y la convivencia entre Fernando y Ana Patricia da pie a rumores de un romance. Al principio Fer guarda silencio, pero semanas después aclara que continúa soltero y no descarta enamorarse. Y en ese renglón lo relacionan sentimentalmente con su expareja y prometida Alejandra Prado. Pero no pasa nada más allá de un reencuentro y amistad. Sin embargo, para Del Solar sí es uno de sus mayores anhelos amar a otra mujer y, ¿por qué no?, volver a ser padre. Lo dice abiertamente y con una mirada pícara cuando estamos a punto de cerrar la revisión de este libro. No volverá a casarse, eso sí lo deja muy claro.

El presentador y actor aparece en todos los programas de Televisa, forma parte de campañas de marcas en redes sociales como Kraft, que lo contrata para ser vocero del cáncer de mama, junto a Jan y Héctor Sandarti; es llamado a *casting* para las nuevas telenovelas, forma parte de una nueva película independiente junto a René Mey y continúa con su conferencia testimonial "Arriba los corazones" por toda la República mexicana.

¿Cuál es la enseñanza y el aprendizaje que esta enfermedad le deja a su familia? La madre es la primera en contestar:

—El motor de la vida es el amor, no hay otra cosa, de ahí se desprende todo: el compartir, el comprender, el estar juntos, y lo es también el que te manden lejos, es cuestión de entenderlo. El poder que tenemos, estando juntos, es increíble, y ojalá que todas las familias pudieran sentir esta unidad sin tener que pasar por lo que nosotros tuvimos que atravesar.

—Si al final de todo este proceso Fernando muriera, ¿cómo serían sus sentimientos?

—Primero un dolor indecible, pero si Dios así lo decide, Él es el supremo hacedor de todo y tendrá su razón de ser; me dolería, por supuesto, pero lo tendría que aceptar. Eso lo aprendí con todo ese grupo de gente amiga que venía a rezar conmigo incondicionalmente durante el coma. Me decían: "Tienes que soltar y aceptar lo que te está mandando Dios". "Yo lo acepto, que se haga tu voluntad, pero déjamelo." Entonces me respondían: "Rosa, escucha lo que estás diciendo... Que se haga tu voluntad, pero déjamelo vivir, tú quieres que se haga tu voluntad". Y lo entendí, comencé a decirle a Dios "que se haga tu voluntad, sólo te pido fuerzas para aceptarla". Y empezó a curarse... O sea que eso es lo que aprendí: si Dios lo decide, con todo el dolor de mi alma, será lo mejor para él.

Para mí ya está sano, aunque tenga todavía ese pedacito que no se quiere ir, pero se va a ir, se va a ir. Estoy absolutamente orgullosa de él, lo amo incondicionalmente y doy gracias por ser parte de su vida y que me haya elegido como mamá.

Su padre Norberto admira lo buen hijo que ha sido Fernando y la fuerza en su carácter que ha mostrado ante la enfermedad.

—Él llegó con una mano adelante y la otra atrás; comió en los supermercados de lo que le daban de probar, y haber hecho lo que hizo en México sólo refrenda el orgullo y la admiración que como papá le tengo. Sabe que no tiene un diagnóstico positivo aún, y que en cualquier momento puede tener una crisis, pero ahora no tiene temor, ahora se tiene más confianza, se ríe de su enfermedad (eso es muy bueno), y como familia hemos aprendido que nos tenemos que apoyar; todos cometemos errores y te tienes que apoyar, es la única manera de salir adelante.

Para sus hermanas Maru y Romina queda claro que el cáncer se presentó en la vida de Fernando porque se alejó de su esencia y de sus verdaderos valores. ¿Para qué vivió todo esto? Para volver a conectarse con su raíz desde la espiritualidad.

—La magia de la meta está en el camino, no en el resultado. Busca el proceso, no el resultado. Esta enfermedad nos enseñó a vivir día a día, a creer y confiar en Dios, más allá de que el resultado no sea el que deseamos, y él la está superando día a día.

—Es un excelente compañero de vida y de batallas. Después de sus recaídas está despegando; te puedo decir que Fernando mejoró cuando se separó. Hoy luce radiante, increíble, y ella también se ve mucho mejor —manifiesta Enrique Flores.

—Hay personas que están destinadas a vivir separadas porque juntas se destruyen, se debilitan, pero en lugares distintos se ayudan a ser mejores, aunque tengan lazos que los unan para toda la vida, y ésa es una de las enseñanzas de esta enfermedad —expresa Violeta García, la asistente y *supersayayín* de Fernando.

—A pesar de su alegría, a Fernando le tocó enfrentar una enfermedad nada grata y hoy la vida le ha dado la oportunidad de ir para adelante —destaca Sandra Eloísa Gamboa, para quien lo más importante de esta historia ha sido que nunca se dio por vencido, a pesar de lo grave que llegó a estar.

"Él siempre tuvo buena cara frente a las cámaras y siempre les dio a todos ese júbilo. Se entregaba a todos. Yo aprecio muchísimo haber trabajado con él, el ser humano bueno que es, y sé que la vida nos va a volver a juntar."

En la percepción de Alejandra Prado, "la vida lo está reubicando en el aparador donde tiene que estar y desde donde lo tiene que hacer, porque ya no es de manera superficial, ahora está en un escenario que puede ser parecido al que lo hizo popular y donde él sigue siendo el protagonista, pero la manera de impactar ya es más profunda; es ahora donde realmente va a tocar el corazón de las personas. Ahora lo veo muy claro, él ya entiende perfectamente qué es lo que está pasando y para dónde tiene que dirigir su misión. Se ve mucho más fuerte, con mayor temple y energía, pero con otra estructura y posición en la vida. Hay amores que no tienen que estar juntos para sentirse, y aunque no nos veamos, éste es un amor para siempre, un amor fraternal".

Para Rodrigo Cachero, en la industria de la televisión mexicana, calificada de frívola y superficial, Fernando es un referente de fortaleza, de decisión y de voluntad.

—Siempre hay seres tocados por Dios que nos pueden levantar los corazones en cualquier momento, y él es uno de ellos.

PARTE III | ANTES**DE** **DECIR**ADIÓS

« La magia de la meta está en el camino,
no sólo en el resultado.
FERNANDO DEL SOLAR **»**

La verdad sobre la salud de Fernando del Solar

¿Cuál es la verdad sobre la salud de Fernando del Solar?

Desde su diagnóstico y a lo largo de estos cinco años han sido muchos los rumores sobre el estado médico del presentador y actor. Hasta el 10 de agosto de 2017, fecha en la que este texto fue revisado por última vez —y cuanto se narra obviamente no contempla cualquier noticia que pudiera haberse producido con posterioridad a esa fecha—, Fernando ha estado bajo la supervisión de tres doctores —el oncólogo Juan Wolfgang Zinser Sierra, el hematólogo Rafael Hurtado Monroy y el oncólogo y hematólogo Pedro de Jesús Sobrevilla— y se ha sometido a tres distintos tratamientos para luchar contra el linfoma de Hodgkin.

En los últimos dos años ha sido el oncólogo y hematólogo, doctor Pedro de Jesús Sobrevilla Calvo, certificado por los consejos mexicanos de especialistas en hematología y oncología, quien se ha encargado del proceso y medicación contra el cáncer del conductor. Para entender mejor qué es lo que tiene, si la enfermedad ha sido superada, está en remisión o por qué no ha obtenido una respuesta completa, tras varios ciclos de quimioterapias y procedimientos con químicos relativamente nuevos y en qué fase se encuentra, hemos decidido presentar su opinión al momento de cerrar esta obra.

En su consultorio en el Hospital Ángeles del Pedregal, el especialista en linfomas y mieloma, anemia, leucemia y síndromes mielodisplásicos, explica: "Fernando tiene un linfoma de Hodgkin. Se le han hecho dos biopsias y los resultados de ambas dieron ese tipo de cáncer que es muy común en adolescentes, pero poco frecuente estadísticamente y, en ese sentido, se ubica entre el decimoquinto o vigésimo lugar de cánceres que padece la población. Se puede curar, es muy alto el porcentaje, pero no todos los pacientes se curan.

"Él, hoy día, lo tiene en los ganglios del mediastino —espacio medio de la caja torácica, entre las dos pleuras, la columna vertebral y el esternón—, es decir, en el tórax. Desde finales del año pasado comenzamos un nuevo proceso, la inmunoterapia. Es un tratamiento que utiliza las propias defensas en contra de la enfermedad de Hodgkin, pero no ataca directamente las células con la enfermedad, sino lo que hace es que el cuerpo lo reconozca como enfermedad y lo ataque."

Con la inmunoterapia los médicos pueden mejorar las propias defensas del paciente contra el cáncer, pero en el caso específico de Fernando, el doctor Sobrevilla Calvo aclara: "No sabemos con certeza si se va a curar o no. Va a ser difícil que se cure definitivamente".

Autorizado y regulado como medicamento de patente para esta enfermedad en Estados Unidos por la Administración de Alimentos y Medicamentos (FDA, por sus siglas en inglés) y en México por la Comisión Federal para la Protección contra Riesgos Sanitarios (Cofepris) a finales de 2016, la llegada de esta nueva terapia que refuerza el sistema inmunológico del paciente ha mejorado bastante el panorama para pacientes con cáncer. Sin embargo, el tratamiento de inmunoterapia no es fácil, ya que no todos los enfermos responden favorablemente y su costo limita su acceso. En el caso de Fernando ha sido positivo y se calculan por lo menos dos años de administración. Ésta inició en octubre de 2016, pero cada aplicación cuesta alrededor de 233 000 pesos y debe suministrarse cada tres semanas.

A Fernando se le practica cada seis meses una PET/TAC, en breve se someterá a un nuevo estudio; si éste aún revela actividad cancerosa, su posibilidad de curación será difícil, advierte con honestidad el especialista:

"Vamos bien, pero sólo eso, vamos bien. Para el linfoma de Hodgkin lo único que lo va a ayudar es que vaya, cada tres semanas, a ponerse su tratamiento. Y no, no está curado y la posibilidad de curarse es remota. Curarse quiere decir que se deje de dar tratamiento, que siga con su vida y que no le pase nada, pero eso va a ser difícil. Puede morirse de esto. La última PET mostró que tenía un abultamiento que se le podía ver y palpar, pero se le quitó. Ha mejorado mucho."

Y aun cuando el conductor no ha presentado recaídas desde enero de 2016 hasta agosto de 2017, Sobrevilla Calvo indica que en cualquier momento el cáncer puede empezar a crecer en los ganglios y provocar otra crisis.

"El linfoma puede volverse resistente por alguna razón y que estos medicamentos ya no le sirvan de nada y crezca. Después de esos dos años de aplicar la inmunoterapia quizá tenga que seguirla tomando, la verdad es que no lo sabemos. Será una decisión difícil si se lo dejamos de dar o se lo continuamos dando."

De acuerdo con el especialista, en caso de que la inmunoterapia no brinde una respuesta completa, aún queda la opción de un autotransplante de médula ósea, procedimiento que en dos ocasiones el conductor se ha negado a practicarse y cuyas razones han sido expuestas ampliamente en este libro. "Él siempre pensó que era una cosa de súper riesgo y lo sigue pensando. Cree que existe una mortalidad alta, pero no es así. Él está dispuesto a hacer todo, menos eso, y con el tiempo siempre hay la posibilidad de nuevos tratamientos, nuevas combinaciones. Puede que viva muchos años, pero que tú digas ya lo voy a curar, es muy difícil. Y se lo he dicho a él y a su mamá."

Aclara que Fernando puede y hace ya una vida normal. Asimismo señala que puede trabajar sin problema alguno, pero eso no impide que pueda presentar una recaída.

Lo más importante, subraya, es la disciplina. Su recuperación depende, básicamente, del cumplimiento puntual del tratamiento.

Por ello, manifiesta el doctor Pedro de Jesús Sobrevilla, su mensaje para Fernando y todos aquellos que sean pacientes y lean este libro es: "Hay que gozar de la vida. Tú, yo, todos, hay que gozar la vida, porque es finita. Y en el caso de Fernando debe gozar, pero también debe ser disciplinado, para que goce de la vida más tiempo. Es una buena persona".

Para vivir mejor

A MANERA DE CIERRE

Antes de decir adiós a este libro y todas las etapas que me llevaron a enfrentar mis pérdidas y crecer con ellas, quiero compartir contigo algunas verdades simples que con el tiempo he ido aceptando como propias y ahora definen cada instante de mi vida; en cada paso, en cada decisión, intento tener presente todo lo aprendido... ¡y lo que falta!

Éste es mi manual, mi guía, para tiempos de lluvia, y propone transformarnos desde el interior para mejorar y renacer en tiempo de crisis.

ATENTI: No apto para personas resignadas a su suerte.

—Vive cada día como si fuera el último.

No sabemos si mañana vamos a despertar, y es ahí cuando la presencia de la muerte es la reafirmación de la vida. Así que vive en el aquí y el ahora, tiempo presente, sin la carga del pasado ni las expectativas del futuro. Y date el tiempo de ver un amanecer, besa a tu pareja, abraza a tus hijos, comparte con tus padres y deja que la vida te sorprenda.

—Ámate y acéptate.

El que se ama no se lastima, no se hace daño y no se traiciona. Haz las paces contigo, valórate, perdónate, abrázate y respétate.

Nunca subestimes tus defectos porque pueden ser tus mayores virtudes.

—Pon límites y aprende a decir no.

No rehúyas la plática incómoda, no te quedes con ganas de decirlo y exprésate. Sé impecable con tus palabras y lo que tengas que decir no lo digas desde el enojo, dilo desde el corazón, plantado, sin afán de lastimar a nadie. Todo se acomoda.

—Que todos tus caminos tengan corazón.

Escucha tu voz interior y guíate por ella. Si tu decisión no tiene corazón, no va a ningún lado. Haz lo que te apasione, lo que ames, el resultado es lo de menos... finalmente si es lo que te gusta, lo ibas a hacer de todos modos. No hay reclamo ni reproche. Pero si tu decisión fue por compromiso, obligación o por el qué dirán, puede ser criticable y sentirte culpable por ello.

—Soy responsable de todo lo que pasa en mi vida (aunque hoy no lo comprenda). Asume tu responsabilidad. Trabaja en tus debilidades, enfrenta tus demonios, míralos a la cara y reconócelos. No le saques, si lo haces regresarán con mayor fuerza.

Aceptarlos y enfrentarlos te dará un aprendizaje y madurez extraordinarios.

—Vibra alto y en positivo.

Ten cuidado con lo que pides. Tu palabra es creación, recuerda antes de decir algo... deberán ser congruentes: pensamiento, palabra y corazón. Cuando estas tres variables se alinean, lo que digas se materializa. Ahí está la magia.

Las cosas buenas suceden, pero debes aprender a pedirlas.

—Cuando te equivoques, sólo sonríe; no reacciones, reflexiona. Esto me lo enseñó mi madre y realmente cuando no sé qué hacer sólo me río y basta, es suficiente. La sonrisa es alta vibración. Me ha sacado de muchos apuros. Aprende a reírte de ti mismo.

—Mantente unido a tu familia y a los seres que amas y te aman. Las personas que realmente te aman siempre suman, te apoyan, te contienen, te apapachan y te ayudan a salir adelante. Pero sobre todo, se mantienen cerca incondicionalmente.

—Confía plenamente en Dios.

Cuando estés perdido no hagas caso a lo que veas, no hagas caso a lo que escuches; cree que todo es posible y confía plenamente en *El Jefe*. Él conoce perfectamente el plan maestro que tiene para ti, te ayudará a crear y cambiar realidades. No dudes.

—Los grandes maestros pueden estar disfrazados de enemigos.

Cuando alguien despierte tus emociones negativas pregúntate "¿qué debo aprender?" Cualquier cosa que pase con esa persona no es accidental, viene a mostrarte y enseñarte algo. Cuando lo haga y aprendas la lección, desaparecerá de tu vida o ya no te afectará. Serás más fuerte.

—En todo caos hay un orden.

Adáptate y acepta con humildad los cambios o adversidades. Nada es permanente. Todo pasa. Las cosas por sí solas no son importantes. Cuando tú le quitas el poder a lo que temes, fluyes.

—No te preocupes; ocúpate.

Habla y comparte con otros tu experiencia y aprendizaje, dona tu tiempo y atención. Apoya y escucha al que lo necesita. Cuando lo haces, todo cambia y mejora notablemente, el universo te lo regresa multiplicado por diez veces.

—El duelo es personal e intransferible.

No puedes hacer nada por una persona que está transitando una pérdida más que acompañarla, tomarla de la mano, abrazarla, decirle cuánto la amas y permanecer a su lado... muchas veces en silencio.

—Habla de ello.

Encuentra la manera de expresar tus pensamientos y lo que sientes a tu familia, amigos o grupo. Expresa tus dudas, permite sus recomendaciones e incorpora conocimientos. Cuestiona. No descartes, incorpora.

—Confía en ti.

Un guerrero nunca se equivoca. Todo es aprendizaje. Nadie puede decirte lo que eres o lo que no eres, porque tú ya lo sabes. Y recuerda que las bendiciones muchas veces vienen disfrazadas de maldiciones.

—No pongas un signo de interrogación cuando las cosas llegaron a un punto y aparte.

De repente le damos vueltas al asunto; uno se enfrasca en situaciones e intenta convencerse de que todavía hay una oportunidad o te inventas alguna excusa intentando evitar el sufrimiento; pero interiormente tú sabes que eso ya está roto, se acabó. Atrévete a vivir el duelo, lo mejor está por venir. Confía.

Recuerda que la magia está en el camino, no sólo en el resultado.

Amar te sana.
¡Arriba los corazones!

Agradecimientos

A la mejor familia del mundo:

A mi hijo Luciano, el primero, el que resplandece, el justo y amoroso; con su mirada llena de mar y sus paletas de conejo.

A mi hijo Paolo, energía pura, desafiante, intrépido, cuestionador de mundos. Sonrisa que brilla. Anarquía que enseña.

A mi amada madre con temple de acero, leal, amor incondicional que salva, que abraza, que contiene, que da y da.

A mi padre, con un corazón enorme y un carisma abrumador, ejemplo de coraje y desafío. Pilar de mi vida.

A mi hermana Maru hecha de una sola pieza, palabra firme, profunda, intuitiva, con una fe inquebrantable. Tranquilidad de saber que está.

A Romi, un profundo bálsamo y contención en cada palabra, mirada que calma. Manos que abrazan.

A mis cuñados Óscar y César, sostenedores de familias en épocas de derrumbes y admirables guerreros.

A Matías por su alegría musical e interminables preguntas.

A July por besar y pelear a su tío *poFer / hermosi*.

A mis abuelos Marcos y La Pascui, por su entereza y amor a prueba de todo. Amor desde las estrellas.

A La Prado, por sus demonios compartidos.

A Ivette, por hermosi.

A mi más grande tirana, la fileta a la diabla.

A los Martínez, la cabra Sonia y Burundanga.

Al sabio de Rubén Poplawsky y su paciencia y largas pláticas.

A los amigos entrañables que estuvieron al pie del cañón, a pesar de haberlos alejado, enojado, discutido, siempre estuvieron ahí: Pável, tremendo amigo coyote, hacedor de teorías rebuscadas; Gustavo, fiel y leal hermano menor; Rodrigo Cachero, escudero en toda su dimensión, blandiendo la espada crudamente, conmigo y con quien se cruzara; Paulo supo ser un pilar en momentos difíciles.

A mi hermano de vida Mordejai, que tan sabiamente habló con mi madre en tiempos de muerte. Su ayuda, su palabra y meditación me ayudaron a regresar. Gracias a toda su gente que, sin conocerme, hacía oración en la sala de espera en el hospital.

A Enrique Flores por su incansable oreja cada que la necesito y sus cortes de fábula.

A Alfonso Otero por inyectarme optimismo y fe.

Al padre José de Jesús Aguilar por estar cerca.

A Francina Bolaños, mi cirujana, por su delicadeza y amor también.

A todos los doctores, oncólogos, hematólogos, neumólogos, anestesistas, osteópatas, quiroprácticos.

A todos mis terapeutas alternativos, que fueron unos cuantos, buenos y malos, porque de todos aprendí.

A mis adoradas enfermeras, que se la jugaban conmigo en cada noche de tormenta, que supieron decirme y darme palabras de aliento en momentos de profunda soledad.

A los enfermeros que hacían el trabajo rudo.

A los camilleros.

A René Mey, Arlette, Pedro y todo su equipo, que me sostuvieron en momentos de zozobra, que me enseñaron a compartir. Hoy soy un orgulloso voluntario de la fundación.

Al padrino.

A Víctor Flores, por abrir mi cabeza.

A Laura Suárez, por su tiempo, por incitar y ayudarme a contar esta historia.

A Denys Ramírez por ilustrar mi vida.

A cada uno de mis maestros de vida, a cada persona que me crucé en la calle, en cada lugar, donde sólo recibía bendiciones y buenos deseos.

A Delfis por saber cuidar a su chamaco y por sus flanes exquisitos.

A doña Pili por todos sus cuidados y amorosas comidas.

A Violeta por cuidarme las espaldas, por ser mi supersayayin.

A todos los que sin saberlo y sin conocerlos han hecho oración por mí... Hoy entiendo que la oración y la unión hacen la fuerza, y que juntos no nos para nadie.

A Lorena *Shifu* que me regresó a patadas del inframundo, en medio de la oscuridad.

A mi amada Tana por abrazar, besar y rescatar mi corazón.

A ti, amable lectora, lector.

A la vibración que cambia todo, que mueve montañas, que erige el mundo, el AMOR.

AMARTE SANA
a m a r t e s a n a

¡Arriba los corazones! de Fernando del Solar
se terminó de imprimir en enero de 2018
en los talleres de
Litográfica Ingramex, S.A. de C.V.
Centeno 162-1, Col. Granjas Esmeralda, C.P. 09810
Ciudad de México.